수학과 서술형 평가의 실제

: 초등학교 3학년

김민경, 김래영, 김구연, 노선숙
김서영, 이지영, 조미경, 주유리, 최나경, 홍지연 지음

KM 경문사

머리말

현대 사회의 특징을 나타내는 주요 키워드 중 하나는 '빅데이터'입니다. Deloitte Consulting(장영재, 2013에서 재인용)에 따르면 인류가 생긴 이래 2003년까지 만들어낸 데이터의 양은 5엑사바이트($=5\times10^{18}$) 정도인데, 현재 같은 양의 데이터가 만들어지는 데는 약 이틀의 시간만이 필요하다고 합니다. 종래의 방법으로는 수집·저장·검색·분석이 어려워진 방대한 데이터가 생성되는 빅데이터 시대를 사는 학생들에게는 정보를 논리적, 효율적으로 판단하여 합리적인 의사결정을 하는 능력과, 나아가 창의적인 아이디어를 정보에 담아 유익한 지식으로 재구성하고 적합한 표현방법을 통해 모든 사회구성원과 소통하고 나누는 인성 함양이 동시에 요구됩니다.

오늘날 학교교육의 목표 역시 학문적, 실제적으로 쌓여진 기반지식을 학교현장에 일방적으로 전달하는 것이 아니라, 학생들 스스로 유용한 정보를 유추해내고 그것을 타인에게 설득력 있게 전달하는 소통능력을 함양하는 것으로 변화되고 있습니다. 이러한 교육목표 변화에 의해 일차적으로 학교현장에서의 교수-학습 방법의 개선이 요구되고 있고 아울러 학생 평가의 방법과 관점의 전환이 필요합니다.

이러한 변화에 부응하여 학교수학의 교육과정은 학생들의 문제해결능력, 추론능력, 의사소통능력 등을 아우르는 통합적인 수학적 사고능력 신장을 목표로 삼고 있습니다. 그러나 실제 평가에서는 학생들이 축적한 수학적 지식과 기술의 양을 가늠하는 데 초점을 둔 경우가 많았습니다. 이에 창의·인성교육을 지향하는 2009 개정 수학교육과정에서는 선택형 위주의 평가를 지양하고 다양한 평가방법을 활용한 종합적인 수학평가를 권장하고 있으며, 각 급 학교에서도 가르칠 수학내용, 가르치는 방법, 가르친 학습자평가에 있어서 개선노력을 기울이고 있습니다. 특히 2010년부터는 선택형·단답형 중심의 평가체제에서 서술형·논술형 중심의 평가체제로 전환하기 위한 노력을 하고 있습니다.

이렇듯 변화하는 국내·외 사회적·교육적 요구와 함께 학생들의 인성교육에도 도움이 될 좋은 수학 평가문항을 만들어 교육현장에 적용하려는 뜻 있는 교사들의 요구에 부응하여, 이화여자대학교, 서강대학교, 현장교사들이 힘을 합해 2011년부터 교육과학기술부, 한국연구재단 지원으로 "창의·인성교육 구현 및 미래인재육성을 위한 학교수학의 서술·논술형 평가체제 구축연구(과제번호: NRF-2011-32A-B00216)" 과제를 2년간 수행하였습니다.

본 저서 시리즈는 연구 산출물 중 하나로 개발된 초·중등학교 서술형·논술형 좋은 문항에, 연구에 기반 한 평가기준을 추가하여 현장에 효과적으로 적용하고 여러 교수-학습자들과 공유할 목적으로 집필되었습니다. 초등학교, 중학교 수학학습을 위해 개발한 문항으로 구성되며, 초등학교의 경우 3학년, 5학년 전 내용영역에 맞춘 서술형 평가문항과 평가기준, 중학교의 경우 2학년, 3학년 전 내용영역별로 서술·논술형 평가문항과 평가기준을 함께 제시하고 있습니다. 중학교 저서 시리즈는 학년별로 서술형 평가를 전반부에 제시하고 논술형 평가를 후반부에 제시하여 독자들이 필요에 따라 찾아볼 수 있도록 구성하였습니다.

2009 개정 교육과정으로부터 평가 요소를 추출하고 제작한 평가문항들은 우선 내용영역으로 분류하고 이를 핵심개념별로 구성하였으며, 평가에 관한 국내·외 연구동향을 파악하고 학교현장과 연구물들의 장·단점을 분석하여 현장에서 효과적으로 사용할 수 있도록 평가기준 및 채점기준을 포함하여 제시하였습니다. 또한 문항의 난이도와 선생님 팁(tip)을 포함하고 있어 학교 현장에서 실제로 문항을 어떻게 활용하고 변형할 수 있는지 정보를 제공하였으며, 문항 제작보다 채점에서의 어려움이 훨씬 큰 학교수학의 특성을 반영하여 수준별로 학생들의 실제 예시답안을 제시하였습니다. 이를 통해 학교현장의 교사들이 평가 및 채점기준을 쉽게 설계하고 활용할 수 있기를 기대하며, 특히 문항별로 학생들의 오답이나 오개념을 미리 탐색함으로써 수업적용과 실제평가에도 도움이 되고자 하였습니다.

본 저서의 서술·논술형 평가문항을 적절히 활용한다면 학생들이 수학개념과 원리를 상황에 따라 바르게 적용하여 문제를 해결하고, 정확한 수학적 표현능력을 향상시킬 수 있을 것으로 기대합니다. 또한 교사들은 학생들의 성취수준을 파악하는 것만이 아니라 학생들의 사고과정에 대한 보다 구체적이고 실질적인 정보를 얻을 수 있을 것입니다. 그 결과, 학생들의 이해를 촉진시키는 수업을 구성하는데 있어 구체적인 가이드가 될 것이라 기대합니다.

본 저서에 담긴 모든 결과는 공동 노력의 결실로 맺어진 것으로, 이 책을 통해 현장과 공유하고 소통함으로써 초·중등 수학교육의 공정한 평가체제 구축 및 확산에 기여하는 것이 목적입니다. 이 책을 통해 현장교사가 학생들의 창의성·인성 함양을 목적으로 문제해결 능력과 추론 능력을 향상시켜 궁극적으로는 융합인재, 즉 합리적인 사고능력을 가진 미래인재양성에 기여할 수 있도록 수학수업의 질적 개선을 추구하는데 도움이 되고자 합니다. 학부모와 학생들에게는 이 책에서 제시하는 다양한 수학 평가문항 학습을 통해 수학지식에 대한 개념적, 과정적 이해를 스스로 터득할 수 있도록 새로운 아이디어와 지속적인 노력의 장이 되기를 희망합니다. 교육정책가와 연구자들에게는 최근 평가 동향에 대한 목표 이해와 새롭게 변화하는 평가 체제 및 실제에 대한 아이디어와 결과를 공유하면서, 현장의 합리적이고 효율적인 평가체제를 구축, 확산하는 데 공동의 노력을 하는 장이 될 것으로 기대합니다. 모든 분들의 관심과 피드백으로 더 좋은 평가체제를 구축해 나가는데 협력해 주실 것을 부탁드립니다.

이 책이 이제 막 시작 단계인 학교 현장에서의 서술·논술형 평가의 효과적인 정착에 작은 보탬이 되길 바랍니다. 이를 통해 교사, 학생, 학부모, 교육전문가 모두가 힘을 합해 다양한 배경을 가지고 한 교실에 모여 공부하게 될 우리의 미래 인재들에게 평등한 수학교육 기회가 제공될 수 있도록 연구하고 노력할 것입니다.

그동안 본 기초연구를 지원해 준 한국연구재단, 함께 연구를 수행한 모든 공동연구원, 아낌없는 조언과 자문으로 협조해 주신 학교 현장의 선생님들께 큰 감사의 뜻을 전합니다. 연구에서 개발된 초·중등 서술·논술형 평가 체제 확산을 통한 현장의 수학교육개선이라는 연구목적에 뜻을 같이하셔서 출판을 수락해 주신 경문사 박문규 사장님 외 관계자 여러분께도 심심한 감사의 말씀을 전합니다.

저자 일동

"창의·인성교육 구현 및 미래인재육성을 위한
학교수학의 서술·논술형 평가체제 구축연구" 연구팀

차례

I. 서술형 평가 개발 연구

수학교육의 목표가 단순 지식을 암기하고 재생하기보다는 고차원적인 사고력, 추리력 및 창의력을 증진시키는 것으로 변화됨에 따라 수학과의 평가 내용이나 방법에 있어서도 변화를 가져오게 되었다. 채점의 객관성을 보장해주고 광범위한 영역의 교수·학습 목표의 성취도를 경제적(적은 비용, 짧은 시간)으로 파악할 수 있다는 점에서, 지금까지 학교 현장에서 가장 일반적으로 사용되는 선다형 및 단답형 문항이 학습자의 창의적이고 능동적인 사고 능력을 함양하도록 유도하는데 한계가 있다는 비판이 제기되고 이에 대한 대안적인 평가 방식의 필요성이 부각되었다.

이에 학생들의 다양한 반응을 볼 수 있고 학생들의 사고 과정을 파악할 수 있는 평가방안으로 서술형 평가를 설정하고 선행연구와 교육과정에 대한 분석을 통해 서술형 평가문항 및 평가기준 개발의 방향과 원리를 도출하였다. 이는 우리나라 2007개정 수학과 교육과정의 국민공통 기본교육과정 중 3학년 1학기와 2학기 학습 내용에 대한 구체적인 평가문항 및 평가기준 개발의 바탕이 되었다.

01 | 서술형 평가 개발의 배경[1)]

21세기 학교수학에서는 단순한 사실적 지식에 대한 평가만 하는 것이 아니라 지식·정보화 사회에서 요구되는 이해 및 적용 능력까지 평가하기 위해서 새로운 평가방법의 필요성이 대두되었고, 제7차 수학과 교육과정에서는 수학의 기본적인 개념, 원리, 법칙의 이해와 수학의 용어와 기호를 정확하게 사용하고 표현하는 기능, 수학적 지식과 기능을 활용하여 문제를 수학적으로 사고하여 해결하는 능력, 실생활 현상을 수학적으로 관찰, 분석, 조직, 사고하는 태도를 평가해야 한다고 하였다(강지형 외, 2001). 이후 2007개정 교육과정(국가교육과정정보센터, 2007)에서는 수학의 기본적인 개념, 원리, 법칙을 이해하고 적용하는 능력, 수학적 표현의 의미를 이해하고 정확하게 사용하는 능력, 수학적 지식과 기능을 활용하여 타당하게 추론하는 능력, 다양한 상황에서 발생하는 여러 가지 문제를 수학적으로 사고하여 해결하는 능력, 생활주변 현상, 사회현상, 자연현상 등의 여러 가지 현상을 수학적으로 관찰, 분석, 조직

1) 김민경 외(2012a, 2012b) 논문의 일부 내용을 요약한 것임.

하는 능력, 수학적 사고 과정과 결과를 합리적으로 의사소통하는 능력에 대한 평가로서 인지적 영역의 평가와 함께 정의적 영역에 대한 평가로, 학생의 수학에 대한 긍정적 태도를 신장시키기 위하여 학생의 수학에 대한 바람직한 가치관이나 수학 학습에 대한 관심, 흥미, 자신감 등의 정도를 파악해야 한다고 하였다. 최근 2009개정 교육과정에서는 2007개정 교육과정에서의 내용 근간을 유지하되, 인지적 영역에서 수학적 지식과 기능을 바탕으로 창의적으로 사고하는 능력도 평가해야 한다고 추가적으로 제시하였다. 현대 수학교육의 흐름을 반영하여 7차 교육과정 이후 의사소통, 창의성에 대한 요구가 평가에도 반영이 되고 있으며 이는 학교교육에서의 평가 또한 변화할 수밖에 없다는 흐름을 내포하고 있다(국가교육과정정보센터, 2011). 이에 교육인적자원부(1998)는 과정중심적인 평가방법으로서 수행평가를 도입하였으며, 각 시도교육청에서는 각종 기준안을 마련하여 교사 교육 및 평가 개발과 보급에 여러 노력을 기울이고 있다(서울특별시 교육청, 2010a, 2010b, 2011; 강원도 교육청, 2011; 경기도 교육청, 2010, 2011, 2012a, 2012b; 대구광역시 교육청, 2011).

수학 교과에서 서술형 평가는 학생들이 설명하는 문제의 풀이과정을 분석하여 학생들이 문제해결과정을 올바르게 이해하고 있는지를 평가(정동권 외, 2002; NCTM, 2001)하고자 하는 것으로, 박금란과 방정숙(2008)은 초등학교 6학년 학생들을 대상으로 학생들이 자신들의 생각과 의견을 그림이나 문장 등을 활용하여 직접 '서술'하도록 하는 형태로 서술형 평가를 시행한 바 있다. 서술형 평가와 관련된 여러 연구들(김도연, 2011: 김민경·권점례 외, 2008; 도주원 외, 2009)에서 살펴본 서술형 평가는 학생들의 창의성이나 수학적 사고력, 문제해결력 등과 같은 고등 사고 기능 향상에 기여하며 학생들의 수학적 사고 과정을 평가할 수 있는 방법으로서 우리나라에서는 수행평가의 일종으로 실시되고 있는 것으로 나타났다.

우리나라에서 1990년대 초 수행평가라는 개념이 도입되어 사용되기 시작하면서, 1996년 국립교육평가원에서 《수행평가의 이론과 실제》라는 저서 출간과 더불어 수행평가에 대한 관심이 모아졌다. 이후 서울시 교육청에서는 1997년 초등교육 새물결 운동이 확산되면서 수행평가가 초등학교에서 새로운 교육 및 평가 관점으로 자리를 잡기 시작하였으며, 2000년 제7차 교육과정의 실행 및 '교육비전 2002'에서도 학생을 총체적으로 이해하고 평가할 수 있는 수행평가의 확대 실시를 제안한 바 있다(교육인적자원부, 1998; 허경철 외, 1999). 2005년부터 시·도 교육청은 학교교육의 내실화와 학업평가에 대한 신뢰성 제고를 목표로 초·중등 수학과 서술형 평가를 주도하였고, 서울특별시 교육청에서는 2005년부터 수행평가의 일환으로서 '서술형·논술형 평가'를 연차적으로 확대하도록 계획하여 2007년 이후에는 중·고등학교 전 학년에 걸쳐 수학 학습평가에서 서술형·논술형 평가의 반영비율을 총 배점의 50%로 할 것을 제안함으로써 과정중심의 평가가 이루어질 수 있도록 권고하였다. 또한 서울특별시교육청(2007)은 실력과 인성을 갖춘 창의적인 인재육성을 교육의 방향으로 정하고, 학력 신장을 위한 평가 방법 개선의 일환으로 정보의 획득과 기억, 재생이라는 전통적 의미의 학업 능력보다는 창조력, 논리적 사고력, 비판적 사고력, 통찰력 등과 같은 고등 정신 능력을 평가할 수 있는 서술형, 논술형, 수준별 학업성취도 평가 예시문항을 개발, 보급하여 활용을 권장하였다.

이후에도 서울특별시 교육청(2010a)은 2010년 2월 '창의성 계발을 위한 평가 개선 기본 계획'에서 미래사회가 요구하는 창의적인 인재육성을 위해 창의성, 표현력, 문제해결력 신장을 위해 평가 방법을 전환하고자 서술형 문항 반영비율을 초등학교 3학년부터 2012년까지 단계적으로 높여 50%까지 확대해가도록 하였고, 교과별 특색 있는 수행평가를 활성화하는데 수학과에서는 결과뿐만 아니라 과정을 중시할 수 있는 방법을 지향하도록 하였다. 또한 2011년도 주요업무계획의 '서울교육 방향'에서는 기본교육의 내실화와 자기주도 학습역량 강화를 위한 실천과제로 과정 중심의 질적 평가 확대를 내세웠다(서울특별시 교육청, 2011). 여기서는 문제해결력 신장을 위한 서술형·논술형 평가 문항을 출제하되 단답형은 제외하도록 하였고, 총 배점의 30% 이상을 포함하도록 하였다.

이외에도 경기도 교육청(2010)도 2010년 10월 '학생 창의력 신장을 위한 평가 방법 혁신 기본계획'을 통해 서술형, 논술형 문항비율 확대 및 다양한 평가 방법의 적용으로 문제해결력을 갖춘 창의적인 인재육성을 위하여 학교급별, 교과별 특성을 고려하여 서술형 문항비율을 2010년도 20%에서 2013년도 35~40%까지 점진적으로 확대하고자 하였다. 이후에는 2011학년도 경기도 초등학교 창의·서술형 평가 실시 요강(경기도 교육청, 2011)에서 단순 지식 암기 위주의 교육을 탈피하고 자기주도적 학습력·문제해결력 등 미래핵심역량 강화를 위해 서술형 평가 컨설팅단을 조직, 운영하고, 교과 전문성과 평가 전문성 함양을 위해 워크숍 및 2009개정 교육과정 적용에 따른 교과별 평가 방법을 개발하여 희망 학교, 희망 학년을 대상으로 해당 학년의 교육과정 범위 내 기본원리에 대한 이해, 실생활 적용, 창의적 결론 도출 등의 능력을 고루 측정할 수 있는 문항을 출제하여 2011년도 11월에 평가를 실시하기도 하였고, 이는 2012년도 11월에도 계획되어 있다(경기도 교육청, 2012b). 최근 2012년도 경기교육 기본계획(경기도 교육청, 2012a)에서는 서술형·논술형 평가를 확대하는 평가 방법 혁신을 통해 창의 지성 교육으로 미래형 학력 신장을 6대 중점정책 중 하나로 꼽으며, 서술형 평가의 중요성을 강조하였다.

또한 강원도교육청(2011)은 2011년도에 서술형 평가문항 컨설팅 연구회를 조직하여 각급 학교의 서술형 평가 문항을 분석하고 체계적인 평가문항 관리 지원 시스템을 구축하여 교사의 서술형 평가문항 제작 전문성을 신장하고 우수한 평가모델을 개발 보급하고자 하는 노력을 펼치기도 하고, 서울특별시 교육청은 2010년에는 2년간 서울특별시 교육청 지정 연구학교를 통해 서술형 평가문항 개발 연구를 시행하기도 하였다.

지난 2008년 초등교사를 대상으로 실시한 설문조사(김민경 외, 2008)에서도 91.9%의 교사들이 서술형 평가를 실시하고 있는 것으로, 그리고 서술형 평가의 필요성에 대해 29.9%의 교사들이 '꼭 필요하다'고, 63.4%의 교사들이 '조금은 필요하다'로 응답하였다. 하지만 서술형 평가 실시의 어려운 점과 관련하여, 수학과 서술형 평가문항 개발이 어느 정도로 어려운가에 대해 '매우 그렇다'가 32%, '그렇다'가 49.2%로, 서술형 평가를 위한 참고자료가 어느 정도 부족한가에 대해 '매우 그렇다'가 29.4%, '그렇다'가 46.7%의 응답이 나온 것으로 볼 때, 서술형 평가의 필요성은 인식하고 있지만 실제적으로 활용할 수 있는 자료가 절실히 부족함을 알 수 있다.

2008년(김민경 외, 2008)에 이어 2012년에도 서술형 평가 실시에 대한 초등교사들의 인식과 현황에 대해 파악하고자 다시 설문을 실시하였다. 그 결과, 98.6%의 교사들이 서술형 평가를 실시하고 있는 것으로, 그리고 서술형 평가의 필요성에 대해 38.0%의 교사들이 '꼭 필요하다'로, 53.8%의 교사들이 '조금은 필요하다'로 응답하였는데, 수행평가가 시작되고 서술형 평가 정책이 확대된 이래 서술형 평가의 활용과 인식에 대한 변화가 긍정적인 방향으로 변화되고 있음을 알 수 있다. 그러나 서술형 평가 실시의 어려움을 묻는 문항에서 수학과 서술형 평가문항 개발이 어렵다는 것(5점 척도에서 평균 4.33점)과 서술형 평가를 위한 참고자료가 부족하다는 것(5점 척도에서 평균 4.30점)이 여전히 문제점으로 지적되고 있는 것을 근거로 할 때, 교사들에게 현장에서 사용할 수 있는 다양한 문항자료와 객관적인 채점기준을 개발하여 제공하는 것이 서술형 평가 실시 확대에 매우 중요한 역할을 할 것으로 생각된다.

서술형 평가 실시의 필요성이나, 서술형 평가가 실시되었을 때 학생에게 미치는 효과에 대해서는 교사들이 긍정적으로 생각하고 있었다. 그러나 초등학교 현장에서 평가가 시행되는 과정에서 채점방법, 채점에 소요되는 시간, 학생 답안의 다양성으로 인한 평가 실시의 어려움에 대한 논의가 제기되었는데 이는 중·고등학교에서 제기되는 것과도 마찬가지 문제였다(김민정, 2009; 노선숙 외, 2008; 이성연, 2003; 한귀원, 2007). 또한 교사들뿐만 아니라 중등학생들을 대상으로 한 연구에서는(김진수·김석우, 2008; 김형미, 2009) 교사들의 의도와는 다르게, 평가를 통한 고등 사고 기능 향상의 측면보다는 단순히 평가의 한 방법으로서 서술형 평가를 인식하고 있었으며 채점에 대한 신뢰도도 낮은 것으로 나타났다.

02 | 서술형 평가의 개념 및 관련 연구

NCTM(2001)은 서술형 평가에 대하여 학생들 스스로가 다양한 지식과 자료를 활용하여 문제 상황에 적합한 전략을 세우고, 문제를 해결하는 과정을 서술하는 평가 유형으로 단순히 암기된 지식에 대한 평가가 아닌 문제해결에 관한 종합적인 사고 과정을 평가하는 방법으로서, 문제를 해결하는 것에 대한 학생들의 풀이과정을 분석함으로써 학생들이 가진 오개념 혹은 오류를 찾아내고 그것을 수정해 줄 수 있는 평가 유형이라 언급하였다.

정동권 외(2002)는 서술형 평가는 학생의 사고과정을 잘 드러낼 수 있는 문항을 제작하기 쉬울 뿐만 아니라, 문제 풀이과정이 다양하고 통합교과적인 문제와 실생활과 연관된 문제의 출제가 용이하며, 학생들에게 문제의 해결과정을 기술하도록 함으로써 문제해결과정을 올바르게 이해하고 있는가를 파악하고자 하는 평가 유형이라고 하였다.

이외에도 양길석(2005)은 2005년부터 학교교육의 내실화와 학업성적에 대한 신뢰성 제고를 목표로 시·도 교육청에서 주도하고 있는 서술형 평가는 단답형·완성형·서술형·논술형 등을 포함하는 서답형 문항 형태의 일종으로 주어진 질문에 대하여 학생들이 답이라고 생각하는 내용을 간단한 단어, 구, 혹은 문장 등으로 구성하는 형태라고도 하였다.

김민정(2009)은 여러 연구에서 밝힌 서술형 평가의 장점을 정리하면서, 서술형 평가를 통해 학생의 고등 사고 기능과 복합적인 학습결과뿐 아니라 정의적인 영역을 측정할 수 있어 학생 정보제공에 용이하며, 학습 수준을 정확히 측정하고 다양한 반응을 유도할 수 있다고 하였다. 또한 학생의 고등 사고 기능을 증진시키며, 교수학습활동 개선에 유용하다고 하였다. 이러한 긍정적인 부분은 서술형 평가가 지닌 특성과 관련이 되는데, 서술형 평가는 지필 평가의 가장 흔한 유형인 선택형 평가와 비교할 때 학생들의 다양한 반응을 허용하기 때문에, 학생들로 하여금 자신이 가지고 있는 지식을 인출하고 적용·응용하여 자신의 말로 표현할 수 있게 하고, 학생들이 답을 추측하기가 어렵고, 정답을 구하는 능력과 문제해결 사고 기능을 사용하는 능력을 보여주어야 한다. 그렇기 때문에 서술형 평가는 학습자의 문제해결과정을 잘 파악할 수 있게 하며, 수학적 개념이나 원리를 이해하고 그것을 활용하는 연습을 하는 방향으로 학습자의 태도를 개선할 수 있게 한다는 장점을 지니는 것이다. 하지만 부정적인 부분에 대한 논의도 있는데, 서술형 평가는 질문에 대답하는 데 시간이 오래 걸리기 때문에 주어진 시간 내에 많은 문항을 통하여 평가하기 어렵고, 한 단원을 평가할 수 있는 문항이 적다는 것은 측정하지 못하는 학습 목표가 생기게 할 수도 있으며, 평가가 주관적이며 평가가 학생의 언어 능력에 영향을 받는다는 측면도 지니고 있어 객관성이나 신뢰도가 낮을 수 있다(부재율, 2003; 양길석, 2005).

이러한 여러 가지 선행 연구들에 기초하여 본 연구에서는 서술형 평가를 "학생들에게 단편적인 지식을 묻는 방식이 아닌 개념이나 과정을 어떻게 조직하고 내면화하였는가를 평가하는 문항으로서, 다양한 전략 사용이 가능한 평가"라고 정의하였다(김민경 외, 2008, 2012b).

03 | 서술형 평가 개발의 절차

이 연구의 서술형 평가문항 및 평가기준 개발 과정은 평가문항 개발 절차와 평가기준 개발 절차로 나눌 수 있는데, 각각은 크게 다섯 단계로 이루어진다.

첫 번째 단계는 국내·외의 교육과정 및 수행평가 관련 문헌을 바탕으로 진행하는 문헌연구 및 조사연구의 단계이다. 이 단계에서는 본 연구에서 개발하는 평가문항과 평가기준이 나아갈 방향에 대해 연구자들이 여러 문헌을 검토하고, 분석하여 기준을 세웠다.

두 번째 단계는 개발 연구와 전문가 검토를 거치는 설계 및 개발의 단계인데, 첫 번째 단계에서 세운 기준에 기초한 실제 평가문항과 평가기준을 개발하는 단계로, 전문가의 의견을 수렴하여 내용타당도를 검증하였다.

세 번째 단계는 검토 단계로서, 두 번째 단계에서 개발한 평가문항을 대상 학년의 아동들을 대상으로 예비검사를 실시하고 그 응답지를 개발한 평가기준으로 채점하면서 현장교사의 의견을 수렴하고 아동의 응답과 기준 예시를 비교 검토하면서 어떤 점이 아동의 수준에 맞지 않는지, 현장에서 평가하면서 나타난 어려움과 논의점에 대해

단계	내용	서술형 평가문항 개발	서술형 평가기준 개발
문헌 분석	문헌 연구 조사 연구	• 국내·외 교과서 분석 • 선행연구 평가문항 분석 • 평가문항 개발원리 도출	• 국내·외 평가기준 문헌 분석 • 평가영역 추출 • 평가기준 개발원리 도출
설계/개발	전문가 검토, 내용 구체화, 문항 개발	• 단원별 평가문항 개발 • 전문가 검토를 통한 내용 타당도 검증	• 평가기준 범주 구체화 • 각 평가기준 수치 작성 • 영역별 예시답안 작성
검토	예비검사, 기준 및 문항 확인 및 의견 수렴	• 예비검사 실시 학교 선정 • 예비검사 실시 • 현장교사 의견수렴	• 예비검사 답지 수합 후 평가 • 학생답안과 기준예시 비교검토 • 교사의견 수렴 검토
개선	수정/보완	• 검토내용 수정 및 보완 • 본검사 평가문항 개발	• 예비검사 답지 수정/보완 • 본검사 평가기준 개발
적용	본검사 실시	• 본검사 실시 학교 선정 • 본검사 실시 • 본검사 실시 후 최종 의견 수렴 후 보완/완성	• 본검사 답지 평가 • 현장교사 및 연구가, 전문가 의견 최종 수렴 후 보완/완성

[그림 1] 서술형 평가문항 및 평가기준 개발 과정

서 전문가 검토가 다시 이루어졌다.

네 번째 단계는 개선 단계로서, 세 번째 단계에서 이루어진 검토 내용을 바탕으로 문항과 기준의 수정 및 보완이 이루어졌으며, 이를 기초로 하여 본검사 평가문항과 기준을 개발하였다.

다섯 번째 단계는 적용 단계로, 네 번째 단계에서 개발된 평가문항과 기준을 대상 학년의 아동들을 대상으로 본검사를 실시하고 현장교사와 연구자, 전문가의 의견을 최종 수렴하여 문항과 기준을 최종 보완 및 완성을 하였다.

이러한 '문헌 분석 → 설계/개발 → 검토 → 개선 → 적용'의 다섯 단계와 평가문항 개발, 평가기준 개발의 절차를 그림으로 나타내면 [그림 1]과 같다.

04 | 서술형 평가문항 및 평가기준 개발

(1) 서술형 평가문항 개발

1) 평가문항 개발의 원리 도출

제7차 수학과 교육과정에서 수학적 힘의 신장을 목표로 하고 문제해결의 지도는 모든 영역에서 각 학습내용과 관련지어 종합적인 접근이 되도록 하고자 하였으며, Bell & Isaacs(2007)는 스탠다드 기반 초등수학 교육과정인 'Everyday Mathematics'의 교육과정 개발에 앞서, 교육과정 설계, 교수, 학습, 평가에 대한 기본 방향인 교육과정 개발의 원리(development principles)를 설계하였다. 이러한 문헌 분석 결과에 기초하여 본 연구에서는 다음과 같이 서술형 평가문항 개발의 기본 방향을 설정하였다.

- 수학적 개념과 그것을 적용하는 방법을 통해 문제해결과정을 평가한다.
- 문제해결과정에서 수학적으로 표현하고 의사소통하는 과정을 평가한다.
- 하나의 정답을 갖지만 문제해결방법은 다양할 수 있다.
- 가능한 실제 생활과 밀접한 관련이 있는 문제 상황을 제시함으로써,
- 문제를 수학적으로 해석하고 타당한 추론을 통해 해결하는 능력을 평가한다.

그리고 김민경 외(2008)에서 실시된 초등교사 대상 설문조사에서, 현재 사용 중인 서술형 평가의 문항 난이도를 물은 결과 '중' 수준이 45.1%, '중상' 수준이 41%라고 답한 것에 기초하여, 개발하는 문항 수준은 '중~중상' 수준으로 조정하여 문항을 개발하였다.

2) 3학년 평가문항 개발의 범위

3학년 1학기와 2학기의 각 단원별로 3개씩의 문항을 개발하여, [표 1]과 같이 1학기 8개 단원의 24문항, [표 2]와 같이 2학기 8개 단원의 24문항을 개발하였다.

3학년 1학기	24문항
3학년 2학기	24문항

[표 1] 3학년 1학기 개발 범위

단원	영역	문항번호	교육과정 중영역	문항수	
1. 10000까지 의 수	수와 연산	3-1-1-1	네 자리 수의 크기 비교하기	3	24
		3-1-1-2	자릿값의 이해, 네 자리 수의 크기 비교하기		
		3-1-1-3	네 자리 수 뛰어 세기		
2. 덧셈과 뺄셈	수와 연산	3-1-2-1	받아올림이 있는 세 자리 수의 덧셈 알기	3	
		3-1-2-2	받아내림이 있는 세 자리 수의 알기		
		3-1-2-3	받아올림이 있는 세 자리 수의 덧셈 알기		
3. 평면도형	도형	3-1-3-1	직각의 이해하기	3	
		3-1-3-2	직사각형의 이해하기		
		3-1-3-3	직각삼각형의 이해하기		
4. 나눗셈	수와 연산	3-1-4-1	동수누감 나눗셈식, 등분 나눗셈식 알기	3	
		3-1-4-2	동수누감 나눗셈식 알기		
		3-1-4-3	나눗셈을 활용한 문제해결하기		
5. 평면도형의 이동	도형	3-1-5-1	평면도형 뒤집기	3	
		3-1-5-2	평면도형 돌리기		
		3-1-5-3	평면도형 뒤집고 돌리기		
6. 곱셈	수와 연산	3-1-6-1	(두 자리 수) × (한 자리 수) 계산하기 (1)	3	
		3-1-6-2	(두 자리 수) × (한 자리 수) 계산하기 (2)		
		3-1-6-3	곱셈 활용하기		
7. 분수	수와 연산	3-1-7-1	자연수의 분수만큼 알아보기	3	

		3-1-7-2	분수의 크기 비교하기		
		3-1-7-3	분수의 크기 비교하기		
8. 길이와 시간	측정	3-1-8-1	km, m의 단위가 있는 길이의 합과 차 구하기	3	
		3-1-8-2	cm, m의 단위가 있는 길이의 합과 차 구하기		
		3-1-8-3	시각과 시간의 개념 알기		

[표 2] 3학년 2학기 개발 범위

단원	영역	문항번호	교육과정 중영역	문항수	
1. 덧셈과 뺄셈	수와 연산	3-2-1-1	네 자리 수와 세 자리 수의 뺄셈 알기	3	24
		3-2-1-2	세 수의 계산 알아보기, 네 자리 수끼리의 뺄셈 알기		
		3-2-1-3	네 자리 수끼리의 덧셈, 네 자리 수끼리의 뺄셈 알기		
2. 곱셈	수와 연산	3-2-2-1	올림이 없는 (세 자리 수) × (한 자리 수)의 계산하기	3	
		3-2-2-2	(두 자리 수) × (몇 십)의 계산하기		
		3-2-2-3	(두 자리 수) × (두 자리 수)의 계산하기		
3. 원	도형	3-2-3-1	원의 중심과 반지름 알아보기	3	
		3-2-3-2	원의 중심과 반지름 알아보기		
		3-2-3-3	원의 성질 활용하기		
4. 나눗셈	수와 연산	3-2-4-1	나눗셈의 몫과 나머지, 나눗셈식의 검산 알기	3	
		3-2-4-2	(몇십 몇) ÷ (몇)의 계산하기(1)		
		3-2-4-3	(몇십 몇) ÷ (몇)의 계산하기(2) (몇십 몇) ÷ (몇)의 계산하기(3)		
5. 들이와 무게	측정	3-2-5-1	들이의 단위 이해하기	3	
		3-2-5-2	들이의 합과 차 알기		
		3-2-5-3	무게의 비교하기		
6. 소수	수와 연산	3-2-6-1	소수 알아보기	3	
		3-2-6-2	소수의 크기 비교하기		
		3-2-6-3	소수의 크기 비교하기		
7. 자료 정리	확률과 통계	3-2-7-1	표와 그래프 이해하기	3	
		3-2-7-2	그림그래프 이해하기		
		3-2-7-3	그림그래프 그리기		
8. 규칙 찾기와 문제해결	규칙성과 문제해결	3-2-8-1	규칙을 찾아 무늬 꾸미기	3	
		3-2-8-2	표를 만들어 문제해결하기		
		3-2-8-3	예상과 확인으로 문제해결하기		

3) 평가문항 개발의 실례

이를 위하여 먼저, 각 단원별 학습내용과 목표를 확인하여 서술형 평가의 방법으로 평가하기에 적합한 내용을 추출하고, 그에 맞는 문항들을 개발하여 [표 3]과 같이 학기, 단원명, 내용영역 및 성취기준과 출제의도를 함께 기술하였다.

예를 들면, 3학년 2학기의 수학교과서, 수학익힘책, 수학교사용 지도서에서 '6. 소수' 단원의 각 차시별 내용과 문항을 검토하고, 이 중에서 앞서 제시한 서술형 평가 문항의 개발 방향에 따라 수학적 개념과 그것을 적용하는 방법을 통해 문제해결과정을 평가할 수 있는 내용으로 적절한 내용을 선택하여 문항을 개발한 후, 문항 출제의도와 문항을 이용하여 평가하고자 하는 성취기준을 포함하여 [표 3]과 같이 문항 개발표를 작성한다.

[표 3] 문항 개발표-3학년 2학기 '6. 소수'

학기	3-2	단원명	6. 소수	내용영역	수와 연산
교육과정 중영역		소수의 크기 비교하기			
성취기준		소수 한 자리 수의 크기를 비교하는 방법을 설명할 수 있다.			
출제의도		소수의 구성과 크기를 비교하는 방법을 이용하여 문제를 해결해 보도록 한다.			

이러한 과정을 거쳐 개발된 문항은 초등수학 전공의 석·박사 및 초등학교 3학년 담임교사 등으로 구성된 전문가 집단이 문항의 내용타당도, 수준, 사용된 용어의 적절성, 현장에의 적용 가능성 여부 등을 검토하였다. 검토를 거쳐 완성된 문항은 실제 3학년 학생들을 대상으로 예비검사를 실시하여 문항의 현장 적용 가능성을 검토하고, 문항의 수준을 결정하였다. 이와 같은 과정을 거쳐 [그림 2]와 같은 문항이 완성되는데, [그림 2]의 문항은 3학년 2학기 '6. 소수' 단원의 평가문항으로 개발된 것이다.

피겨 스케이팅 경기에서는 심판들의 점수 중 가장 높은 점수와 가장 낮은 점수를 뺀 나머지 점수들의 합으로 순위를 정합니다. 어느 한 경기에서 김연아 선수가 다음과 같은 점수를 받았다고 합니다.

9.8	8.9	9.7	9.1	9.4	9.3

(1) 김연아 선수가 받은 위의 점수들 중에서 순위를 정하는데 활용되는 점수는 무엇인지 찾아보고, 그 점수들을 수직선에 나타내 보세요.
(2) 순위를 정하는데 사용되는 점수들 중에서 가장 높은 점수와 가장 낮은 점수는 무엇인가요?

[그림 2] 문항 예시: 3학년 2학기 '6. 소수'

(2) 서술형 평가기준 개발

1) 평가기준 개발의 원리 도출[2)]

지난 2008년 초등학교 2, 4, 6학년을 대상으로 연구했던 서술형 평가 연구에서는 국내외 여러 문헌을 참고하여 세 개의 평가영역인 문제이해, 문제해결과정, 의사소통을 포함하여 [표 4]와 같이 분석적 평가틀을 완성하였다.

[표 4] 선행 연구에서의 분석적 평가틀

평가 영역	문제이해	문제해결과정	의사소통
의미	• 문제 속에 내포된 수학적 개념을 이해하는 정도 • 문제를 해결하기 위해 문제에 제시된 정보를 이해하고 활용하는 정도	• 문제해결전략을 세워 실행하는 정도의 정확성 • 전략 수행 후, 문제 상황에 맞게 답을 기술하거나 해석하는 정도	• 풀이과정에 드러난 수학적 내용과 아이디어, 기호 등의 표현이 정확 혹은 명확하거나 세련된 정도 • 문제해결과정의 설명이 충분한가의 정도

2) 김민경 외(2012a) 논문의 일부 내용을 요약한 것임.

이와 같은 분석적 채점기준은 성취행동을 평가기준표에 열거된 요소와 배점에 따라 채점을 하고 요소별로 점수를 부여하는 것으로 학생들에 대한 이해와 진단을 평가의 목적으로 한다. 채점자 시간과 채점자의 훈련 시간이 많이 걸린다는 단점이 있기도 하지만, 요소나 영역별로 학생의 강점이나 취약점을 파악할 수 있고, 프로그램을 개선하기 위한 구체적인 정보를 찾아낼 수 있고, 수행의 여러 가지 측면을 구분하여 점수를 부여할 수 있는 장점이 있다(좌동지, 2001; 지은림, 2000; Charles, Lester & O'Daffer, 1987; Herman, Aschbacher & Winters, 1992).

그런데 미국의 경우를 보면, 알래스카 주(state)에서는 개념이해, 문제해결전략, 의사소통, 논리와 추론의 영역을 포함하여 분석적 수행 채점표를 만든 후, 학생들의 이해를 기준으로 그들의 용어로 재진술하여 학생들에게 제시하였고(최승현, 1999), 이외에도 각 주별로 [표 5]에 제시한 바와 같이 문제해결과정을 평가하는 루브릭에 각 하위영역을 포함시킨 분석적 채점기준표를 활용한 경우도 있었지만, 메릴랜드, 켄터키, 캘리포니아, 노스캐롤라이나, 메인 주(State)와 같이 총체적 채점기준표를 활용하는 경우도 많이 있었다(Chicago Public Schools, n.d.).

[표 5] 각 주별 문제해결 평가기준 예시

<table>
<tr><td rowspan="3">분석적 채점</td><td>주(State)</td><td>NCTM</td><td>버몬트</td><td>QUASAR</td><td>일리노이</td><td>오리건</td></tr>
<tr><td>하위 영역</td><td>문제이해
해결전략 찾기
답 구하기</td><td>문제이해
문제해결과정
의사결정
수학적 추론</td><td>수학적 지식
전략적 지식
의사소통</td><td>수학적 지식
전략적 지식</td><td>개념적 이해
절차적 지식
문제해결전략
의사소통</td></tr>
<tr><td>영역별 척도</td><td>0-2</td><td>1-4</td><td>0-4</td><td>0-4</td><td>1,3,5</td></tr>
<tr><td rowspan="2">총체적 채점</td><td>주(State)</td><td>메릴랜드</td><td>켄터키</td><td>캘리포니아</td><td>노스 캐롤라이나</td><td>메인</td></tr>
<tr><td>영역별 척도</td><td>0-4</td><td>1-5</td><td>1-6</td><td>0-3</td><td>0-4</td></tr>
</table>

캘리포니아 주(state)의 경우([표 6] 참조) 총체적 채점기준은 과제에 대한 응답을 부분적으로 판단하지 않고, 전체적으로 판단하여 하나의 점수를 부여한다. 이는 문제해결과정과 답을 독립적으로 보는 것이 아니라 전체적으로 본다는 것을 의미한다. 이러한 총체적 채점기준은 초등학교 현장과 매우 밀접하게 나타난다.

우리나라 여러 지역 교육청들은 서술형 평가의 확대를 위해 문항 개발과 보급에 앞장서면서 여러 가지 문항을 개발하기도 하고, 교사연수, 장학자료집, 채점기준표 등을 통해 서술형 평가의 실시를 돕고자 하였다. 2010년도에는 서울특별시 교육연구정보원

[표 6] 캘리포니아의 총체적 채점기준(Chicago Public Schools, n.d.)

척도	특징
6	예시답안: 명확한 설명과 함께 완전한 정답을 제시함. 문제 상황에 제시된 수학적 개념을 이해함. 문제 상황에 제시된 중요한 정보들을 인식함. 풀이과정을 타당하게 논증함.
5	유능한 답안: 합리적인 설명과 함께 상당히 완전한 답을 제시함. 문제 상황에 제시된 수학적 개념을 이해함. 문제 상황에서 제시하는 중요한 정보들의 대부분을 인식함. 풀이과정을 비교적 타당하게 논증함.
4	사소한 오류가 포함된 만족스러운 답안: 문제를 해결하였지만 설명이 약간 부족함. 풀이과정을 타당하게 논증하지 못함. 수학적 개념을 이해하고 효과적으로 사용하기 위해 노력함.
3	심각한 오류가 포함되어 만족스럽지 못한 답안: 문제해결전략을 적절하게 실행하지 못해 문제를 해결하지 못함. 문제해결에 필요한 수학적 개념을 완전히 이해하지 못함. 수학적 용어를 잘못 사용하거나 치명적인 계산 실수가 있음.
2	문제해결을 시도하였으나 해결하지 못한 답안: 문제해결과정의 설명을 이해할 수 없음. 문제 상황을 전혀 이해하지 못함.
1	문제해결을 시도하지 못한 답안: 문제 상황을 전혀 이해하지 못함. 문제 상황을 적었으나 문제해결로 이어지지 못함.

을 통해 '창의력과 표현력을 키워주는 초등 서술형 평가 장학자료집(3학년용, 4학년용)'을 배포하였는데 여기서 제시된 예를 살펴보면 다음 [표 7]과 같다. 또한 대구 교육과학연구원(대구광역시 교육청, 2011)에서는 2011학년도에 초등학교 5, 6학년 학업성취도 평가 문항을 개발하여 초등학교에 배부하고 홈페이지에 내용을 탑재하였는데, 전체를 서술형 평가문항으로 개발하고 예시 답안 및 해설, 채점기준 등을 제시하였다. 강원도(강원도 교육청, 2011)에서도 2011년도에 서술형 평가문항 컨설팅 연구회를 조직하여 체계적인 시스템을 구축하여 전문성 신장과 우수한 평가 모델 개발에 앞장섰으며, 서울특별시 교육청은 2010년에 2년간 서울특별시 교육청 지정 연구 학교를 통해 서술형 평가문항 개발 연구를 시행하여 서술형 평가 보급에 큰 노력을 기울였다.

[표 7] 서울특별시 교육청의 총체적 채점기준 예시(서울특별시 교육청, 2010b, p.96)

번호	채점기준	
	배점	특징
4	4	규칙을 찾아 설명하는 과정이 논리적이고 답이 맞는 경우
	3	규칙을 찾아 설명하는 과정이 논리적이나 답은 틀린 경우
	2	답은 맞았으나 규칙을 찾아 설명하는 과정이 논리적이지 못함
	1	규칙을 찾아 설명하였으나 논리적이지 못하고 답도 틀린 경우
	0	무응답
유의사항		답을 구하는 것보다 규칙을 찾는 것을 중점으로 하는 문항이므로, 규칙을 찾는 과정이 논리적으로 기술되어 있는지 확인하는 것이 중요함.

이러한 서술형 평가문항에 대해 국내외에서 제시하고 있는 서술형 평가에 대한 실질적인 문항 예시를 한국과 미국의 서술형 평가문항을 비교한 김민경 외(2012a)를 참고하여 살펴보면 다음 [표 8], [표 9]와 같다.

[표 8] 한국의 서울 C초등학교-서술형 평가 예시 문항과 평가기준

<table>
<tr><td>성취기준</td><td>평균의 의미를 이해하고 활용하여 문제를 해결할 수 있다.</td></tr>
<tr><td>문항예시</td><td>창수네 모둠원들의 10월 수학점수는 다음과 같습니다.
<table>
<tr><td>모둠원</td><td>창수</td><td>아영</td><td>선진</td><td>영훈</td><td>현욱</td></tr>
<tr><td>점수</td><td>95</td><td>85</td><td>90</td><td>82</td><td>60</td></tr>
</table>
창수네 모둠은 다음달 11월 평가에서 평균을 85점으로 올리려고 합니다. 현욱이의 점수를 올려 평균을 높이고자 할 때, 현욱이의 성적은 몇 점 이상이 되어야 합니까? (다른 모둠원들의 10월 성적은 유지한다고 가정합시다.) (풀이과정을 쓰고 답을 쓰시오.)</td></tr>
<tr><td>채점기준</td><td>
<table>
<tr><th>배점</th><th>채점기준</th></tr>
<tr><td>A 매우 잘함</td><td>• 문제 상황 및 문제 속에 내포된 평균의 개념을 바르게 이해함.
• 제시된 표에서 문제해결에 적절한 정보를 선택하여 활용함(모둠원들의 수학점수를 모두 활용, 평균 구하는 개념을 활용).
• 다음의 두 가지 전략 중 한 가지를 바르게 기술함.
1) 모든 모둠원들의 점수를 합하면(95+85+90+82+60=412) 총 412점이 나오는데, 평균이 85점이 되려면 총 425점이 필요하여, 필요한 점수가 13 이상이 되므로 73점 이상이 된다는 것을 기술하는 전략(총점 이용).
2) 모든 모둠원들의 점수를 합해서 5로 나누면 평균이 82.4이고, 85점 이상이 되려면 2.6점 이상을 올리면 되므로 2.6과 모둠원의 수인 5를 곱하여 13을 구하여 73점 이상으로 기술하는 전략(평균 이용).</td></tr>
</table>
</td></tr>
</table>

	• 답을 알아내는 모든 단계나 과정을 명확하고 논리적으로 충분히 설명함. • 문제해결과정에 사용된 수학적 용어 및 기호 등의 표현이 정확함.
B 잘 함	• 문제 상황 및 문제 속에 내포된 평균의 개념을 바르게 이해함. • 제시된 표에서 문제해결에 적절한 정보를 선택하여 활용함(모둠원들의 수학점수를 모두 활용, 평균 구하는 개념을 활용). • A단계에서 제시된 전략을 찾아 실행하고 있으나 답이 부정확함. a) 사소한 오차나 옮겨 쓰기 과정에 오류가 있음. b) 답을 쓰지 않음. • 답을 알아내는 전체 과정을 논리적으로 설명하고 있으나 약간의 비약을 포함하고 있음. • 문제해결과정에 사용된 수학적 용어 및 기호 등의 표현에서 약간의 오류를 나타냄.
C 보 통	• 문제 상황 및 문제 속에 내포된 평균의 개념을 부분적으로 이해함. • 문제의 조건을 바르게 이해하지 못하여 문제해결에 적절한 정보 중 일부만을 바르게 선택하여 활용함. a) 문제에서 10월 성적은 유지한다고 가정하였으나 이러한 조건을 바르게 이해하지 못함. b) 현욱이의 성적을 구하지 않고 다른 학생의 성적 향상 점수를 구하였음. • A단계에서 제시한 전략을 찾아 시도하고 있으나 끝까지 실행하지 못하여 정답에 이르지 못함. a) 모든 모둠원들의 점수를 합산하여야 하는데, 일부 모둠원의 점수만 합산하였음. b) 총점을 구했으나, 몇 점을 올려야 하고, 현욱이의 점수가 몇 점 이상이 되어야 하는지 바르게 구하지 못함. • 답을 알아내는 과정 설명에 비약이 많거나, 문제해결과정 없이 정답(73점 이상)만 기술함. • 문제해결과정에 사용된 수학적 용어 및 기호 등의 사용에 오류 및 부정확한 표현이 많이 포함됨.
D 노 력 요 함	• 문제 상황 및 문제 속에 내포된 평균의 개념을 이해하지 못함. • 문제의 조건을 이해하지 못하여 문제해결과 관련 없이 제시된 기록들을 활용함. • 문제해결과정에 대한 설명이 불완전하거나 명료하지 않아 이해하기 어려움. • 문제해결을 전혀 시도하지 못함. a) 백지 또는 오답 이외에 아무것도 쓰지 않음. b) 문제와 관련없는 것만을 기술함.

[표 9] 미국 Everyday Mathematics Grade 5-Assessment Handbook에 제시된 서술형 평가 예시 문항과 평가기준(UCSMP, 2007, pp. 112-114)

<table>
<tr><td>성취 기준</td><td>단위분수와 단위분수의 합을 이용하여 분수를 다른 방법으로 표현할 수 있다.</td></tr>
<tr><td>문항 예시</td><td>5학년 학생들이 분수에 관한 조사를 통해, 고대 이집트 사람들은 모든 분수를 반복되지 않는 단위분수의 합으로 나타냈다는 것을 발견했다. 예를 들면, $\frac{3}{4}=\frac{1}{4}+\frac{1}{4}+\frac{1}{4}$로 나타낼 수 없고, $\frac{1}{4}+\frac{1}{2}$로 나타낼 수 있다.
이렇게 어떤 분수를 단위분수의 합으로 나타내는 알고리즘을 찾는 방법을 'Greedy Method'라고 한다. 분수 X를 Greedy Method로 나타내기 위해서는 X보다 작은 분수 중에서 가장 큰 단위분수로 시작한 후, 나머지 값을 같은 방법을 반복적으로 적용하면 된다.
예를 들어, $\frac{7}{8}$을 단위분수의 합으로 나타내기 위해서는

첫째, $\frac{7}{8}=\frac{1}{2}+\frac{3}{8}$ [$\frac{1}{2}$은 $\frac{7}{8}$보다 작은 분수 중에 가장 큰 단위분수임]
둘째, $\frac{7}{8}=\frac{1}{2}+\frac{1}{4}+\frac{1}{8}$ [$\frac{1}{4}$은 $\frac{3}{8}$보다 작은 분수 중에 가장 큰 단위분수임]

(1) $\frac{9}{10}$를 단위분수의 합으로 나타내시오. 풀이과정을 쓰고, 왜 그렇게 풀었는지 설명하시오.
(2) $\frac{9}{10}$를 다른 방법을 이용하여 단위분수의 합으로 나타내시오. 풀이과정을 함께 쓰시오.</td></tr>
<tr><td>채점 기준</td><td><table>
<tr><th>배점</th><th>채점기준</th></tr>
<tr><td>4</td><td>• 합이 $\frac{9}{10}$가 되도록 두 가지 방법의 단위분수의 합으로 나타냄.
• 단위분수의 합으로 나타낼 때 단위분수를 반복해서 사용하지 않음.
• 어떤 단위분수의 조합이 $\frac{9}{10}$를 만드는지 찾아낸 방법을 완벽하게 설명함.</td></tr>
<tr><td>3</td><td>• 합이 $\frac{9}{10}$가 되도록 적어도 한 가지 방법의 단위분수의 합으로 나타냄.
• 단위분수의 합으로 나타낼 때 단위분수를 반복해서 사용하지 않음.
• 어떤 단위분수의 조합이 $\frac{9}{10}$를 만드는지 찾아낸 방법을 설명하였으나, 약간 보충이 필요함.
• 2번 문제는 문제해결을 시도하였으나 완벽하지 못하고 오류를 포함함.</td></tr>
<tr><td>2</td><td>• 합이 $\frac{9}{10}$가 되도록 한 가지 방법의 단위분수의 합으로 나타냄.
• 단위분수의 합으로 나타낼 때 단위분수를 반복해서 사용하지 않음.
• 약간의 오류가 있음.
• 어떤 단위분수의 조합이 $\frac{9}{10}$를 만드는지 찾아낸 방법을 설명하려고 시도하나, 설명이 부족하고 오류를 포함함.</td></tr>
<tr><td>1</td><td>• 합이 $\frac{9}{10}$가 되도록 한 가지 방법의 단위분수의 합으로 나타냄.
• 어떤 단위분수의 조합이 $\frac{9}{10}$를 만드는지 찾아낸 방법을 설명하려고 시도하나, 그 설명이 문제 상황과 연결되지 않음.</td></tr>
</table></td></tr>
</table>

이러한 국내외 평가 문항과 평가기준, 우리나라 초등학교에서 실질적으로 사용하고 있는 평가기준이 3단계 혹은 4단계의 총체적 평가로 실시되는 점, 그리고 분석적 채점기준은 시간이 오래 걸리고, 초등학생의 능력이 중고등학생과 비교했을 때 분석적으로 판단하기보다는 총체적으로 판단하는 학교 환경에서 교사들이 실질적으로 사용하기 힘들다는 점에서 본 연구에서는 [표 10]과 같은 총체적 채점기준을 마련하였다.

[표 10] 본 연구의 총체적 채점기준

단계	평가내용	비고
A	• 문제 상황 및 문제 속에 내포된 수학적 개념을 바르게 이해함. • 문제의 조건을 바르게 이해하고, 문제해결에 필요한 올바른 정보를 선택하여 활용함. • 문제해결에 알맞은 전략을 찾아 바르게 실행하고, 문제의 조건에 맞게 바르게 답을 기술함. • 전략수행과정이나 문제해결과정에서 타당한 추론을 통해 문제를 해결함. • 답을 알아내는 모든 단계나 과정을 명확하고 논리적으로 충분히 설명함. • 문제해결과정에 사용된 수학적 용어 및 기호 등의 표현이 정확함.	매우 잘함
B	• 문제 상황 및 문제 속에 내포된 수학적 개념을 바르게 이해함. • 문제의 조건을 바르게 이해하고, 문제해결에 필요한 올바른 정보를 선택하여 활용함. • 타당한 추론을 통해 문제해결에 알맞은 전략을 찾아 실행하고 있으나 답이 부정확함. a) 사소한 오차나 옮겨쓰기 과정에 오류가 있음. b) 답을 쓰지 않음. • 답을 알아내는 전체 과정을 논리적으로 설명하고 있으나 약간의 비약을 포함하고 있음. • 문제해결과정에 사용된 수학적 용어 및 기호 등의 표현에서 약간의 오류를 나타냄.	잘함
C	• 문제 상황 및 문제 속에 내포된 수학적 개념을 부분적으로 이해함. • 문제의 조건을 바르게 이해하지 못하여 일부분의 정보만을 선택하여 활용함. • 문제해결을 위한 알맞은 전략을 찾아 시도하고 있으나 타당하게 추론하지 못하거나 끝까지 실행하지 못하여 정답에 이르지 못함. • 답을 알아내는 과정 설명에 비약이 많거나, 문제해결과정 없이 정답만 기술함. • 문제해결과정에 사용된 수학적 용어 및 기호 등의 사용에 오류 및 부정확한 표현이 많이 포함됨.	보통
D	• 문제 상황 및 문제 속에 내포된 수학적 개념을 이해하지 못함. • 문제의 조건을 이해하지 못하여 문제해결과 관련없이 제시된 정보를 활용함. • 문제해결과정에 대한 설명이 불완전하거나 명료하지 않아 이해하기 어려움. • 문제해결을 전혀 시도하지 못함. a) 백지 또는 오답 이외에 아무것도 쓰지 않음. b) 문제와 관련없는 것만을 기술함.	노력 요함

총체적 채점기준은 성취행동 전체를 채점단위로 하여 채점자가 전체적인 관점에서 판단하여 점수를 부여하는 방법으로 학생들의 답안에 대하여 비교적 신속하게 채점 가능하고, 해답뿐만 아니라 풀이과정을 중시하고 학생의 답안 전체에 대해 한 가지 점수를 부여할 수 있다(좌동지, 2001; 지은림, 2000; Charles, Lester & O'Daffer, 1987; Herman, Aschbacher & Winters, 1992).

2) 평가기준의 구체화

총체적 채점기준은 4단계로 하고, A단계는 매우잘함으로, B단계는 잘함으로, C단계는 보통으로, D단계는 노력요함으로 설정하였다. 각각의 단계에 해당하는 내용은 현재 초등학교 현장에서 학생들 평가에 이용되는 평가 구분을 차용하였다. 그리고 각 단계에는 문제이해 및 문제해결과정, 수학적 의사소통 및 추론 능력의 관점에서 학생들의 응답을 전체적인 관점에서 평가할 수 있도록 아래와 같이 구체적인 평가기준을 완성하였다.

3) 평가기준 개발의 실례

개발된 문항별로 완성된 구체적인 평가기준은 예비검사를 통해 수집된 실제 3학년 학생들의 답안에 근거하여 수준 및 예시 등이 수정 및 보완되었다. 아래에 소개되는 평가기준은 3학년 2학기 '6. 소수' 단원을 위해 개발된 문항([그림 2] 참조)에 대한 평가기준이다.

[표 11] 개발된 평가기준의 실례–3학년 2학기 '6. 소수'

단계	평가내용	비고
A	• 문제 상황 및 문제 속에 내포된 소수 한 자리 수의 크기를 비교하는 방법을 바르게 이해함. • 피겨 스케이팅 경기에서 가장 높은 점수와 가장 낮은 점수를 제외하고 나머지 점수들을 합하여 순위를 정한다는 문제의 조건을 바르게 이해하고, 문제해결에 필요한 올바른 정보(9.8과 8.9를 제외한 점수들)를 선택하여 활용함. • 소수 한 자리 수의 크기를 비교하는 방법으로 문제해결을 시도하고, 문제의 조건에 맞게 바르게 답((1) 9.1, 9.3, 9.4, 9.7의 수직선의 위치와 값을 제대로 표기함, (2) 9.7, 9.1)을 기술함. • 전략수행과정이나 문제해결과정에서 타당한 추론을 통해 문제를 해결함. • 답을 알아내는 모든 단계나 과정을 명확하고 논리적으로 충분히 설명함. • 문제해결과정에 사용된 수학적 용어 및 기호 등의 표현이 정확함.	매우 잘함

B	• 문제 상황 및 문제 속에 내포된 소수 한 자리 수의 크기를 비교하는 방법을 바르게 이해함. • 피겨 스케이팅 경기에서 가장 높은 점수와 가장 낮은 점수를 제외하고 나머지 점수들을 합하여 순위를 정한다는 문제의 조건을 바르게 이해하고, 문제해결에 필요한 올바른 정보(9.8과 8.9를 제외한 점수들)를 선택하여 활용함. • 타당한 추론을 통해 문제해결에 알맞은 전략을 찾아 실행하고 있으나 답이 부정확함. a) 사소한 오차나 옮겨 쓰기 과정에 오류가 있음((1) 수직선에 표시는 하였으나 표시한 부분의 값을 기록하지 않음). b) 답을 쓰지 않음. • 답을 알아내는 전체 과정을 논리적으로 설명하고 있으나 약간의 비약을 포함하고 있음. • 문제해결과정에 사용된 수학적 용어 및 기호 등의 표현에서 약간의 오류를 나타냄.	잘함
C	• 문제 상황 및 문제 속에 내포된 소수 한 자리 수의 크기를 비교하는 방법을 부분적으로 이해함. • 피겨 스케이팅 경기에서 가장 높은 점수와 가장 낮은 점수를 제외하고 나머지 점수들을 합하여 순위를 정한다는 문제의 조건을 바르게 이해하지 못하여 6개의 모든 점수를 활용함. • 문제해결을 위한 알맞은 전략을 찾아 시도하고 있으나 타당하게 추론하지 못하거나 끝까지 실행하지 못하여(예: 소수의 크기를 비교하지 못함) 정답에 이르지 못함. • 답을 알아내는 과정 설명에 비약이 많거나, 문제해결과정 없이 정답만 기술함. • 문제해결과정에 사용된 수학적 용어 및 기호 등의 사용에 오류 및 부정확한 표현이 많이 포함됨.	보통
D	• 문제 상황 및 문제 속에 내포된 소수 한 자리 수의 크기를 비교하는 방법을 이해하지 못함. • 문제의 조건을 이해하지 못하여 문제해결과 관련없이 제시된 정보를 활용함. • 문제해결과정에 대한 설명이 불완전하거나 명료하지 않아 이해하기 어려움. • 문제해결을 전혀 시도하지 못함. a) 백지 또는 오답 이외에 아무것도 쓰지 않음. b) 문제와 관련 없는 것만을 기술함.	노력 요함

II. 서술형 평가 개발의 실제

이 장의 구성

이 장의 구성

이 장에 제시된 서술형 평가문항은 3학년 1학기와 2학기의 단원별로 각각 세 개의 서술형 평가문항과 그에 따른 채점기준이 제시되어 있다.

서술형 평가문항은 크게 세 부분으로 구성되어 있다. 첫 번째 부분은 문항에 대한 기본 정보가 나타난 부분으로 제시된 평가문항의 문항번호와 평가문항에 해당되는 단원, 내용영역, 교육과정 중영역, 성취기준 및 출제의도를 포함하여 교사들이 필요한 단원 및 내용, 출제의도와 관련된 평가문항을 손쉽게 찾아 활용할 수 있도록 하였다. 두 번째 부분은 실제 평가문항과 평가문항에 대한 정답 및 예시 답안이 제시되어 있다. 이 부분은 교사들이 평가 문항에 대한 학생들의 답안을 예시 답안과 비교, 검토하여 학생들이 가지는 오류를 점검할 수 있도록 하였다.

문항정보 •

학기, 단원, 영역 등 문항에 대한 정보를 나타냅니다.

구분		3-1-7-2			
학기	3-1	단원명	7. 분수	내용영역	수와 연산
교육과정 중영역		분수의 크기 비교하기			
성취기준		분모가 같은 분수의 크기를 비교할 수 있다.			
출제의도		분모가 같은 분수의 크기를 비교하고, 그렇게 생각한 까닭을 여러 가지 방법으로 설명해 보도록 한다.			

평가문항 •

문 제

재민이는 엄마와 함께 쿠키를 굽고 있습니다. 쿠키를 굽는 방법이 다음과 같을 때, 밀가루와 버터 중 어떤 것을 더 많이 준비하여야 할까요? 2가지 방법으로 설명해 보세요.

〈엄마의 쿠키 레시피〉

1. 밀가루를 계량컵의 $\frac{3}{4}$만큼 준비한다.
2. 버터는 밀가루를 담았던 계량컵의 $\frac{1}{4}$만큼 준비한다.
3. 밀가루, 버터, 계란 노른자 1개, 베이킹파우더 1티스푼, 설탕을 그릇에 넣고 섞는다.
4. 반죽을 비닐팩에 넣어 냉장실에 30분간 넣어 둔다.
5. 반죽을 꺼내 밀어 모양을 찍는다.
6. 오븐에 구워내면 완성!

풀이과정 및 정답 •

문항에 대한 풀이과정과 정답을 나타냅니다.

풀이과정

밀가루는 계량컵의 $\frac{3}{4}$, 버터는 같은 계량컵의 $\frac{1}{4}$만큼이 필요하므로 $\frac{3}{4}$과 $\frac{1}{4}$의 크기를 비교하면 됩니다.
분모가 같을 경우 분자의 크기만 비교하면 되므로 $\frac{3}{4}$이 $\frac{1}{4}$보다 많습니다. 따라서 $\frac{3}{4} > \frac{1}{4}$가 됩니다.
또는 밀가루와 버터를 그림으로 나타내면 다음과 같습니다.

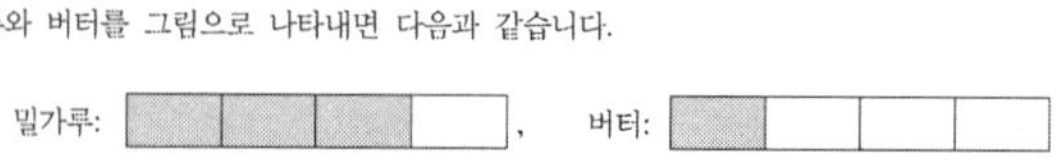

따라서 밀가루를 버터보다 더 많이 준비해야 합니다.

정 답

(밀가루)가 (버터)보다 더 많은 양이 필요합니다.

세 번째 부분에는 제시된 서술형 평가문항에 대한 채점기준이 안내되어 있다. 채점기준은 학생들이 (1) 문제 속에 내포된 수학적 개념을 이해하고, 문제에 제시된 정보를 이해하고 활용하는 정도(문제이해 관련)와 (2) 문제를 수학적으로 해석하여 적합한 전략을 세우고 타당한 추론을 통해 답을 구해내는 정도(문제해결과정 및 추론 관련), 그리고 (3) 문제해결과정에 대하여 충분히 설명하고 풀이과정에 수학적 내용과 아이디어, 기호 등을 명확하게 표현하는 정도(의사소통 관련)를 채점하도록 하였다. 채점기준은 A, B, C, D의 네 단계로 되어 있으며, 이 네 단계는 초등학교의 평가기준 단계로 사용되는 매우 잘함, 잘함, 보통, 노력요함의 단계와 같은 범주로서 초등학교 현장의 수학과 평가에 쉽게 적용될 수 있도록 하였다. 이 세 번째 부분에는 각 단계에 해당하는 구체적인 채점기준 내용 역시 포함되어 있어서 교사가 학생들의 학습능력 및 학습수준을 채점하고 파악하기 쉽도록 하였다. 또한 각각의 서술형 평가문항들은 교사가 바로 복사하여 사용할 수 있도록 3학년 1학기, 3학년 2학기 각 단원에 해당하는 문항별 평가지를 따로 만들어 부록으로 제시하였다.

평가기준 •

채점기준 및 점수 •

채점기준에 따라 A, B, C, D 혹은 매우 잘함, 잘함, 보통, 노력 요함으로 채점합니다.

평가기준

단계	평가내용	비고
A	• 문제 상황 및 문제 속에 내포된 분모가 같은 분수의 크기 비교를 바르게 이해함. • 문제의 조건을 바르게 이해하고, 문제해결에 필요한 올바른 정보(밀가루와 버터의 양, 같은 계량컵을 사용함)를 선택하여 활용함. • 문제해결에 알맞은 전략을 찾아 바르게 실행하고, 문제의 조건에 맞게 바르게 답을 기술함. • 전략수행과정이나 문제해결과정에서 타당한 추론을 통해 문제를 해결함. a) 서로 다른 2가지 전략을 모두 타당하게 설명함. • 답을 알아내는 모든 단계나 과정을 명확하고 논리적으로 충분히 설명함. • 문제해결과정에 사용된 수학적 용어 및 기호 등의 표현이 정확함.	매우 잘함
B	• 문제 상황 및 문제 속에 내포된 분모가 같은 분수의 크기 비교를 바르게 이해함. • 문제의 조건을 바르게 이해하고, 문제해결에 필요한 올바른 정보(밀가루와 버터의 양, 같은 계량컵을 사용함)를 선택하여 활용함. • 타당한 추론을 통해 문제해결에 알맞은 전략을 찾아 실행하고 있으나 답이 부정확함(예: 밀가루의 양 $\frac{3}{4}$과 버터의 양 $\frac{1}{4}$을 합쳐 한 개의 모양에 나타낸 경우) . a) 사소한 오차나 옮겨 쓰기 과정에 오류가 있음. b) 답을 쓰지 않음. • 답을 알아내는 전체 과정을 논리적으로 설명하고 있으나 약간의 비약을 포함하고 있음. • 문제해결과정에 사용된 수학적 용어 및 기호 등의 표현에서 약간의 오류를 나타냄.	잘함
C	• 문제 상황 및 문제 속에 내포된 분모가 같은 분수의 크기 비교를 부분적으로 이해함. • 문제의 조건을 바르게 이해하지 못하여 일부분의 정보(밀가루와 버터의 양, 같은 계량컵을 사용함)만을 선택하여 활용함. • 문제해결을 위한 알맞은 전략을 찾아 시도하고 있으나 타당하게 추론하지 못하거나 끝까지 실행하지 못하여 정답에 이르지 못함(그림을 그려 해결하고 있으나 $\frac{3}{4}$과 $\frac{1}{4}$을 서로 다른 도형으로 나타낸 경우). a) 1가지 전략만을 바르게 설명함. • 답을 알아내는 과정 설명에 비약이 많거나, 문제해결과정 없이 정답만 기술함. • 문제해결과정에 사용된 수학적 용어 및 기호 등의 사용에 오류 및 부정확한 표현이 많이 포함됨.	보통
D	• 문제 상황 및 문제 속에 내포된 분모가 같은 분수의 크기 비교를 이해하지 못함. • 문제의 조건을 이해하지 못하여 문제해결과 관련 없이 제시된 정보를 활용함. • 문제해결과정에 대한 설명이 불완전하거나 명료하지 않아 이해하기 어려움. • 문제해결을 전혀 시도하지 못함. a) 백지 또는 오답 이외에 아무것도 쓰지 않음. b) 문제와 관련없는 것만을 기술함.	노력 요함

[단원명]

1. 10000까지의 수
2. 덧셈과 뺄셈
3. 평면도형
4. 나눗셈
5. 평면도형의 이동
6. 곱셈
7. 분수
8. 길이와 시간

01

3학년 1학기

구분		3-1-1-1			
학기	3-1	단원명	1. 10000까지의 수	내용영역	수와 연산
교육과정 중영역		네 자리 수의 크기 비교			
성취기준		네 자리 수의 크기를 비교하는 방법을 설명할 수 있다.			
출제의도		네 자리 수의 크기를 비교하는 방법을 설명해 봄으로써 문제를 해결해 보도록 한다.			

문 제

운동회에서 행운권 추첨을 하려고 합니다. 다음의 행운권 번호 중에서 가장 큰 숫자를 가진 사람이 당첨되었습니다.

<선영> <민석> <수빈> <정현>

(1) 당첨된 어린이는 누구인가요? (   )

(2) (1)과 같이 생각한 이유를 설명해 보세요.

정 답

(1) 당첨된 어린이는 누구인가요? (정현)

(2) (1)과 같이 생각한 이유를 설명해 보세요.

☞ 네 명의 번호에서 천의 자리 숫자는 1로 모두 같기 때문에, 다음으로 백의 자리 숫자를 비교하면 선영이와 수빈이는 0, 민석이와 정현이는 1이므로 민석이와 정현이의 숫자만 비교합니다. 민석이의 십의 자리 숫자는 0, 정현이의 십의 자리 숫자는 2이므로, 더 큰 2를 가진 정현이가 당첨된 것입니다.

평가기준

단계	평가내용	비고
A	• 문제 상황 및 문제 속에 내포된 네 자리 수의 크기 비교 원리를 바르게 이해함. • 문제의 조건을 바르게 이해하고, 문제해결에 필요한 올바른 정보(네 명의 행운의 번호 숫자들 중에서 비교해야 하는 자리의 숫자)를 선택하여 활용함. • 문제해결에 알맞은 전략(네 자리 수의 크기를 비교하기 위해 각 자리의 숫자 크기를 비교하기)을 찾아 바르게 실행하고, 문제의 조건에 맞게 바르게 답(정현)을 기술함. • 전략수행과정이나 문제해결과정에서 타당한 추론을 통해 문제를 해결함. • 답을 알아내는 모든 단계나 과정을 명확하고 논리적으로 충분히 설명함. • 문제해결과정에 사용된 수학적 용어 및 기호 등의 표현이 정확함.	매우 잘함
B	• 문제 상황 및 문제 속에 내포된 네 자리 수의 크기 비교 원리를 바르게 이해함. • 문제의 조건을 바르게 이해하고, 문제해결에 필요한 올바른 정보(네 명의 행운의 번호 숫자들 중에서 비교해야 하는 자리의 숫자)를 선택하여 활용함. • 타당한 추론을 통해 문제해결에 알맞은 전략(네 자리 수의 크기를 비교하기 위해 각 자리의 숫자 크기를 비교하기)을 찾아 실행하고 있으나 답이 부정확함. a) 사소한 오차나 옮겨쓰기 과정에 오류가 있음. (예: (1)에서 정현이라고 답하지 않고 1120이라고 답한 경우) b) 답을 쓰지 않음. • 답을 알아내는 전체 과정을 논리적으로 설명하고 있으나 천의 자리 숫자와 백의 자리 숫자를 비교하는 과정은 생략하고 십의 자리 숫자만 비교하거나 천의 자리 숫자는 비교하지 않고 백의 자리 숫자와 십의 자리 숫자만 비교하는 과정을 드러내는 약간의 비약을 포함하고 있음. • 문제해결과정에 사용된 수학적 용어 및 기호 등의 표현에서 약간의 오류를 나타냄. (예: 1052에서 천의 자리 숫자는 1이지만 천의 자리 숫자는 1000이라고 표기하는 경우와 같이 '몇의 자리 수'와 '몇의 자리 숫자'의 개념이 혼동되어 서술된 경우)	잘함
C	• 문제 상황 및 문제 속에 내포된 네 자리 수의 크기 비교 원리를 부분적으로 이해함. • 문제의 조건을 바르게 이해하지 못하여 일부분의 정보만을 선택하여 활용함. • 문제해결을 위한 알맞은 전략을 찾아 시도하고 있으나 타당하게 추론하지 못하거나 끝까지 실행하지 못하여 정답에 이르지 못함. • 네 자리 수의 크기를 비교하는 방법을 전혀 설명하지 않거나, 구체적인 비교 과정 없이 1120이 가장 크니까라고 설명하거나 답을 알아내는 과정 설명에 비약이 많은 경우 또는 (1)에만 답하고 (2)는 답하지 않음. • 문제해결과정에 사용된 수학적 용어 및 기호 등의 사용에 오류 및 부정확한 표현이 많이 포함됨.	보통
D	• 문제 상황 및 문제 속에 내포된 네 자리 수의 크기 비교 원리를 이해하지 못함. • 문제의 조건을 이해하지 못하여 문제해결과 관련없이 제시된 정보를 활용함. • 문제해결과정에 대한 설명이 불완전하거나 명료하지 않아 이해하기 어려움. • 문제해결을 전혀 시도하지 못함. a) 백지 또는 오답 이외에 아무것도 쓰지 않음. b) 문제와 관련없는 것만을 기술함.	노력 요함

구분		3-1-1-2			
학기	3-1	단원명	1. 10000까지의 수	내용영역	수와 연산
교육과정 중영역		자릿값의 이해, 네 자리 수의 크기 비교			
성취기준		네 자리 수에서 수의 값, 자리의 숫자의 의미를 설명할 수 있다. 네 자리 수의 크기를 비교하는 방법을 설명할 수 있다.			
출제의도		네 자리 수에서 각 자리 숫자의 의미를 이해하고, 네 자리 수의 크기를 비교하는 방법을 설명해 봄으로써 문제를 해결해 보도록 한다.			

문 제

은태와 정희는 숫자 카드를 이용하여 숫자 만들기 놀이를 하고 있습니다. 이 놀이는 0~9까지의 숫자 카드 중 각각 4개의 숫자 카드를 뽑아 <u>두 번째로 큰 수</u>를 만들었을 때, 그 숫자가 큰 어린이가 이기는 놀이입니다. 은태와 정희가 뽑은 숫자 카드가 아래와 같다면, 놀이에서 이긴 어린이는 누구인가요?

은태	정희
5 6 8 9	2 6 8 9

(1) 은태와 정희가 각각 만든 두 번째로 큰 수는 무엇인가요?

은태 (　　　), 정희 (　　　)

(2) 놀이에서 이긴 어린이는 누구인가요? (1)에서 답한 두 수를 비교하여 그렇게 생각하는 이유를 설명해 보세요.

정 답

(1) 은태와 정희가 각각 만든 두 번째로 큰 수는 무엇인가요? 　은태 (9856), 정희 (9826)

(2) 놀이에서 이긴 어린이는 누구인가요? (1)에서 답한 두 수를 비교하여 그렇게 생각하는 이유를 설명해 보세요.

☞ 놀이에서 이긴 어린이는 (은태)입니다.

(1)에서 답한 은태의 두 번째 큰 수는 9856이고 정희의 두 번째 큰 수는 9826입니다. 이 둘의 크기를 비교하면 천의 자리 숫자와 백의 자리 숫자는 같으므로, 십의 자리 숫자를 비교하니 은태는 5, 정희는 2로 은태의 십의 자리 숫자가 더 크기 때문에 놀이에서 이긴 어린이는 은태입니다.

평가기준

단계	평가내용	비고
A	• 문제 상황 및 문제 속에 내포된 자릿값의 의미와 네 자리 수의 크기 비교 원리를 바르게 이해함. • 각자에게 주어진 4장의 카드를 이용하여 두 번째로 큰 수를 만든 후 그 수를 비교하여 더 큰 수를 가진 사람이 이긴다는 문제의 조건을 바르게 이해하고, 문제해결에 필요한 올바른 정보를 선택하여 활용함. • 문제해결에 알맞은 전략(네 자리 수의 크기 비교하는 방법)을 찾아 바르게 실행하고, 문제의 조건에 맞게 바르게 답[(1) 9856, 9826, (2) 은태]을 기술함. • 전략수행과정이나 문제해결과정에서 타당한 추론을 통해 문제를 해결함. • 답을 알아내는 모든 단계나 과정을 명확하고 논리적으로 충분히 설명함. • 문제해결과정에 사용된 수학적 용어 및 기호 등의 표현이 정확함.	매우 잘함
B	• 문제 상황 및 문제 속에 내포된 자릿값의 의미와 네 자리 수의 크기 비교 원리를 바르게 이해함. • 각자에게 주어진 4장의 카드를 이용하여 두 번째로 큰 수를 만든 후 그 수를 비교하여 더 큰 수를 가진 사람이 이긴다는 문제의 조건을 바르게 이해하고, 문제해결에 필요한 올바른 정보를 선택하여 활용함. • 타당한 추론을 통해 문제해결에 알맞은 전략을 찾아 실행하고 있으나 답이 부정확함. a) 사소한 오차나 옮겨쓰기 과정에 오류가 있음. (예: (2)에서 은태라고 답하지 않고, 9856으로 답한 경우) b) 답을 쓰지 않음. • 답을 알아내는 전체 과정을 논리적으로 설명하려고 하나, 천의 자리 숫자와 백의 자리 숫자는 비교하지 않고 십의 자리 숫자만 비교하는 과정으로 문제를 해결하여 약간의 비약을 포함하고 있음. • 문제해결과정에 사용된 수학적 용어 및 기호 등의 표현에서 약간의 오류를 나타냄.	잘함
C	• 문제 상황 및 문제 속에 내포된 자릿값의 의미와 네 자리 수의 크기 비교 원리를 부분적으로 이해함. • 각자에게 주어진 4장의 카드를 이용하여 두 번째로 큰 수를 만든 후 그 수를 비교하여 더 큰 수를 가진 사람이 이긴다는 문제의 조건을 바르게 이해하지 못하여 (1)에서 구한 값이 틀린 경우. • 문제해결을 위한 알맞은 전략을 찾아 시도하고 있으나 타당하게 추론하지 못하거나 끝까지 실행하지 못하여 정답에 이르지 못함. • 답을 알아내는 과정 설명에 비약이 많거나, (2)에서 (1)에서 답한 두 수를 비교할 때 어떤 수가 더 크다고 생각하는지 그 이유를 설명하지 않고 문제해결과정(크기 비교하는 방법)을 제시하지 않음. (예: '은태(9856)가 정희(9826)보다 크니까'라고 기술한 경우 등) • 문제해결과정에 사용된 수학적 용어 및 기호 등의 사용에 오류 및 부정확한 표현이 많이 포함됨.	보통
D	• 문제 상황 및 문제 속에 내포된 자릿값의 의미와 네 자리 수의 크기 비교 원리를 이해하지 못함. • 문제의 조건을 이해하지 못하여 문제해결과 관련 없이 제시된 정보를 활용함. • 문제해결과정에 대한 설명이 불완전하거나 명료하지 않아 이해하기 어려움. • 문제해결을 전혀 시도하지 못함. a) 백지 또는 오답 이외에 아무것도 쓰지 않음. b) 문제와 관련없는 것만을 기술함.	노력 요함

구분		3-1-1-3			
학기	3-1	단원명	1. 10000까지의 수	내용영역	수와 연산
교육과정 중영역	네 자리 수 뛰어 세기				
성취기준	수 세기와 뛰어 세기를 통하여 문제를 해결할 수 있다.				
출제의도	수 세기와 뛰어 세기의 규칙을 찾아봄으로써 네 자리 수의 계열을 이해하고 문제를 해결해 보도록 한다.				

문 제

다음은 수를 일정한 규칙에 따라 쓴 수 배열표입니다. 아래의 수 배열표에는 어떤 규칙이 있는지 찾아보고, ㉠에 들어갈 수를 찾아보세요.

4137	4138	4139	4140	4141	4142	4143	4144
4157	4158	4159	4160	4161	4162	4163	4164
4177							
				㉠			

(1) ㉠에 들어갈 수는 얼마인가요? (   )

(2) 위의 수 배열표에 담긴 규칙을 사용하여 ㉠에 들어갈 수를 찾은 방법을 설명해 보세요.

정 답

(1) ㉠에 들어갈 수는 얼마인가요? (4201)

(2) 위의 수 배열표에 담긴 규칙을 사용하여 ㉠에 들어갈 수를 찾은 방법을 설명해 보세요.

☞ 위의 수 배열표에서 세로줄은 아래로 한 칸씩 이동할 때마다 20씩 커지고, 가로줄은 오른쪽으로 한 칸씩 이동할 때마다 1씩 커지는 규칙이 있습니다. ㉠에 들어갈 수는 4141과 4161 다음에 이어질 세로줄의 값을 찾아야 합니다. 세로줄은 20씩 커지므로 4161 다음에 올 수는 4181, 그 다음에 올 수는 4181보다 20이 큰 4201입니다.

평가기준

단계	평가내용	비고
A	• 문제 상황 및 문제 속에 내포된 네 자리 수의 뛰어 세기 원리를 바르게 이해함. • 규칙을 찾아 ㉠에 들어갈 수를 찾는 방법을 설명할 수 있고, 문제해결에 필요한 올바른 정보(㉠이 포함된 세로줄의 뛰어 세기 규칙 또는 ㉠이 포함된 가로줄의 뛰어 세기 규칙)를 선택하여 활용함. • (2)에서 규칙을 사용하여 ㉠에 들어갈 수를 찾는 방법을 설명하고, (1)에 4201이라고 답함. • 전략수행과정이나 문제해결과정에서 타당한 추론을 통해 문제를 해결함. • 답을 알아내는 모든 단계나 과정을 명확하고 논리적으로 충분히 설명함. • 문제해결과정에 사용된 수학적 용어 및 기호 등의 표현이 정확함.	매우 잘함
B	• 문제 상황 및 문제 속에 내포된 네 자리 수의 뛰어 세기 원리를 바르게 이해함. • 문제의 조건을 바르게 이해하고, 문제해결에 필요한 올바른 정보를 선택하여 활용함. • 타당한 추론을 통해 ㉠이 포함된 가로줄은 1씩 커진다는 규칙과 ㉠이 포함된 세로줄은 20씩 커진다는 규칙을 찾아 문제를 해결하였으나 답이 부정확함. a) 사소한 오차나 옮겨쓰기 과정에 오류가 있음. b) 답을 쓰지 않음. • 답을 알아내는 전체 과정을 논리적으로 설명하고 있으나 약간의 비약을 포함하고 있음. • 문제해결과정에 사용된 수학적 용어 및 기호 등의 표현에서 약간의 오류를 나타냄. (예: 십의 자리 수가 20씩이라고 표현해야 정확하나, 십의 자리 숫자가 20씩이라고 표현함)	잘함
C	• 문제 상황 및 문제 속에 내포된 네 자리 수의 뛰어 세기 원리를 부분적으로 이해함. • 문제의 조건을 바르게 이해하지 못하여 일부분의 정보만을 선택하여 활용함. • 문제해결을 위한 알맞은 전략을 찾아 시도하고 있으나 타당하게 추론하지 못하거나 끝까지 실행하지 못하여 정답에 이르지 못함. (예: 가로줄과 세로줄의 규칙을 찾아 문제해결방법을 설명하려고 시도하였으나, 둘 중에 하나의 규칙만 올바르게 찾고 다른 하나의 규칙은 제대로 찾지 못한 상태로 문제를 해결한 경우) • 답을 알아내는 과정 설명에 비약이 많거나, 문제해결과정 없이 정답만 기술함. • 문제해결과정에 사용된 수학적 용어 및 기호 등의 사용에 오류 및 부정확한 표현이 많이 포함됨.	보통
D	• 문제 상황 및 문제 속에 내포된 네 자리 수의 뛰어 세기 원리를 이해하지 못함. • 문제의 조건을 이해하지 못하여 문제해결과 관련 없이 제시된 정보를 활용함. • 문제해결과정에 대한 설명이 불완전하거나 명료하지 않아 이해하기 어려움. • 문제해결을 전혀 시도하지 못함. a) 백지 또는 오답 이외에 아무것도 쓰지 않음. b) 문제와 관련없는 것만을 기술함.	노력 요함

구분		3-1-2-1			
학기	3-1	단원명	2. 덧셈과 뺄셈	내용영역	수와 연산
교육과정 중영역	받아올림이 있는 세 자리 수의 덧셈				
성취기준	받아올림이 있는 세 자리 수끼리의 덧셈 원리를 알고 바르게 계산할 수 있다.				
출제의도	덧셈이 활용되는 문제 상황을 읽고, 받아올림이 있는 덧셈 원리를 이용하여 문제를 해결해 보도록 한다.				

문 제

미현이는 엄마의 집안일을 도와드리면 다음과 같이 용돈을 받습니다.

종류	신발 정리하기 	쓰레기봉투 버리기 	식사 전 상 차리기 돕기 	책꽂이 정리하기 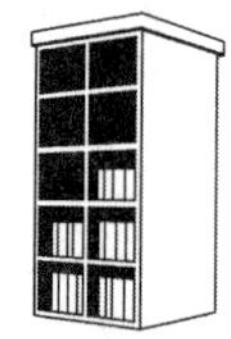	화분 물주기 
용돈	500원	650원	450원	800원	250원

미현이가 3월 첫째 주에 신발 정리하기, 둘째 주에 쓰레기봉투 버리기, 셋째 주에 책꽂이 정리하기, 넷째 주에 식사 전 상 차리기 돕기를 각각 한 번씩 했다면, 4주 동안 미현이가 받는 용돈은 모두 얼마일까요?

풀이과정

신발 정리하기는 500원, 쓰레기봉투 버리기는 650원, 책꽂이 정리하기는 800원, 식사 전 상 차리기 돕기는 450원이므로, 이 네 가지의 용돈을 합하면 됩니다.

500+650+800+450=2400

정 답

미현이가 4주 동안 받을 용돈은 모두 (2400)원입니다.

평가기준

단계	평가내용	비고
A	• 문제 상황 및 문제 속에 내포된 받아올림이 있는 세 자리 수의 덧셈 원리를 바르게 이해함. • 문제의 조건을 바르게 이해하고, 문제해결에 필요한 올바른 정보(신발 정리하기 500원, 쓰레기봉투 버리기 650원, 책꽂이 정리하기 800원, 식사 전 상 차리기 돕기 450원)를 선택하여 활용함. • 미현이가 4주 동안 도왔던 집안일을 선택하고 각각의 용돈을 합함으로써 문제를 해결하고, 문제의 조건에 맞게 바르게 답(2400원)을 기술함. • 전략수행과정이나 문제해결과정에서 타당한 추론을 통해 문제를 해결함. • 답을 알아내는 모든 단계나 과정을 명확하고 논리적으로 충분히 설명함. • 문제해결과정에 사용된 수학적 용어 및 기호 등의 표현이 정확함.	매우 잘함
B	• 문제 상황 및 문제 속에 내포된 받아올림이 있는 세 자리 수의 덧셈 원리를 바르게 이해함. • 문제의 조건을 바르게 이해하고, 문제해결에 필요한 올바른 정보(신발 정리하기 500원, 쓰레기봉투 버리기 650원, 책꽂이 정리하기 800원, 식사 전 상 차리기 돕기 450원)를 선택하여 활용함. • 타당한 추론을 통해 문제해결에 알맞은 전략을 찾아 실행하고 있으나 답이 부정확함. a) 미현이가 도왔던 4가지의 집안일에 해당하는 용돈을 바르게 선택하였으나, 계산과정에서의 오류로 답이 틀린 경우. b) 답을 쓰지 않음. • 답을 알아내는 전체 과정을 논리적으로 설명하고 있으나 약간의 비약을 포함하고 있음. • 문제해결과정에 사용된 수학적 용어 및 기호 등의 표현에서 약간의 오류를 나타냄.	잘함
C	• 문제 상황 및 문제 속에 내포된 받아올림이 있는 세 자리 수의 덧셈 원리를 부분적으로 이해함. • 문제의 조건을 바르게 이해하지 못하여 일부분의 정보만을 선택하여 활용함. (예: ① 신발 정리하기 500원, ② 쓰레기봉투 버리기 650원, ③ 책꽂이 정리하기 800원, ④ 식사 전 상 차리기 돕기 450원을 선택하여 합함으로써 문제를 해결해야 하나, 그 이외의 것을 포함시키거나 4가지 중에서 어느 한 가지라도 빠뜨리고 문제를 해결한 경우) • 문제해결을 위한 알맞은 전략을 찾아 시도하고 있으나 타당하게 추론하지 못하거나 끝까지 실행하지 못하여 정답에 이르지 못함. (예: 미현이가 4주 동안 도왔던 집안일 4가지는 선택하였으나, 4가지 각각에 해당하는 용돈을 모두 합하지 않은 경우) • 답을 알아내는 과정 설명에 비약이 많거나, 문제해결과정 없이 정답만 기술함. • 문제해결과정에 사용된 수학적 용어 및 기호 등의 사용에 오류 및 부정확한 표현이 많이 포함됨.	보통
D	• 문제 상황 및 문제 속에 내포된 받아올림이 있는 세 자리 수의 덧셈 원리를 이해하지 못함. • 문제의 조건을 이해하지 못하여 문제해결과 관련 없이 제시된 정보를 활용함. • 문제해결과정에 대한 설명이 불완전하거나 명료하지 않아 이해하기 어려움. • 문제해결을 전혀 시도하지 못함. a) 백지 또는 오답 이외에 아무것도 쓰지 않음. b) 문제와 관련없는 것만을 기술함.	노력 요함

구분	3-1-2-2				
학기	3-1	단원명	2. 덧셈과 뺄셈	내용영역	수와 연산
교육과정 중영역	받아내림이 있는 세 자리 수의 뺄셈				
성취기준	받아내림이 있는 세 자리 수끼리의 뺄셈 원리를 알고 바르게 계산할 수 있다.				
출제의도	문제 상황을 읽고 필요한 정보를 선택하여 뺄셈의 계산 원리를 이용하여 문제를 해결해 보도록 한다.				

문 제

우리나라 초등학생들의 학년별 평균키는 아래와 같습니다. 2학년 남학생인 성민이의 키는 132cm, 3학년 여학생인 성연이의 키는 129cm입니다. 성민이와 성연이는 학년별 평균키와 비교했을 때, 각각 얼마나 크고 작습니까?

〈2010년 학년별 평균키(단위: cm)〉

	남자	여자
초등1학년	121	120
초등2학년	128	126
초등3학년	134	132
초등4학년	138	137
초등5학년	144	145
초등6학년	151	152

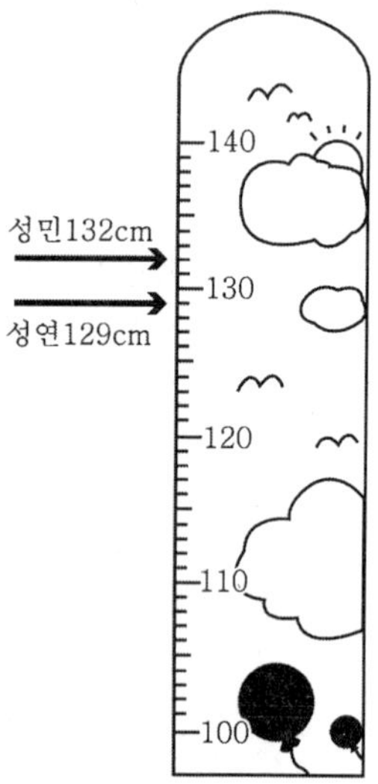

풀이과정

(1) 성민

성민이의 키: 132cm

2학년 남학생 평균키: 128cm

성민이의 키가 2학년 남학생 평균키보다 크므로 성민이의 키에서 2학년 남학생의 평균키를 뺍니다.

132−128=4

(2) 성연

성연이의 키: 129cm

3학년 여학생 평균키: 132cm

3학년 여학생의 평균키가 성연이의 키보다 크므로 3학년 여학생의 평균키에서 성연이의 키를 뺍니다.

132−129=3

정 답

(1) 성민이의 키는 2학년 남학생의 평균키보다 (4)cm (큽니다(○), 작습니다.)

(2) 성연이의 키는 3학년 여학생의 평균키보다 (3)cm (큽니다 , 작습니다.(○))

평가기준

단계	평가내용	비고
A	• 문제 상황 및 문제 속에 내포된 받아올림이 있는 세 자리 수의 덧셈 원리와 받아내림이 있는 세 자리 수의 뺄셈 원리를 바르게 이해함. • 문제의 조건(키 비교하기)을 바르게 이해하고, 문제해결에 필요한 올바른 정보(성민이의 키와 2학년 남학생의 평균키, 성연이의 키와 3학년 여학생의 평균키)를 선택하여 활용함. • 성민이의 키와 2학년 남학생의 평균키, 성연이의 키와 3학년 여학생의 평균키를 비교하기 위해 받아내림이 있는 뺄셈 원리를 활용하여 문제를 해결하고, '성민이의 키가 2학년 남학생 평균키보다 4cm 큽니다', '성연이의 키가 3학년 여학생 평균키보다 3cm 작습니다'라고 답함. • 전략수행과정이나 문제해결과정에서 타당한 추론을 통해 문제를 해결함. • 답을 알아내는 모든 단계나 과정을 명확하고 논리적으로 충분히 설명함. • 문제해결과정에 사용된 수학적 용어 및 기호 등의 표현이 정확함.	매우 잘함
B	• 문제 상황 및 문제 속에 내포된 받아올림이 있는 세 자리 수의 덧셈 원리와 받아내림이 있는 세 자리 수의 뺄셈 원리를 바르게 이해함. • 문제의 조건(키 비교하기)을 바르게 이해하고, 문제해결에 필요한 올바른 정보(성민이의 키와 2학년 남학생의 평균키, 성연이의 키와 3학년 여학생의 평균키)를 선택하여 활용함. • 타당한 추론을 통해 문제해결에 알맞은 전략을 찾아 실행하고 있으나 답이 부정확함. a) 계산 과정에의 오류로 답이 틀린 경우. b) 답을 쓰지 않음. • 답을 알아내는 전체 과정을 논리적으로 설명하고 있으나 약간의 비약을 포함하고 있음. • 문제해결과정에 사용된 수학적 용어 및 기호 등의 표현에서 약간의 오류를 나타냄.	잘함
C	• 문제 상황 및 문제 속에 내포된 받아올림이 있는 세 자리 수의 덧셈 원리와 받아내림이 있는 세 자리 수의 뺄셈 원리를 부분적으로 이해함. • 문제의 조건(키 비교하기)을 바르게 이해하지 못하여 성민이의 키와 2학년 남학생의 평균키, 성연이의 키와 3학년 여학생의 평균키를 골라내었으나 비교 대상을 제대로 선택하지 못한 경우. (예: 성민이의 키와 3학년 남학생의 평균키를 비교하거나 성연이의 키와 2학년 여학생의 평균키를 비교한 경우 등) • 문제해결을 위한 알맞은 전략을 찾아 시도하고 있으나 타당하게 추론하지 못하거나 끝까지 실행하지 못하여 정답에 이르지 못함. • 답을 알아내는 과정 설명에 비약이 많거나, 문제해결과정 없이 정답만 기술함. • 문제해결과정에 사용된 수학적 용어 및 기호 등의 사용에 오류 및 부정확한 표현이 많이 포함됨.	보통
D	• 문제 상황 및 문제 속에 내포된 받아올림이 있는 세 자리 수의 덧셈 원리와 받아내림이 있는 세 자리 수의 뺄셈 원리를 이해하지 못함. • 문제의 조건(키 비교하기)을 이해하지 못하여 문제해결과 관련 없이 제시된 정보를 활용함. • 문제해결과정에 대한 설명이 불완전하거나 명료하지 않아 이해하기 어려움. • 문제해결을 전혀 시도하지 못함. a) 백지 또는 오답 이외에 아무것도 쓰지 않음. b) 문제와 관련없는 것만을 기술함.	노력 요함

구분		3-1-2-3			
학기	3-1	단원명	2. 덧셈과 뺄셈	내용영역	수와 연산
교육과정 중영역	받아올림이 있는 세 자리 수의 덧셈				
성취기준	받아올림이 있는 덧셈을 할 수 있다. 거꾸로 풀기를 이용하여 빈 칸에 알맞은 수를 구할 수 있다.				
출제의도	받아올림이 있는 세 자리 수의 덧셈 원리와 거꾸로 풀기 전략을 이용하여 문제 상황을 해결해 보도록 한다.				

문 제

조선시대에는 한지로 장부를 만들어 사용하였습니다. 어느 날 한 상인이 장부를 펼쳐보니 벌레가 한지를 갉아 먹어 장부의 일부분이 사라졌습니다. 상인이 어제 엿을 판 돈, 오늘 엿을 판 돈, 어제와 오늘의 이틀 동안 엿을 판 돈은 모두 얼마인가요?

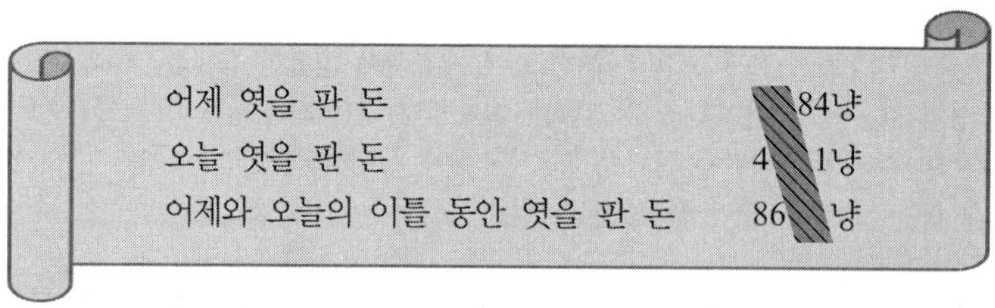

풀이과정

□84+4□1=86□

일의 자리: 4+1=□=5, 따라서 어제와 오늘의 이틀 동안 엿을 판 돈은 865냥입니다.

십의 자리: 8+□=6, 8에 어떤 수를 더해서 6이 되려면, □에 8이 들어가야 합니다.
따라서 오늘 엿을 판 돈은 481냥입니다.

백의 자리: □+4+(십의 자리에서 받아올림 된 값)=□+4+1=8입니다.

따라서 □=3, 어제 엿을 판 돈은 384냥입니다.

정 답

어제 엿을 판 돈은 (384)냥, 오늘 엿을 판 돈은 (481)냥, 어제와 오늘의 이틀 동안 엿을 판 돈은 (865)냥입니다.

평가기준

단계	평가내용	비고
A	• 문제 상황 및 문제 속에 내포된 받아올림이 있는 세 자리 수의 덧셈 원리를 바르게 이해함. • 문제의 조건을 바르게 이해하고, 문제해결에 필요한 올바른 정보(같은 자리의 숫자들을 골라내기)를 선택하여 활용함. • 거꾸로 풀기 전략과 덧셈의 계산 원리를 활용하여 문제를 해결한 후, 어제 엿을 판 돈(384냥), 오늘 엿을 판 돈(481냥), 오늘과 어제의 이틀 동안 엿을 판 돈(865냥)을 모두 답함. • 전략수행과정이나 문제해결과정에서 타당한 추론을 통해 문제를 해결함. • 답을 알아내는 모든 단계나 과정을 명확하고 논리적으로 충분히 설명함. • 문제해결과정에 사용된 수학적 용어 및 기호 등의 표현이 정확함.	매우 잘함
B	• 문제 상황 및 문제 속에 내포된 받아올림이 있는 세 자리 수의 덧셈 원리를 바르게 이해함. • 문제의 조건을 바르게 이해하고, 문제해결에 필요한 올바른 정보(같은 자리의 숫자들을 골라내기)를 선택하여 활용함. • 타당한 추론을 통해 문제해결에 알맞은 전략을 찾아 실행하고 있으나 답이 부정확함. a) 계산 과정에의 오류로 답이 틀린 경우. b) 답을 쓰지 않음. • 답을 알아내는 전체 과정을 논리적으로 설명하고 있으나 약간의 비약을 포함하고 있음. • 문제해결과정에 사용된 수학적 용어 및 기호 등의 표현에서 약간의 오류를 나타냄.	잘함
C	• 문제 상황 및 문제 속에 내포된 받아올림이 있는 세 자리 수의 덧셈 원리를 부분적으로 이해함. • 문제의 조건을 바르게 이해하지 못하여 일부분의 정보만을 선택하여 활용함. • 문제해결을 위한 알맞은 전략을 찾아 시도하고 있으나 타당하게 추론하지 못하거나 끝까지 실행하지 못하여 정답에 이르지 못함. (예: 오늘 엿을 판 돈, 어제 엿을 판 돈, 오늘과 어제의 이틀 동안 엿을 판 돈 중에서 어느 하나의 값이라도 제대로 구하지 못한 경우) • 답을 알아내는 과정 설명에 비약이 많거나, 문제해결과정 없이 정답만 기술함. (예: 세로셈 또는 가로셈 식을 써 놓고, □ 안의 수를 구한 방법에 대한 설명 없이 □ 안에 해당하는 숫자만 기입해 놓은 경우) • 문제해결과정에 사용된 수학적 용어 및 기호 등의 사용에 오류 및 부정확한 표현이 많이 포함됨.	보통
D	• 문제 상황 및 문제 속에 내포된 받아올림이 있는 세 자리 수의 덧셈 원리를 이해하지 못함. • 문제의 조건을 이해하지 못하여 문제해결과 관련 없이 제시된 정보를 활용함. • 문제해결과정에 대한 설명이 불완전하거나 명료하지 않아 이해하기 어려움. • 문제해결을 전혀 시도하지 못함. a) 백지 또는 오답 이외에 아무것도 쓰지 않음. b) 문제와 관련없는 것만을 기술함.	노력 요함

구분		3-1-3-1			
학기	3-1	단원명	3. 평면도형	내용영역	도형
교육과정 중영역		직각의 이해			
성취기준		주변의 물건에서 직각인 부분을 찾아 나타낼 수 있다. '직각'을 넣어서 문장 만들기를 할 수 있다.			
출제의도		주변의 물건에서 직각인 부분을 찾아 나타내고, 일상생활에서 볼 수 있는 물건 중 직각인 것을 찾아 문장을 만들어 보도록 한다.			

문 제

우리 주변의 물건에는 직각인 부분이 많이 있습니다.

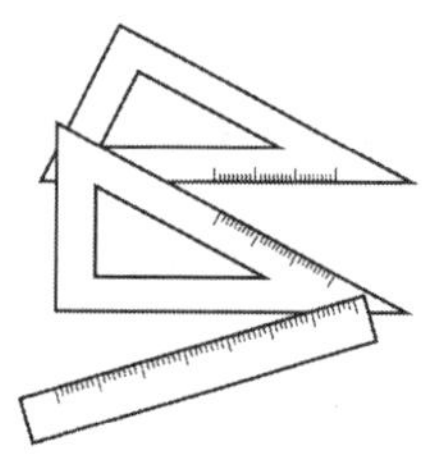
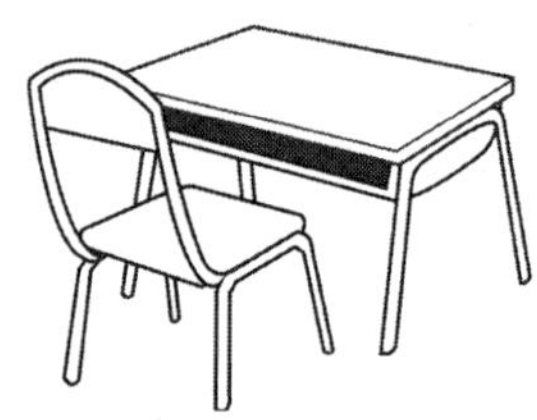

(1) 우리 주변에서 볼 수 있는 물건들 중 직각인 것을 찾아 문장을 만들어 보세요.

(2) 시계의 두 바늘이 이루는 각도 직각이 되는 때가 있습니다. 시계의 두 바늘이 이루는 각이 직각일 때가 언제인지 쓰고, 그 시각을 시계에 나타내 보세요. (단, 정각을 나타내는 시각을 쓰세요.)

(   )시   (   )시

정 답

(1) 책은 4개의 직각을 가지고 있습니다. 직각삼각형에는 1개의 직각이 있습니다.

(2)

(3)시   (9)시

평가기준

단계	평가내용	비고
A	• 문제 상황 및 문제 속에 내포된 직각의 개념과 의미를 바르게 이해함. • 문제의 조건을 바르게 이해하고, 문제해결에 필요한 올바른 정보(직각, 두 바늘이 이루는 각, 정각)를 선택하여 활용함. • 직각의 개념을 이해하고 주변에서 직각이 있는 물건을 찾아 바르게 문장을 만들고, 시계의 두 바늘이 직각이 되는 때를 알맞게 나타냄. • 전략수행과정이나 문제해결과정에서 타당한 추론을 통해 문제를 해결함. • 답을 알아내는 모든 단계나 과정을 명확하고 논리적으로 충분히 설명함. • 문제해결과정에 사용된 수학적 용어 및 기호 등의 표현이 정확함.	매우 잘함
B	• 문제 상황 및 문제 속에 내포된 직각의 개념과 의미를 바르게 이해함. • 문제의 조건을 바르게 이해하고, 문제해결에 필요한 올바른 정보(직각, 두 바늘이 이루는 각, 정각)를 선택하여 활용함. • 직각의 개념을 이해하여 시계의 두 바늘이 이루는 각이 직각이 되는 경우를 바르게 나타내었으나 '직각'이라는 용어가 들어가는 문장을 만들지 않고 정사각형, 직사각형, 직각삼각형 등이 들어가는 문장을 만들거나 사소한 오류가 있음. a) 사소한 오차나 옮겨 쓰기 과정에 오류가 있음. (예: 분침이 시침보다 짧은 경우 등) b) 답을 쓰지 않음. • 답을 알아내는 전체 과정을 논리적으로 설명하고 있으나 약간의 비약을 포함하고 있음. • 문제해결과정에 사용된 수학적 용어 및 기호 등의 표현에서 약간의 오류를 나타냄.	잘함
C	• 문제 상황 및 문제 속에 내포된 직각의 개념과 의미를 부분적으로 이해함. • 문제의 조건을 바르게 이해하지 못하여 일부분의 정보만을 선택하여 활용하거나 필요 없는 조건을 활용함. • 직각의 개념을 이해하여 시계의 두 바늘이 이루는 각이 직각이 되는 경우를 바르게 나타내었으나 직각이 들어가는 문장을 만드는 데 있어 개념을 잘못 이해하여 잘못된 물건을 찾거나 잘못된 용어를 사용함. (예: 내 책상은 직각사각형이다, 표시되지 않은 곳에 각이 있음, 모난 부분이 많은 것과 적은 것 등) • 직각이 들어가는 문장을 바르게 만들었으나 시계의 두 바늘이 직각이 되는 경우를 바르게 나타내지 못하거나 반대의 경우. • 문제해결과정에 사용된 수학적 용어 및 기호 등의 사용에 오류 및 부정확한 표현이 많이 포함됨.	보통
D	• 문제 상황 및 문제 속에 내포된 직각의 개념과 의미를 이해하지 못함. • 문제의 조건을 이해하지 못하여 문제에서 제시한 개념이 들어가도록 문장을 만들지 못하거나 직각을 알맞게 표시하지 못함. • 문제해결과정에 대한 설명이 불완전하거나 명료하지 않아 이해하기 어려움. • 문제해결을 전혀 시도하지 못함. a) 백지 또는 오답 이외에 아무것도 쓰지 않음. b) 문제와 관련없는 것만을 기술함.	노력 요함

구분		3-1-3-2			
학기	3-1	단원명	3. 평면도형	내용영역	도형
교육과정 중영역		직사각형의 이해			
성취기준		직사각형의 개념을 형성할 수 있고, 특징을 설명할 수 있다.			
출제의도		실생활에서 여러 가지 물건들의 공통적인 모양을 찾아 수학적인 용어로 설명함으로써 문제를 해결해 보도록 한다.			

문 제

선정이는 집에서 아래와 같이 물건들을 찾아, 물건들의 공통적인 특징을 찾아보려고 합니다.

<책의 표지>

<액자>

<책상의 윗면>

(1) 선정이가 찾은 물건들의 공통적인 모양은 어떤 도형과 가장 비슷한가요?

( )

(2) (1)에서 답한 도형의 특징을 2가지 이상 쓰세요.

____

____

정 답

(1) 직사각형

(2) (1)에서 답한 도형의 특징을 2가지 이상 쓰세요.

☞ 네 각이 모두 직각입니다.

마주보는 변끼리 길이가 같습니다.

평가기준

단계	평가내용	비고
A	• 문제 상황 및 문제 속에 내포된 직사각형의 개념과 의미를 바르게 이해함. • 문제의 조건을 바르게 이해하고, 문제해결에 필요한 올바른 정보(그림에서 찾을 수 있는 직사각형, 직사각형의 특징)를 선택하여 활용함. • 직사각형의 개념을 이해하고 직사각형의 특징을 바르게 설명함. • 전략수행과정이나 문제해결과정에서 타당한 추론을 통해 문제를 해결함. • 답을 알아내는 모든 단계나 과정을 명확하고 논리적으로 충분히 설명함. • 문제해결과정에 사용된 수학적 용어 및 기호 등의 표현이 정확함.	매우 잘함
B	• 문제 상황 및 문제 속에 내포된 직사각형의 개념과 의미를 바르게 이해함. • 문제의 조건을 바르게 이해하고, 문제해결에 필요한 올바른 정보(그림에서 찾을 수 있는 직사각형, 직사각형의 특징)를 선택하여 활용함. • 직사각형의 개념을 이해하고 직사각형의 특징을 바르게 설명하였으나 사소한 오류가 있음. a) 사소한 오차나 옮겨쓰기 과정에 오류가 있음. b) 답을 쓰지 않음. • 답을 알아내는 전체 과정을 논리적으로 설명하고 있으나 약간의 비약을 포함하고 있음. • 문제해결과정에 사용된 수학적 용어 및 기호 등의 표현에서 약간의 오류를 나타냄. (예: 직각사각형 등)	잘함
C	• 문제 상황 및 문제 속에 내포된 직사각형의 개념과 의미를 부분적으로 이해함. • 문제의 조건을 바르게 이해하지 못하여 일부분의 정보만을 선택하여 활용하거나 필요 없는 조건을 활용함. • 주어진 그림을 보고 직사각형임을 바르게 찾았으나 직사각형의 특징을 설명하는 데 있어 2가지 이상을 설명하지 않았거나 오류가 있거나 잘못된 용어를 사용함. (예: 같은 말을 옮겨 씀 - 직사각형 모형이다, 네모난 모양이다, 사각형 모양이다 등) • 직사각형의 특징을 설명하는 데 있어 사각형의 포괄적인 특징을 설명함. (예: 변이 4개이다. 꼭짓점이 4개이다, 각이 4개이다 등) • 문제해결과정에 사용된 수학적 용어 및 기호 등의 사용에 오류 및 부정확한 표현이 많이 포함됨.	보통
D	• 문제 상황 및 문제 속에 내포된 직사각형의 개념과 의미를 이해하지 못함. • 문제의 조건을 이해하지 못하여 직사각형이라는 공통된 개념을 찾지 못하고, 직사각형의 특징을 바르게 설명하지 못함. • 문제해결과정에 대한 설명이 불완전하거나 명료하지 않아 이해하기 어려움. • 문제해결을 전혀 시도하지 못함. a) 백지 또는 오답 이외에 아무것도 쓰지 않음. b) 문제와 관련 없는 것만을 기술함.	노력 요함

구분		3-1-3-3			
학기	3-1	단원명	3. 평면도형	내용영역	도형
교육과정 중영역		직각삼각형의 이해			
성취기준		직각삼각형의 성질을 설명할 수 있으며, 여러 가지 도형을 이용하여 만든 도형에서 직각삼각형을 찾을 수 있다.			
출제의도		직각삼각형의 성질을 설명하고 여러 가지 도형을 이용하여 만든 도형에서 직각삼각형을 찾는 문제를 해결해 보도록 한다.			

문 제

다음 도형에서 찾을 수 있는 크고 작은 직각삼각형은 모두 몇 개인지 알아보려고 합니다.

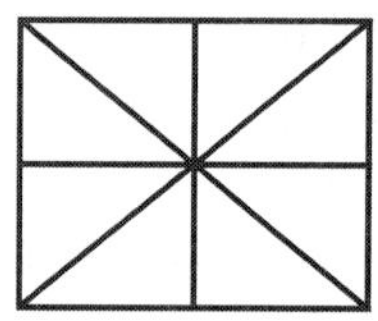

(1) 작은 직각삼각형 1개로 이루어진 직각삼각형()은 몇 개 찾을 수 있나요?

(2) 작은 직각삼각형 2개로 이루어진 직각삼각형()은 몇 개 찾을 수 있나요?

(3) 작은 직각삼각형 4개로 이루어진 직각삼각형(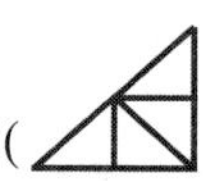)은 몇 개 찾을 수 있나요?

(4) 크고 작은 직각삼각형은 모두 몇 개인가요?

(5) 다른 삼각형과 비교할 때 직각삼각형만의 특징을 쓰세요.

정 답

(1) 8개

(2) 4개

(3) 4개

(4) 16개(8+4+4=16)

(5) 3개의 각 중 직각을 한 개 갖고 있습니다.

평가기준

단계	평가내용	비고
A	• 문제 상황 및 문제 속에 내포된 직각삼각형의 개념과 의미를 바르게 이해함. • 문제의 조건을 바르게 이해하고, 문제해결에 필요한 올바른 정보(그림에서 찾을 수 있는 크고 작은 직각삼각형의 개수, 직각 삼각형의 특징)를 선택하여 활용함. • 직각삼각형의 개념을 이해하고 직각삼각형의 특징을 바르게 설명함. • 전략수행과정이나 문제해결과정에서 타당한 추론을 통해 문제를 해결함. • 문제해결과정에 사용된 수학적 용어 및 기호 등의 표현이 정확함.	매우 잘함
B	• 문제 상황 및 문제 속에 내포된 직각삼각형의 개념과 의미를 바르게 이해함. • 문제의 조건을 바르게 이해하고, 문제해결에 필요한 올바른 정보(그림에서 찾을 수 있는 크고 작은 직각삼각형의 개수, 직각삼각형의 특징)를 선택하여 활용함. • 직각삼각형의 개념을 이해하고 직각삼각형의 특징을 바르게 설명하였으나 사소한 오류가 있음. a) 직각삼각형의 개수를 올바로 구하고 공통된 특징을 알맞게 설명하였으나, 직각삼각형의 특징을 설명하는 과정에서 약간의 오류가 있음. b) 용어를 옮겨쓰는 과정에서 약간의 오류가 있음. c) 답을 쓰지 않음. • 문제해결과정에 사용된 수학적 용어 및 기호 등의 표현에서 약간의 오류를 나타냄.	잘함
C	• 문제 상황 및 문제 속에 내포된 직각삼각형의 개념과 의미를 부분적으로 이해함. • 문제의 조건을 바르게 이해하지 못하여 일부분의 정보만을 선택하여 활용하거나 필요 없는 조건을 활용함. • 주어진 그림을 보고 직각삼각형의 개수를 바르게 찾았으나[(1) ~ (4)까지는 바르게 답하였으나] 직각삼각형의 특징을 설명하는 데 있어 오류가 있거나, 직각삼각형의 특징은 알맞게 설명하였으나[(5)] 직각삼각형의 개수를 바르게 구하지 못함[(4)번 답의 오류를 보임]. • 문제해결과정에 사용된 수학적 용어 및 기호 등의 사용에 오류 및 부정확한 표현이 많이 포함됨.	보통
D	• 문제 상황 및 문제 속에 내포된 직각삼각형의 개념과 의미를 이해하지 못함. • 문제의 조건을 이해하지 못하여 직각삼각형이라는 공통된 개념을 찾지 못하고, 직각삼각형의 특징을 바르게 설명하지 못함. • 문제해결을 전혀 시도하지 못함. a) 백지 또는 오답 이외에 아무것도 쓰지 않음. b) 문제와 관련 없는 것만을 기술함.	노력 요함

구분		3-1-4-1			
학기	3-1	단원명	4. 나눗셈	내용영역	수와 연산
교육과정 중영역		동수누감 나눗셈식, 등분 나눗셈식			
성취기준		똑같이 묶어 덜어내는 포함제 나눗셈식을 설명할 수 있다. 똑같게 나누는 등분제 나눗셈식을 설명할 수 있다.			
출제의도		나눗셈의 기초가 되는 포함제와 등분제의 나눗셈 방법을 이해하고, 이를 표현해 보도록 한다.			

문 제

영서네 반에서는 오늘 과자파티를 하기로 하였습니다. 영서는 가져온 16개의 파이를 모둠원들과 나누어 먹으려고 합니다.

(1) 파이 16개를 똑같이 4개씩 나누려고 합니다. 4개씩 묶어 덜어 내는 그림을 그리고, 뺄셈식을 완성해 보세요.

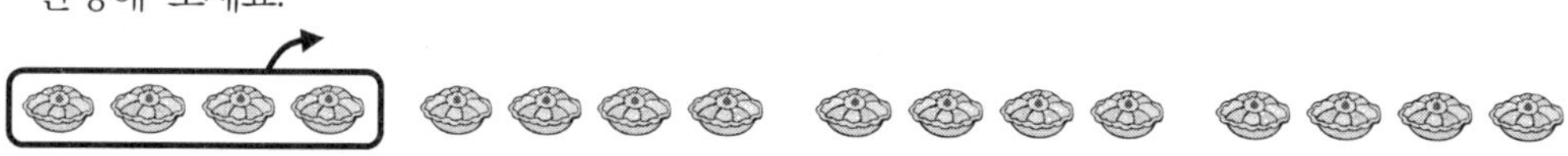

16 − (　　) − (　　) − (　　) − (　　) = 0

(2) 파이 16개를 4명이 똑같이 나누는 그림을 그리세요. (파이 그림은 동그라미로 표현하세요.)

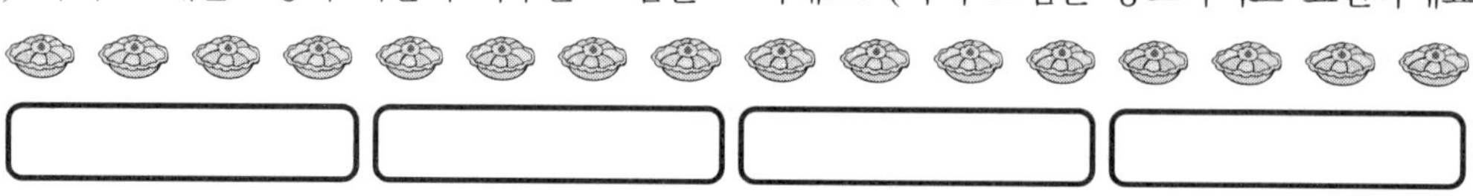

(3) 다음 식을 보고 (1)번 문제와 같이 똑같이 묶어 덜어 내는 나눗셈 문장을 만들어 보세요.

$$20 \div 5 = 4$$

정 답

(1) 4, 4, 4, 4

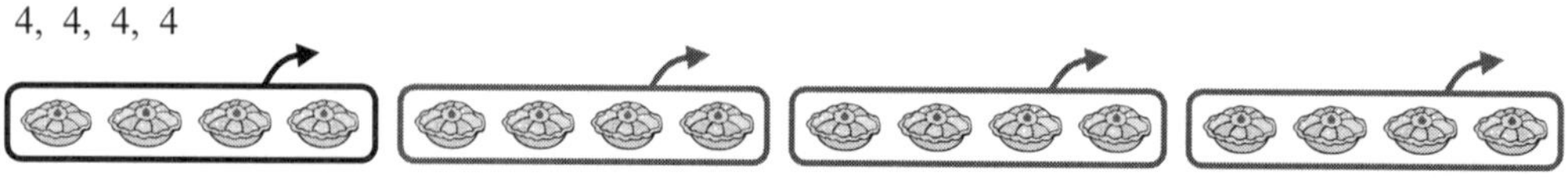

(2)

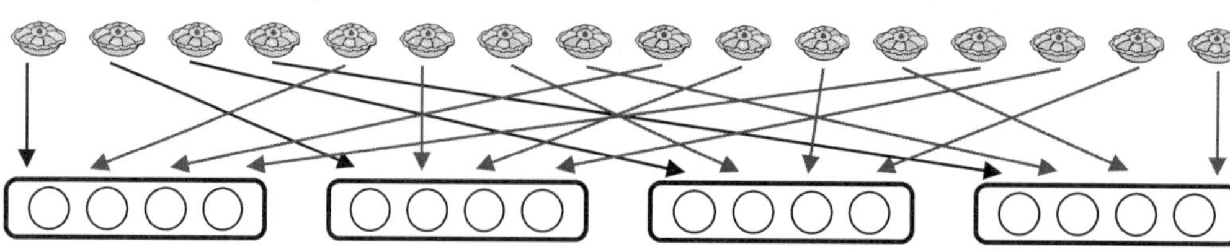

(3) 정민이는 사탕 20개를 5개씩 묶었더니 모두 4묶음으로 만들 수 있습니다.

평가기준

단계	평가내용	비고
A	• 문제 상황 및 문제 속에 내포된 받아올림이 있는 동수누감 나눗셈식, 등분 나눗셈의 원리를 바르게 이해함. • 문제의 조건을 바르게 이해하고, 문제해결에 필요한 올바른 정보를 선택하여 활용함. • 똑같이 나누는 과정과 묶어 덜어내는 과정을 그림으로 바르게 나타내고, 똑같이 묶어 덜어내는 나눗셈 문장을 바르게 만듦. • 전략수행과정이나 문제해결과정에서 타당한 추론을 통해 문제를 해결함. • 답을 알아내는 모든 단계나 과정을 명확하고 논리적으로 충분히 설명함. • 문제해결과정에 사용된 수학적 용어 및 기호 등의 표현이 정확함.	매우 잘함
B	• 문제 상황 및 문제 속에 내포된 받아올림이 있는 동수누감 나눗셈식, 등분 나눗셈의 원리를 바르게 이해함. • 문제의 조건을 바르게 이해하고, 문제해결에 필요한 올바른 정보를 선택하여 활용함. • 타당한 추론을 통해 문제해결에 알맞은 전략을 찾아 실행하고 있으나 답이 부정확함. a) 답을 구하는 과정에서 약간의 오류가 있음. b) 답을 쓰지 않음. • 답을 알아내는 전체 과정을 논리적으로 설명하고 있으나 약간의 비약을 포함하고 있음. (예: '묶음'을 '개'로 표현한 경우 등) • 문제해결과정에 사용된 수학적 용어 및 기호 등의 표현에서 약간의 오류를 나타냄. (예: (1)에서 뺄셈식은 나타내었으나 그림을 완성하지 않은 경우, (2)에서 그림을 완성하지 않은 경우 등)	잘함
C	• 문제 상황 및 문제 속에 내포된 받아올림이 있는 동수누감 나눗셈식, 등분 나눗셈의 원리를 부분적으로 이해함. • 문제의 조건을 바르게 이해하지 못하여 일부분의 정보만을 선택하여 활용함. • 문제해결을 위한 알맞은 전략을 찾아 시도하고 있으나 타당하게 추론하지 못하거나 끝까지 실행하지 못하여 정답에 이르지 못함. (예: 동수누감의 과정을 그림으로는 바르게 나타내었으나 문장을 바르게 나타내지 못한 경우, 문장으로는 바르게 나타내었으나 그림으로 바르게 나타내지 못한 경우) • 답을 알아내는 과정 설명에 비약이 많거나, 문제해결과정 없이 정답만 기술함. (예: (3) 파이 20개를 5개씩 묶어 덜어낸다 등) • 문제해결과정에 사용된 수학적 용어 및 기호 등의 사용에 오류 및 부정확한 표현이 많이 포함됨.	보통
D	• 문제 상황 및 문제 속에 내포된 받아올림이 있는 동수누감 나눗셈식, 등분 나눗셈의 원리를 이해하지 못함. • 문제의 조건을 이해하지 못하여 문제해결과 관련 없이 제시된 정보를 활용함. • 문제해결과정에 대한 설명이 불완전하거나 명료하지 않아 이해하기 어려움. • 문제해결을 전혀 시도하지 못함. a) 백지 또는 오답 이외에 아무것도 쓰지 않음. b) 문제와 관련없는 것만을 기술함.	노력 요함

구분		3-1-4-2			
학기	3-1	단원명	4. 나눗셈	내용영역	수와 연산
교육과정 중영역		동수누감 나눗셈식			
성취기준		똑같이 묶어 덜어 내는 동수누감 나눗셈식의 개념을 설명할 수 있다.			
출제의도		실생활에서 동수누감의 나눗셈이 적용되는 상황을 이해하고 나눗셈의 계산 원리를 활용하여 문제를 해결해 보도록 한다.			

문 제

할아버지 생신을 축하하기 위해 모이신 분들을 모두 세어 보니 36명입니다. 4명씩 한 테이블에 모여서 식사를 한다면, 모두 몇 개의 테이블이 필요할까요?

(1) 풀이과정과 정답을 쓰세요.

(2) 이 문제를 해결할 때 쓰는 나눗셈은 <u>똑같이 묶어 덜어내는 나눗셈</u>인가요, <u>똑같게 나누는 나눗셈</u>인가요?

정 답

(1) 풀이과정: 36 ÷ 4 = 9
정답: (9)개

(2) 똑같이 묶어 덜어내는 나눗셈

평가기준

단계	평가내용	비고
A	• 문제 상황 및 문제 속에 내포된 똑같이 묶어 덜어 내는 나눗셈을 바르게 이해함. • 문제의 조건을 바르게 이해하고, 문제해결에 필요한 올바른 정보를 선택하여 활용함. • 똑같이 묶어 덜어내는 나눗셈식을 바르게 세우고 답도 바르게 구하였으며, 이 문제를 해결하는 데 필요한 전략을 바르게 설명함. • 전략수행과정이나 문제해결과정에서 타당한 추론을 통해 문제를 해결함. • 답을 알아내는 모든 단계나 과정을 명확하고 논리적으로 충분히 설명함. • 문제해결과정에 사용된 수학적 용어 및 기호 등의 표현이 정확함.	매우 잘함
B	• 문제 상황 및 문제 속에 내포된 똑같이 묶어 덜어 내는 나눗셈의 원리를 바르게 이해함. • 문제의 조건을 바르게 이해하고, 문제해결에 필요한 올바른 정보를 선택하여 활용함. • 타당한 추론을 통해 문제해결에 알맞은 전략을 찾아 실행하고 있으나 답이 부정확함. a) 답을 옮겨 쓰는 과정에서 약간의 오류가 있음. b) 답을 쓰지 않음. • 답을 알아내는 전체 과정을 논리적으로 설명하고 있으나 약간의 비약을 포함하고 있음. • 문제해결과정에 사용된 수학적 용어 및 기호 등의 표현에서 약간의 오류를 나타냄.	잘함
C	• 문제 상황 및 문제 속에 내포된 똑같이 묶어 덜어 내는 나눗셈의 원리를 부분적으로 이해함. • 문제의 조건을 바르게 이해하지 못하여 일부분의 정보만을 선택하여 활용함. • (1) 타당한 식을 세워 답을 바르게 구하였으나, (2) 자신이 사용한 전략을 바르게 설명한지 못한 경우. • (1) 자신이 사용한 전략을 바르게 설명하였으나, (2) 타당한 식을 세워 답을 바르게 구하지 못한 경우. • 답을 알아내는 과정 설명에 비약이 많거나, 문제해결과정 없이 정답만 기술함. • 문제해결과정에 사용된 수학적 용어 및 기호 등의 사용에 오류 및 부정확한 표현이 많이 포함됨.	보통
D	• 문제 상황 및 문제 속에 내포된 똑같이 묶어 덜어 내는 나눗셈의 원리를 이해하지 못함. • 문제의 조건을 이해하지 못하여 문제해결과 관련 없이 제시된 정보를 활용함. • 문제해결과정에 대한 설명이 불완전하거나 명료하지 않아 이해하기 어려움. • 문제해결을 전혀 시도하지 못함. a) 백지 또는 오답 이외에 아무것도 쓰지 않음. b) 문제와 관련 없는 것만을 기술함.	노력 요함

구분		3-1-4-3			
학기	3-1	단원명	4. 나눗셈	내용영역	수와 연산
교육과정 중영역		나눗셈을 활용한 문제해결			
성취기준		나눗셈의 계산 원리를 활용하여 문제를 해결할 수 있다.			
출제의도		실생활에서 나눗셈이 적용되는 상황을 이해하고 나눗셈의 계산 원리를 활용하여 문제를 해결해 보도록 한다.			

문 제

어느 아버지가 아들 4명에게 유언을 남기고 돌아가셨습니다. 첫째, 둘째, 셋째 아들이 받게 될 소는 각각 몇 마리일까요?

너희들에게 내가 가지고 있던 소 24마리를 나누어 주려고 한다. 첫째는 소를 똑같이 3모둠으로 나누어 그 중 한 모둠을 가져라. 둘째와 셋째는 나머지 소 중 넷째가 가질 4마리를 빼고 똑같이 나누어 가지거라.

풀이과정

첫째 아들이 받게 될 소: 24 ÷ 3 = 8(마리)

둘째 아들이 받게 될 소: 첫째에게 주고 남은 소 = 24 − 8 = 16(마리)

16 − 4 = 12(마리)

12 ÷ 2 = 6(마리)

셋째 아들이 받게 될 소: 12 ÷ 2 = 6(마리)

넷째 아들이 받게 될 소: 4(마리)

정 답

첫째 아들은 (8)마리, 둘째 아들은 (6)마리, 셋째 아들은 (6)마리의 소를 받게 됩니다.

평가기준

단계	평가내용	비고
A	• 문제 상황 및 문제 속에 내포된 나눗셈을 바르게 이해함. • 문제의 조건을 바르게 이해하고, 문제해결에 필요한 올바른 정보를 선택하여 활용함. • 첫째, 둘째, 셋째가 받게 될 소를 구하는 나눗셈 식을 바르게 세우고 답도 바르게 구한 경우(나눗셈식이 아니라 그림을 그려 구한 경우도 포함). • 전략수행과정이나 문제해결과정에서 타당한 추론을 통해 문제를 해결함. • 답을 알아내는 모든 단계나 과정을 명확하고 논리적으로 충분히 설명함. (예: 남은 소를 구하는 뺄셈식도 나타냄) • 문제해결과정에 사용된 수학적 용어 및 기호 등의 표현이 정확함.	매우 잘함
B	• 문제 상황 및 문제 속에 내포된 나눗셈의 원리를 바르게 이해함. • 문제의 조건을 바르게 이해하고, 문제해결에 필요한 올바른 정보를 선택하여 활용함. • 타당한 추론을 통해 문제해결에 알맞은 전략을 찾아 실행하고 있으나 답이 부정확함. a) 답을 구하는 과정에서 약간의 오류가 있음. (예: 둘째와 셋째가 나누어가질 소를 12÷6=2와 같이 나누는 수와 나누어지는 수를 바꾸어 나타낸 경우 등) b) 첫째, 둘째, 셋째가 각각 나누어 가질 소의 마리수를 올바로 구하였으나, 식을 전개하는 과정에서 등식이 성립하지 않음. (예: 24－8=16－4=12÷2=6 등) c) 답을 쓰지 않음. • 답을 알아내는 전체 과정을 논리적으로 설명하고 있으나 약간의 비약을 포함하고 있음(예: 남은 소를 구하는 뺄셈식이 생략되어 있음). • 문제해결과정에 사용된 수학적 용어 및 기호 등의 표현에서 약간의 오류를 나타냄.	잘함
C	• 문제 상황 및 문제 속에 내포된 나눗셈의 원리를 부분적으로 이해함. • 문제의 조건을 바르게 이해하지 못하여 일부분의 정보만을 선택하여 활용함. • 답은 맞았으나 문제와 상관없는 식이 부분적으로 있는 경우. (예: 둘째, 셋째=24÷4=6 등) • 답을 알아내는 과정 설명에 비약이 많거나, 문제해결과정 없이 정답만 기술함. • 문제를 해결하려는 시도를 하고 있으나 정답으로 이르지 못한 경우. • 문제해결과정에 사용된 수학적 용어 및 기호 등의 사용에 오류 및 부정확한 표현이 많이 포함됨.	보통
D	• 문제 상황 및 문제 속에 내포된 나눗셈의 원리를 이해하지 못함. • 문제의 조건을 이해하지 못하여 문제해결과 관련 없이 제시된 정보를 활용함. • 문제해결과정에 대한 설명이 불완전하거나 명료하지 않아 이해하기 어려움. • 문제해결을 전혀 시도하지 못함. a) 백지 또는 오답 이외에 아무것도 쓰지 않음. b) 문제와 관련 없는 것만을 기술함.	노력 요함

구분		3-1-5-1			
학기	3-1	단원명	5. 평면도형의 이동	내용영역	도형
교육과정 중영역		평면도형 뒤집기			
성취기준		주어진 모양을 뒤집었을 때 생기는 모양을 예측하고, 모양을 뒤집었을 때 생기는 모양의 특징을 이용하여 문제를 해결할 수 있다.			
출제의도		실생활에서 평면도형의 뒤집기의 방법이 활용되는 상황을 인식하고, 뒤집기의 특징을 이용하여 문제를 해결해 보도록 한다.			

문 제

아래의 시계는 거울에 비친 모습입니다.

(1) 위의 시계가 나타내는 시각은 몇 시 몇 분인가요? ( )시 ( )분
아래의 그림에 시각을 나타내 보세요.

(2) (1)의 문제를 해결하기 위해서는 도형을 어떻게 이동시켜야 하는지 설명해 보세요.

정 답

(1) 4시 40분 (2)

(3) 왼쪽으로 뒤집는다. 또는 오른쪽으로 뒤집는다. 또는 옆으로 뒤집는다.

평가기준

단계	평가내용	비고
A	• 문제 상황 및 문제 속에 내포된 평면도형 뒤집기를 바르게 이해함. • 문제의 조건을 바르게 이해하고, 문제해결에 필요한 올바른 정보(거울에 비친 모습과 바르게 보는 모습의 관계)를 선택하여 활용함. • 문제해결에 알맞은 전략((2)에서 왼쪽 또는 오른쪽, 또는 옆으로 뒤집기)을 찾아 바르게 실행하고, 문제의 조건에 맞게 바르게 답((1) 4시 40분, 시계에 시침과 분침의 위치와 길이를 고려하여 알맞게 나타냄)을 기술함. • 전략수행과정이나 문제해결과정에서 타당한 추론을 통해 문제를 해결함. • 답을 알아내는 모든 단계나 과정을 명확하고 논리적으로 충분히 설명함. • 문제해결과정에 사용된 수학적 용어 및 기호 등의 표현이 정확함.	매우 잘함
B	• 문제 상황 및 문제 속에 내포된 평면도형 뒤집기를 바르게 이해함. • 문제의 조건을 바르게 이해하고, 문제해결에 필요한 올바른 정보(거울에 비친 모습과 바르게 보는 모습의 관계)를 선택하여 활용함. • 타당한 추론을 통해 문제해결에 알맞은 전략을 찾아 실행하고 있으나 답이 부정확함. a) 사소한 오차나 옮겨쓰기 과정에 오류가 있음. b) 답을 쓰지 않음. • 답을 알아내는 전체 과정을 논리적으로 설명하고 있으나 약간의 비약을 포함하고 있음. (예: (2)에서 뒤집기의 방법을 설명하나, 뒤집는 방향(오른쪽, 왼쪽, 옆으로)을 언급하지 않음) • 문제해결과정에 사용된 수학적 용어 및 기호 등의 표현에서 약간의 오류를 나타냄. (예: (1)에서 시계에 시각을 나타낼 때, 4시 40분을 나타내고자 하였으나 시침과 분침의 위치나 길이를 알맞게 나타내지 못함)	잘함
C	• 문제 상황 및 문제 속에 내포된 평면도형 뒤집기를 부분적으로 이해함. • 문제의 조건을 바르게 이해하지 못하여 일부분의 정보만을 선택하여 활용함. • 문제해결을 위한 알맞은 전략을 찾아 시도하고 있으나 타당하게 추론하지 못하거나 끝까지 실행하지 못하여 정답에 이르지 못함. (예: (2)에서 뒤집는 방법은 제대로 설명하였으나, (1)에서 답한 시각이 틀린 경우) • 답을 알아내는 과정 설명에 비약이 많거나, (1)은 답했으나 (2)에서 이동 방법을 설명하지 못하는 것과 같이 문제해결과정 없이 정답만 기술함. • 문제해결과정에 사용된 수학적 용어 및 기호 등의 사용에 오류 및 부정확한 표현이 많이 포함됨.	보통
D	• 문제 상황 및 문제 속에 내포된 평면도형 뒤집기를 이해하지 못함. • 문제의 조건을 이해하지 못하여 문제해결과 관련 없이 제시된 정보를 활용함. • 문제해결과정에 대한 설명이 불완전하거나 명료하지 않아 이해하기 어려움. • 문제해결을 전혀 시도하지 못함. a) 백지 또는 오답 이외에 아무것도 쓰지 않음. b) 문제와 관련없는 것만을 기술함.	노력 요함

구분		3-1-5-2			
학기	3-1	단원명	5. 평면도형의 이동	내용영역	도형
교육과정 중영역		평면도형 돌리기			
성취기준		도형을 여러 방향으로 돌렸을 때 나타나는 모양을 예측하고, 이동 방법을 설명할 수 있다.			
출제의도		여러 방향으로 돌리는 방법을 이용하여 문제를 해결해 보도록 한다.			

문 제

오른쪽의 모양을 돌리기 하였습니다. 각 모양을 돌리기한 방법을 설명해 보세요.

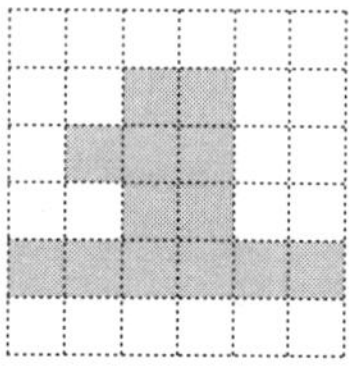

(1) 아래의 네 가지 모양들 중에서 돌리기하여 생길 수 있는 모양은 어느 것인가요? (,)

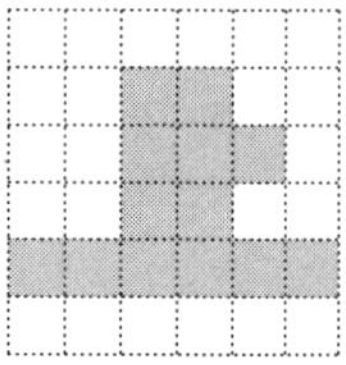

(ㄱ)

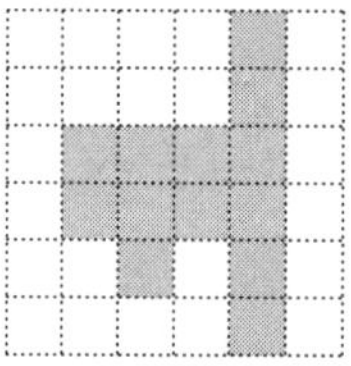

(ㄴ)

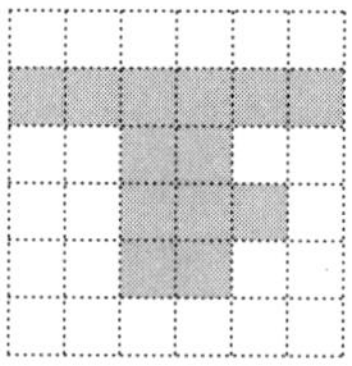

(ㄷ)

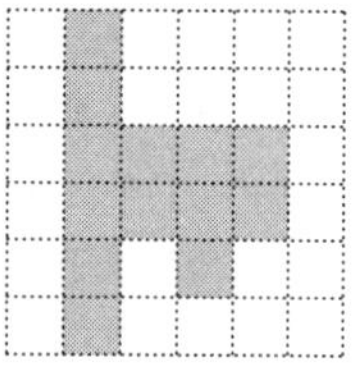

(ㄹ)

(2) (1)에서 답한 모양들만 어떻게 돌리기한 것인지 각각 방법을 설명해 보세요.

정 답

(1) (ㄴ), (ㄷ)

(2) (ㄴ): 왼쪽으로 직각만큼 돌리기 또는 오른쪽으로 직각의 3배만큼 돌리기

(ㄷ): 오른쪽으로 직각의 2배만큼 돌리기 또는 왼쪽으로 직각의 2배만큼 돌리기

평가기준

<table>
<tr><th>단계</th><th>평가내용</th><th>비고</th></tr>
<tr><td>A</td><td>• 문제 상황 및 문제 속에 내포된 평면도형 돌리기를 바르게 이해함.
• 문제의 조건을 바르게 이해하고, 문제해결에 필요한 올바른 정보((1)의 보기 4가지 중에서 돌리기하여 생길 수 있는 모양)를 선택하여 활용함.
• 문제해결에 알맞은 전략을 찾아 바르게 실행하고, 문제의 조건에 맞게 바르게 답[(ㄴ), (ㄷ)]을 기술함.
• 전략수행과정이나 문제해결과정에서 타당한 추론을 통해 문제를 해결함.
• 답을 알아내는 모든 단계나 과정을 명확하고 논리적으로 충분히 설명함.
• 문제해결과정에 사용된 수학적 용어 및 기호 등의 표현이 정확함.</td><td>매우 잘함</td></tr>
<tr><td>B</td><td>• 문제 상황 및 문제 속에 내포된 평면도형 돌리기를 바르게 이해함.
• 문제의 조건을 바르게 이해하고, 문제해결에 필요한 올바른 정보를 선택하여 활용함.
• 타당한 추론을 통해 문제해결에 알맞은 전략을 찾아 실행하고 있으나 답이 부정확함.
a) 사소한 오차나 옮겨쓰기 과정에 오류가 있음.
b) 답을 쓰지 않음.
• 답을 알아내는 전체 과정을 논리적으로 설명하고 있으나 약간의 비약을 포함하고 있음.
(예: 돌리기 방향(오른쪽 또는 왼쪽), 돌리기 정도(직각만큼, 직각의 2배만큼, 직각의 3배만큼) 중에서 빠트린 정보가 있는 경우)
• 문제해결과정에 사용된 수학적 용어 및 기호 등의 표현에서 약간의 오류를 나타냄.
(예: 돌리기한 방법을 글과 그림으로 함께 나타냈으나, 글 또는 그림에서 약간의 오류가 있는 경우)</td><td>잘함</td></tr>
<tr><td>C</td><td>• 문제 상황 및 문제 속에 내포된 평면도형 돌리기를 부분적으로 이해함.
• 문제의 조건을 바르게 이해하지 못하여 일부분의 정보만을 선택하여 활용함.
• 문제해결을 위한 알맞은 전략을 찾아 시도하고 있으나 타당하게 추론하지 못하거나 끝까지 실행하지 못하여 정답에 이르지 못함.
(예: - (1)에서 (ㄴ)과 (ㄷ) 이외의 것이 포함된 경우
- (1)에서 돌리기하여 생길 수 있는 모양은 바르게 찾았으나, (2)에서 (ㄴ)과 (ㄷ)에 대한 돌리기 방법 중에서 한 가지만 바르게 설명하거나 두 가지 모두 설명하지 못한 경우)
• 문제해결과정에 사용된 수학적 용어 및 기호 등의 사용에 오류 및 부정확한 표현이 많이 포함됨.</td><td>보통</td></tr>
<tr><td>D</td><td>• 문제 상황 및 문제 속에 내포된 평면도형 돌리기를 이해하지 못함.
• 문제의 조건을 이해하지 못하여 문제해결과 관련 없이 제시된 정보를 활용함.
(예: (2)에서 돌리기 이외의 방법으로 설명한 경우 등)
• 문제해결과정에 대한 설명이 불완전하거나 명료하지 않아 이해하기 어려움.
• 문제해결을 전혀 시도하지 못함.
a) 백지 또는 오답 이외에 아무것도 쓰지 않음.
b) 문제와 관련없는 것만을 기술함.</td><td>노력 요함</td></tr>
</table>

구분		3-1-5-3			
학기	3-1	단원명	5. 평면도형의 이동	내용영역	도형
교육과정 중영역		평면도형 뒤집고 돌리기			
성취기준		주어진 도형을 여러 방향으로 뒤집고 돌려보면서 모양의 변화를 예측하고, 이동 방법을 설명할 수 있다.			
출제의도		도형을 여러 방향으로 뒤집고 돌리면서 문제를 해결해 보도록 한다.			

문 제

왼쪽 모양을 뒤집기와 돌리기를 몇 번 하였더니 오른쪽 모양과 같이 되었습니다. 뒤집기 또는 돌리기를 어떻게 하였는지 설명해 보세요.

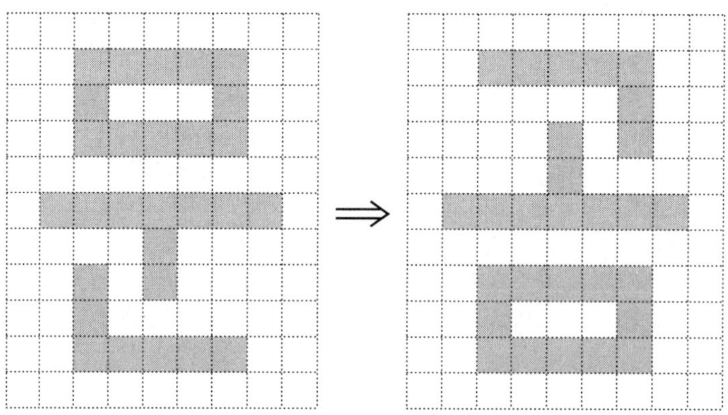

정 답

- 옆으로(오른쪽 또는 왼쪽) 2번 뒤집고 오른쪽 또는 왼쪽으로 직각의 2배만큼 돌리기
- 옆으로(오른쪽 또는 왼쪽) 1번 뒤집고 오른쪽 또는 왼쪽으로 직각의 2배만큼 돌린 후, 옆으로(오른쪽 또는 왼쪽) 1번 뒤집기
- 왼쪽으로 뒤집고 위쪽 또는 아래쪽으로 뒤집기
- 왼쪽 또는 오른쪽으로 직각의 2배만큼 돌리기

중 1가지

평가기준

단계	평가내용	비고
A	• 문제 상황 및 문제 속에 내포된 평면도형을 돌리고 뒤집기를 바르게 이해함. • 문제의 조건을 바르게 이해하고, 문제해결에 필요한 올바른 정보를 선택하여 활용함. • 문제해결에 알맞은 전략을 찾아 바르게 실행하고, 뒤집기 또는 돌리기의 방법을 활용하여 바르게 답을 기술함. • 전략수행과정이나 문제해결과정에서 타당한 추론을 통해 문제를 해결함. • 답을 알아내는 모든 단계나 과정을 명확하고 논리적으로 충분히 설명함. • 문제해결과정에 사용된 수학적 용어 및 기호 등의 표현이 정확함.	매우 잘함
B	• 문제 상황 및 문제 속에 내포된 평면도형을 돌리고 뒤집기를 바르게 이해함. • 문제의 조건을 바르게 이해하고, 문제해결에 필요한 올바른 정보를 선택하여 활용함. • 타당한 추론을 통해 문제해결에 알맞은 전략을 찾아 실행하고 있으나 답이 부정확함. a) 사소한 오차나 옮겨쓰기 과정에 오류가 있음. b) 답을 쓰지 않음. • 답을 알아내는 전체 과정을 논리적으로 설명하고 있으나 약간의 비약을 포함하고 있음. (예: 뒤집는 방향, 돌리는 방향, 돌리는 정도 등의 표현이 빠진 경우) • 문제해결과정에 사용된 수학적 용어 및 기호 등의 표현에서 약간의 오류를 나타냄.	잘함
C	• 문제 상황 및 문제 속에 내포된 평면도형을 돌리고 뒤집기를 부분적으로 이해함. • 문제의 조건을 바르게 이해하지 못하여 일부분의 정보만을 선택하여 활용함. • 문제해결을 위한 알맞은 전략을 찾아 시도하고 있으나 타당하게 추론하지 못하거나 끝까지 실행하지 못하여 정답에 이르지 못함. (예: 여러 가지 방법을 제시하였으나 잘못된 방법이 포함되어 있는 경우) • 답을 알아내는 과정 설명에 비약이 많거나, 문제해결과정 없이 정답만 기술함. • 문제해결과정에 사용된 수학적 용어 및 기호 등의 사용에 오류 및 부정확한 표현이 많이 포함됨.	보통
D	• 문제 상황 및 문제 속에 내포된 평면도형을 돌리고 뒤집기를 이해하지 못함. • 문제의 조건을 이해하지 못하여 문제해결과 관련 없이 제시된 정보를 활용함. (예: 뒤집기 또는 돌리기 이외의 방법으로 설명한 경우) • 문제해결과정에 대한 설명이 불완전하거나 명료하지 않아 이해하기 어려움. • 문제해결을 전혀 시도하지 못함. a) 백지 또는 오답 이외에 아무것도 쓰지 않음. b) 문제와 관련없는 것만을 기술함.	노력 요함

구분		3-1-6-1			
학기	3-1	단원명	6. 곱셈	내용영역	수와 연산
교육과정 중영역		(두 자리 수) × (한 자리 수) 계산하기 (1)			
성취기준		여러 가지 방법을 활용하여 올림이 없는 (두 자리 수) × (한 자리 수)의 계산 원리를 이해하고 계산할 수 있다.			
출제의도		모눈종이, 필산 등의 방법을 이용하여 (두 자리 수) × (한 자리 수)의 계산 원리를 이해하고 계산하여 문제를 해결해 보도록 한다.			

문 제

어느 초등학교 3학년에서 야구 글러브를 학생 수 만큼 구입하려고 합니다. 이 학교의 3학년은 한 반에 23명씩 총 3반입니다. 이 초등학교 3학년은 총 몇 개의 야구 글러브를 구입해야 하나요? 여러 가지 방법으로 풀이과정을 설명해 보세요.

(1) 모눈종이에 나타내어 문제를 해결해 보세요.

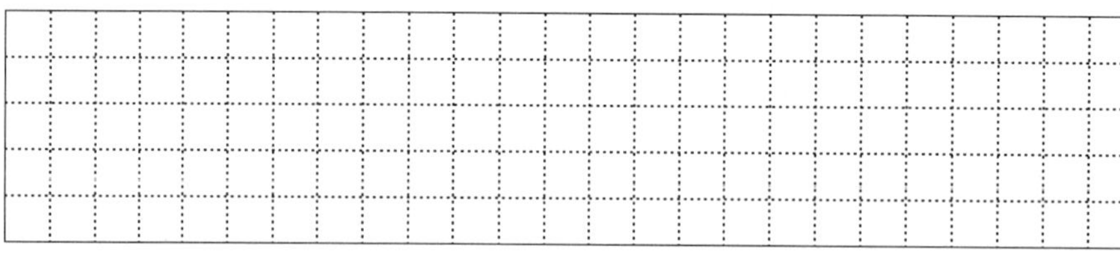

(2) 덧셈으로 문제를 해결해 보세요.

(3) 곱셈으로 문제를 해결해 보세요.

정 답

(1)

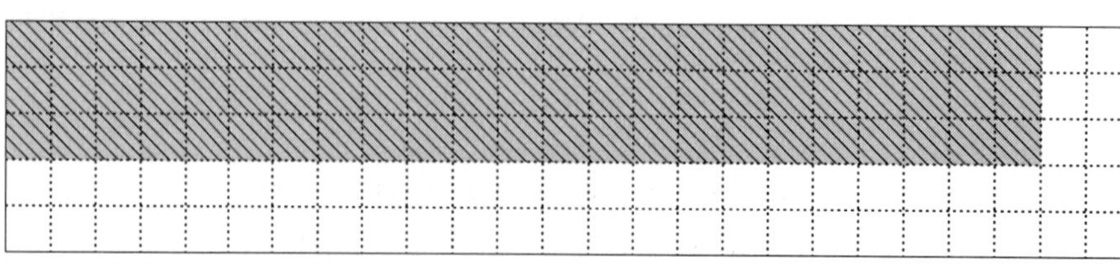

(2) 23+23+23=69

(3) 23×3=(20×3)+(3×3)=60+9=69 또는

$$\begin{array}{rr} & 2\ 3 \\ \times & 3 \\ \hline & 6\ 9 \end{array}$$

평가기준

단계	평가내용	비고
A	• 문제 상황 및 문제 속에 내포된 곱셈의 계산 원리를 바르게 이해함. • 문제의 조건을 바르게 이해하고, 문제해결에 필요한 올바른 정보를 선택하여 활용함. • (1), (2), (3)에서 제시하는 방법에 따라 바르게 실행하고, 문제의 조건에 맞게 바르게 답을 기술함. • 전략수행과정이나 문제해결과정에서 타당한 추론을 통해 문제를 해결함. • 답을 알아내는 모든 단계나 과정을 명확하고 논리적으로 충분히 설명함. • 문제해결과정에 사용된 수학적 용어 및 기호 등의 표현이 정확함.	매우 잘함
B	• 문제 상황 및 문제 속에 내포된 곱셈의 계산 원리를 바르게 이해함. • 문제의 조건을 바르게 이해하고, 문제해결에 필요한 올바른 정보를 선택하여 활용함. • (1), (2), (3)에서 제시하는 방법에 따라 문제해결을 시도하나, 답이 부정확함. • 답을 알아내는 전체 과정을 논리적으로 설명하고 있으나 약간의 비약을 포함하고 있음. • 문제해결과정에 사용된 수학적 용어 및 기호 등의 표현에서 약간의 오류를 나타냄. (예: 23×3=20×3=60+3×3=9=69와 같이 등호를 잘못 사용한 경우 등)	잘함
C	• 문제 상황 및 문제 속에 내포된 곱셈의 계산 원리를 부분적으로 이해함. • 문제의 조건을 바르게 이해하지 못하여 일부분의 정보만을 선택하여 활용함. • (1), (2), (3)에서 제시하는 방법에 따라 문제해결을 시도하고 있으나 타당하게 추론하지 못하거나 끝까지 실행하지 못하여 정답에 이르지 못함. (예: (1), (2), (3) 중에서 어느 한 방법이라도 제대로 설명하지 못하는 경우) • 답을 알아내는 과정 설명에 비약이 많거나, 문제해결과정 없이 정답만 기술함. • 문제해결과정에 사용된 수학적 용어 및 기호 등의 사용에 오류 및 부정확한 표현이 많이 포함됨.	보통
D	• 문제 상황 및 문제 속에 내포된 곱셈의 계산 원리를 이해하지 못함. • 문제의 조건을 이해하지 못하여 문제해결과 관련 없이 제시된 정보를 활용함. • 문제해결과정에 대한 설명이 불완전하거나 명료하지 않아 이해하기 어려움. • 문제해결을 전혀 시도하지 못함. a) 백지 또는 오답 이외에 아무것도 쓰지 않음. b) 문제와 관련없는 것만을 기술함.	노력 요함

구분		3-1-6-2			
학기	3-1	단원명	6. 곱셈	내용영역	수와 연산
교육과정 중영역		(두 자리 수) × (한 자리 수) 계산하기 (2)			
성취기준		일의 자리에서 올림이 있는 (두 자리 수) × (한 자리 수)의 계산 원리를 이해하고, 계산 형식을 알고 계산할 수 있다.			
출제의도		일의 자리에서 올림이 있는 (두 자리 수) × (한 자리 수)의 계산 원리를 활용하여 문제를 해결해 보도록 한다.			

문 제

민수와 정은이는 상대방이 생각하는 숫자 맞히기 게임을 하고 있습니다. 〈보기〉는 정은이가 자신의 숫자를 민수에게 설명한 내용입니다. 정은이가 생각하는 숫자는 무엇인가요?

〈보기〉

힌트 1. 이 숫자는 18×4보다 크고 26×3보다 작은 두 자리 수입니다.

힌트 2. 이 숫자는 일의 자리 숫자가 1, 3, 5, 7, 9로 끝나는 홀수입니다.

힌트 3. 이 숫자는 일의 자리 숫자가 0 또는 5로 끝나는 5의 배수입니다.

풀이과정

힌트 1: 18×4=72 < □ < 26×3=78

□는 73, 74, 75, 76, 77입니다.

힌트 2: 힌트 1에서 구한 수 중에서 홀수는 73, 75, 77입니다.

힌트 3: 힌트 2에서 구한 수 중에서 5의 배수는 75입니다.

정 답

정은이가 생각하는 숫자는 (75)입니다.

평가기준

단계	평가내용	비고
A	• 문제 상황 및 문제 속에 내포된 곱셈의 계산 원리를 바르게 이해함. • 문제의 조건을 바르게 이해하고, 문제해결에 필요한 올바른 정보를 선택하여 활용함. • 문제해결에 알맞은 전략을 찾아 바르게 실행하고, 문제의 조건에 맞게 바르게 답을 기술함. • 전략수행과정이나 문제해결과정에서 타당한 추론을 통해 문제를 해결함. • 답을 알아내는 모든 단계나 과정을 명확하고 논리적으로 충분히 설명함. • 문제해결과정에 사용된 수학적 용어 및 기호 등의 표현이 정확함.	매우 잘함
B	• 문제 상황 및 문제 속에 내포된 곱셈의 계산 원리를 바르게 이해함. • 문제의 조건을 바르게 이해하고, 문제해결에 필요한 올바른 정보를 선택하여 활용함. • 타당한 추론을 통해 문제해결에 알맞은 전략을 찾아 실행하고 있으나 답이 부정확함. a) 사소한 오차나 옮겨쓰기 과정에 오류가 있음. b) 답을 쓰지 않음. • 답을 알아내는 전체 과정을 논리적으로 설명하고 있으나 약간의 비약을 포함하고 있음. (예: 〈보기〉의 힌트 1, 2, 3 중에서 어느 한 가지를 빠트리고 문제풀이과정을 설명하는 경우 등) • 문제해결과정에 사용된 수학적 용어 및 기호 등의 표현에서 약간의 오류를 나타냄.	잘함
C	• 문제 상황 및 문제 속에 내포된 곱셈의 계산 원리를 부분적으로 이해함. • 문제의 조건을 바르게 이해하지 못하여 일부분의 정보만을 선택하여 활용함. • 문제해결을 위한 알맞은 전략을 찾아 시도하고 있으나 타당하게 추론하지 못하거나 끝까지 실행하지 못하여 정답에 이르지 못함. (예: 〈보기〉의 힌트 1만을 활용하여 문제해결을 시도하고 그 이후의 문제해결을 실행하지 못하여 정답을 구하지 못하는 경우 등) • 답을 알아내는 과정 설명에 비약이 많거나, 문제해결과정 없이 정답만 기술함. (예: 〈보기〉의 힌트 1, 2, 3 중에서 두 가지 이상의 힌트를 빠트리고 설명하는 경우 등) • 문제해결과정에 사용된 수학적 용어 및 기호 등의 사용에 오류 및 부정확한 표현이 많이 포함됨.	보통
D	• 문제 상황 및 문제 속에 내포된 곱셈의 계산 원리를 이해하지 못함. • 문제의 조건을 이해하지 못하여 문제해결과 관련 없이 제시된 정보를 활용함. • 문제해결과정에 대한 설명이 불완전하거나 명료하지 않아 이해하기 어려움. • 문제해결을 전혀 시도하지 못함. a) 백지 또는 오답 이외에 아무것도 쓰지 않음. b) 문제와 관련없는 것만을 기술함.	노력 요함

구분		3-1-6-3			
학기	3-1	단원명	6. 곱셈	내용영역	수와 연산
교육과정 중영역		곱셈 활용하기			
성취기준		(두 자리 수) × (한 자리 수)의 곱셈을 활용하여 문제를 해결할 수 있다.			
출제의도		(두 자리 수) × (한 자리 수)의 곱셈이 이용되는 일상생활 상황이 반영된 문장제 문제를 보고 알맞은 식을 세워 문제를 해결해 보도록 한다.			

문 제

형석이와 유진이는 아래와 같은 방법으로 지하철 삼각지역을 출발하여 경복궁역까지 가려고 합니다.

형석: 삼각지 역에서 숙대입구를 거쳐 서울역으로 가서 지하철을 갈아타고 시청, 종각을 거쳐 종로 3가로 갑니다. 이곳에서 지하철을 다시 갈아타고 안국역을 거쳐 경복궁역으로 갑니다.

유진: 삼각지역에서 녹사평, 이태원, 한강진, 버티고개를 거쳐 약수역으로 가서 지하철을 갈아탑니다. 이곳에서 동대입구, 충무로, 을지로3가, 종로3가, 안국을 거쳐 경복궁역으로 갑니다.

형석이와 유진이 중, 누구의 방법이 얼마나 더 빠른 방법일까요? (역에서 다음 역으로 가는 데 걸리는 시간은 2분이고, 지하철을 갈아타는 데 걸리는 시간은 10분입니다).

풀이과정

- 형석이의 방법을 선택할 때 걸리는 시간: 2×2+10+2×3+10+2×2 = 4+10+6+10+4 = 34분
- 유진이의 방법을 선택할 때 걸리는 시간: 2×5+10+2×6 = 10+10+12 = 32분

정 답

(유진)의 방법이 (2)분 더 빠른 방법입니다.

평가기준

단계	평가내용	비고
A	• 문제 상황 및 문제 속에 내포된 곱셈의 계산 원리를 바르게 이해함. • 각 역 사이의 이동시간과 갈아타는 데 걸리는 시간에 관한 문제의 조건을 바르게 이해하고, 문제해결에 필요한 올바른 정보를 선택하여 활용함. • 문제해결에 알맞은 전략을 찾아 바르게 실행하고, 문제의 조건에 맞게 바르게 답을 기술함. • 전략수행과정이나 문제해결과정에서 타당한 추론을 통해 문제를 해결함. • 답을 알아내는 모든 단계나 과정을 명확하고 논리적으로 충분히 설명함. • 문제해결과정에 사용된 수학적 용어 및 기호 등의 표현이 정확함.	매우 잘함
B	• 문제 상황 및 문제 속에 내포된 곱셈의 계산 원리를 바르게 이해함. • 각 역 사이의 이동시간과 갈아타는 데 걸리는 시간에 관한 문제의 조건을 바르게 이해하고, 문제해결에 필요한 올바른 정보를 선택하여 활용함. • 타당한 추론을 통해 문제해결에 알맞은 전략을 찾아 실행하고 있으나 답이 부정확함. a) 계산과정의 오차나 옮겨쓰기 과정에 오류가 있음. b) 답을 쓰지 않음. • 답을 알아내는 전체 과정을 논리적으로 설명하고 있으나 약간의 비약을 포함하고 있음. • 문제해결과정에 사용된 수학적 용어 및 기호 등의 표현에서 약간의 오류를 나타냄.	잘함
C	• 문제 상황 및 문제 속에 내포된 곱셈의 계산 원리를 부분적으로 이해함. • 각 역 사이의 이동시간과 갈아타는 데 걸리는 시간에 관한 문제의 조건을 바르게 이해하지 못하여 일부분의 정보만을 선택하여 활용함. • 문제해결을 위한 알맞은 전략을 찾아 시도하고 있으나, 갈아타는 횟수를 잘못 세거나 지나가는 역의 개수를 정확하게 세지 못하여 정답에 이르지 못함. • 답을 알아내는 과정 설명에 비약이 많거나, 문제해결과정 없이 정답만 기술함. • 문제해결과정에 사용된 수학적 용어 및 기호 등의 사용에 오류 및 부정확한 표현이 많이 포함됨.	보통
D	• 문제 상황 및 문제 속에 내포된 곱셈의 계산 원리를 이해하지 못함. • 문제의 조건을 이해하지 못하여 문제해결과 관련 없이 제시된 정보를 활용함. • 문제해결과정에 대한 설명이 불완전하거나 명료하지 않아 이해하기 어려움. • 문제해결을 전혀 시도하지 못함. a) 백지 또는 오답 이외에 아무것도 쓰지 않음. b) 문제와 관련없는 것만을 기술함.	노력 요함

구분		3-1-7-1			
학기	3-1	단원명	7. 분수	내용영역	수와 연산
교육과정 중영역		자연수의 분수만큼 알아보기			
성취기준		자연수의 분수만큼을 알고 그 양을 비교하여 문제를 해결할 수 있다.			
출제의도		자연수의 분수만큼을 알고 비교하는 방법을 이용하여 문제를 해결해 보도록 한다.			

문 제

선영이네 학교 학예회 연극 주인공을 뽑는 오디션에 총 12명 학생들이 지원하였습니다. 1차 오디션에 합격한 학생은 지원한 학생의 $\frac{3}{4}$이고, 2차 오디션에 합격한 학생은 1차 오디션에 합격한 학생의 $\frac{1}{3}$입니다. 2차 오디션에 합격한 학생은 모두 몇 명인가요?

풀이과정

- 1차 오디션에 합격한 학생: 12의 $\frac{3}{4}$이므로 12를 똑같이 4묶음으로 나눈 것 중 3묶음입니다. 12를 똑같이 4묶음으로 나누면 한 묶음은 3이고 그 중 3묶음은 9가 됩니다.
- 2차 오디션에 합격한 학생: 9의 $\frac{1}{3}$이므로 9를 똑같이 3묶음으로 나눈 것 중 1묶음입니다. 9를 똑같이 3묶음으로 나누면 한 묶음은 3이고 그 중 1묶음은 3이 됩니다.

정 답

2차 오디션에 합격한 학생은 (3)명입니다.

평가기준

단계	평가내용	비고
A	• 문제 상황 및 문제 속에 내포된 자연수의 분수만큼을 바르게 이해함. • 문제의 조건을 바르게 이해하고, 문제해결에 필요한 올바른 정보(1, 2차 오디션에 합격한 학생의 수와 그 수의 분수만큼)를 선택하여 활용함. • 문제해결에 알맞은 자연수를 똑같이 몇 묶음으로 나누어 그 중의 몇 개를 취하는 전략을 바르게 실행하고, 문제의 조건에 맞게 바르게 답을 기술함. a) 그림으로 자연수의 분수만큼을 표현함. b) 자연수의 분수만큼을 구하는 과정을 말로 설명함. • 전략수행과정이나 문제해결과정에서 타당한 추론을 통해 문제를 해결함. • 답을 알아내는 모든 단계나 과정을 명확하고 논리적으로 충분히 설명함. • 문제해결과정에 사용된 수학적 용어 및 기호 등의 표현이 정확함.	매우 잘함
B	• 문제 상황 및 문제 속에 내포된 자연수의 분수만큼을 바르게 이해함. • 문제의 조건을 바르게 이해하고, 문제해결에 필요한 올바른 정보(1, 2차 오디션에 합격한 학생의 수와 그 수의 분수만큼)를 선택하여 활용함. • 타당한 추론을 통해 자연수를 똑같이 몇 묶음으로 나누어 그 중의 몇 개를 취하는 전략을 찾아 실행하고 있으나 답이 부정확함. a) 사소한 오차나 옮겨쓰기 과정에 오류가 있음. b) 답을 쓰지 않음. • 답을 알아내는 전체 과정을 논리적으로 설명하고 있으나 약간의 비약을 포함하고 있음. (예: 그림으로 표현하였으나 똑같이 나누는 과정이 없는 경우 등) • 문제해결과정에 사용된 수학적 용어 및 기호 등의 표현에서 약간의 오류를 나타냄. (예: 12의 $\frac{3}{4}$=9를 12분의 $\frac{3}{4}$=9 등으로 나타낸 경우 등)	잘함
C	• 문제 상황 및 문제 속에 내포된 자연수의 분수만큼을 부분적으로 이해함. • 문제의 조건을 바르게 이해하지 못하여 1, 2차 오디션에 합격한 학생의 수와 그 수의 분수만큼의 일부분 정보만을 선택하여 활용함. • 문제해결을 위하여 자연수를 똑같이 몇 묶음으로 나누어 그 중의 몇 개를 취하는 전략을 찾아 시도하고 있으나 타당하게 추론하지 못하거나 끝까지 실행하지 못하여 정답에 이르지 못함. (예: 계산상 실수가 있는 경우) • 답을 알아내는 과정 설명에 비약이 많거나, 문제해결과정 없이 정답만 기술함. • 문제해결과정에 사용된 수학적 용어 및 기호 등의 사용에 오류 및 부정확한 표현이 많이 포함됨. (예: 12 $\frac{3}{4}$ 9, 9 $\frac{1}{3}$ 3 등과 같이 나열하여 나타냄. 등호가 성립하지 않음)	보통
D	• 문제 상황 및 문제 속에 내포된 자연수의 분수만큼을 이해하지 못함. • 문제의 조건을 이해하지 못하여 문제해결과 관련 없이 제시된 정보(1, 2차 오디션에 합격한 학생의 수와 그 수의 분수만큼)를 활용함. • 문제해결과정에 대한 설명이 불완전하거나 명료하지 않아 이해하기 어려움. • 문제해결을 전혀 시도하지 못함. a) 백지 또는 오답 이외에 아무것도 쓰지 않음. b) 문제와 관련없는 것만을 기술함.	노력 요함

구분		3-1-7-2			
학기	3-1	단원명	7. 분수	내용영역	수와 연산
교육과정 중영역		분수의 크기 비교하기			
성취기준		분모가 같은 분수의 크기를 비교할 수 있다.			
출제의도		분모가 같은 분수의 크기를 비교하고, 그렇게 생각한 까닭을 여러 가지 방법으로 설명해 보도록 한다.			

문 제

재민이는 엄마와 함께 쿠기를 굽고 있습니다. 쿠기를 굽는 방법이 다음과 같을 때, 밀가루와 버터 중 어떤 것을 더 많이 준비하여야 할까요? 2가지 방법으로 설명해 보세요.

〈엄마의 쿠키 레시피〉

1. 밀가루를 계량컵의 $\frac{3}{4}$만큼 준비한다.
2. 버터는 밀가루를 담았던 계량컵의 $\frac{1}{4}$만큼 준비한다.
3. 밀가루, 버터, 계란 노른자 1개, 베이킹파우더 1티스푼, 설탕을 그릇에 넣고 섞는다.
4. 반죽을 비닐팩에 넣어 냉장실에 30분간 넣어 둔다.
5. 반죽을 꺼내 밀어 모양을 찍는다.
6. 오븐에 구워내면 완성!

풀이과정

밀가루는 계량컵의 $\frac{3}{4}$, 버터는 같은 계량컵의 $\frac{1}{4}$만큼이 필요하므로 $\frac{3}{4}$과 $\frac{1}{4}$의 크기를 비교하면 됩니다. 분모가 같을 경우 분자의 크기만 비교하면 되므로 $\frac{3}{4}$이 $\frac{1}{4}$보다 많습니다. 따라서 $\frac{3}{4} > \frac{1}{4}$가 됩니다. 또는 밀가루와 버터를 그림으로 나타내면 다음과 같습니다.

밀가루: 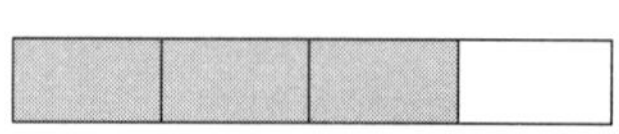, 버터: 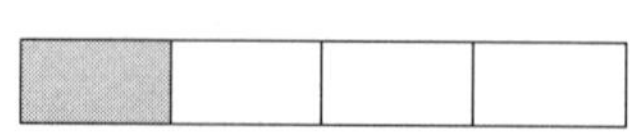

따라서 밀가루를 버터보다 더 많이 준비해야 합니다.

정 답

(밀가루)가 (버터)보다 더 많은 양이 필요합니다.

평가기준

<table>
<tr><th>단계</th><th>평가내용</th><th>비고</th></tr>
<tr><td>A</td><td>• 문제 상황 및 문제 속에 내포된 분모가 같은 분수의 크기 비교를 바르게 이해함.
• 문제의 조건을 바르게 이해하고, 문제해결에 필요한 올바른 정보(밀가루와 버터의 양, 같은 계량컵을 사용함)를 선택하여 활용함.
• 문제해결에 알맞은 전략을 찾아 바르게 실행하고, 문제의 조건에 맞게 바르게 답을 기술함.
• 전략수행과정이나 문제해결과정에서 타당한 추론을 통해 문제를 해결함.
a) 서로 다른 2가지 전략을 모두 타당하게 설명함.
• 답을 알아내는 모든 단계나 과정을 명확하고 논리적으로 충분히 설명함.
• 문제해결과정에 사용된 수학적 용어 및 기호 등의 표현이 정확함.</td><td>매우 잘함</td></tr>
<tr><td>B</td><td>• 문제 상황 및 문제 속에 내포된 분모가 같은 분수의 크기 비교를 바르게 이해함.
• 문제의 조건을 바르게 이해하고, 문제해결에 필요한 올바른 정보(밀가루와 버터의 양, 같은 계량컵을 사용함)를 선택하여 활용함.
• 타당한 추론을 통해 문제해결에 알맞은 전략을 찾아 실행하고 있으나 답이 부정확함.
(예: 밀가루의 양 $\frac{3}{4}$과 버터의 양 $\frac{1}{4}$을 합쳐 한 개의 모양에 나타낸 경우 등)
a) 사소한 오차나 옮겨 쓰기 과정에 오류가 있음.
b) 답을 쓰지 않음.
• 답을 알아내는 전체 과정을 논리적으로 설명하고 있으나 약간의 비약을 포함하고 있음.
• 문제해결과정에 사용된 수학적 용어 및 기호 등의 표현에서 약간의 오류를 나타냄.</td><td>잘함</td></tr>
<tr><td>C</td><td>• 문제 상황 및 문제 속에 내포된 분모가 같은 분수의 크기 비교를 부분적으로 이해함.
• 문제의 조건을 바르게 이해하지 못하여 일부분의 정보(밀가루와 버터의 양, 같은 계량컵을 사용함)만을 선택하여 활용함.
• 문제해결을 위한 알맞은 전략을 찾아 시도하고 있으나 타당하게 추론하지 못하거나 끝까지 실행하지 못하여 정답에 이르지 못함.
a) 1가지 전략만을 바르게 설명함.
• 답을 알아내는 과정 설명에 비약이 많거나, 문제해결과정 없이 정답만 기술함.
• 문제해결과정에 사용된 수학적 용어 및 기호 등의 사용에 오류 및 부정확한 표현이 많이 포함됨.
(예: 그림을 그려 해결하고 있으나 $\frac{3}{4}$과 $\frac{1}{4}$을 서로 다른 도형으로 나타낸 경우 등)</td><td>보통</td></tr>
<tr><td>D</td><td>• 문제 상황 및 문제 속에 내포된 분모가 같은 분수의 크기 비교를 이해하지 못함.
• 문제의 조건을 이해하지 못하여 문제해결과 관련 없이 제시된 정보를 활용함.
• 문제해결과정에 대한 설명이 불완전하거나 명료하지 않아 이해하기 어려움.
• 문제해결을 전혀 시도하지 못함.
a) 백지 또는 오답 이외에 아무것도 쓰지 않음.
b) 문제와 관련없는 것만을 기술함.</td><td>노력 요함</td></tr>
</table>

구분		3-1-7-3			
학기	3-1	단원명	7. 분수	내용영역	수와 연산
교육과정 중영역		분수의 크기 비교하기			
성취기준		분자가 1인 단위분수의 크기를 비교할 수 있다.			
출제의도		분자가 1인 단위분수의 크기를 비교하는 방법을 설명함으로써 문제를 해결해 보도록 한다.			

문 제

은지와 은영이는 똑같은 크기와 모양의 무지개떡을 각각 1조각씩 받았습니다. 은지는 받은 떡의 $\frac{1}{3}$만큼 먹고, 은영이는 받은 떡의 $\frac{1}{4}$만큼 먹었습니다. 누구의 떡이 더 많이 남았나요? 그렇게 생각한 이유를 글과 그림을 사용하여 자세히 설명해 보세요.

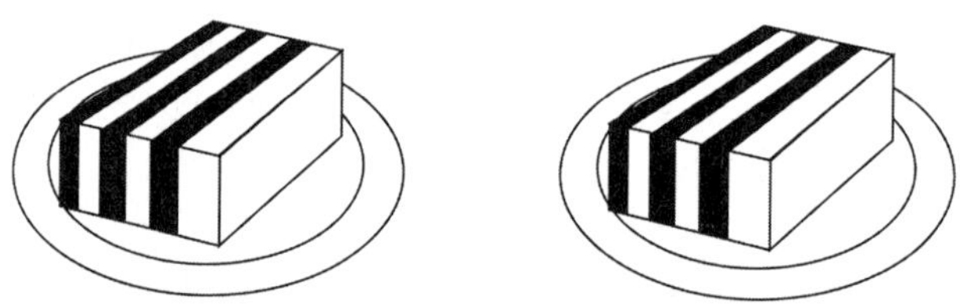

은지　　　　은영

풀이과정

은지:
은영:

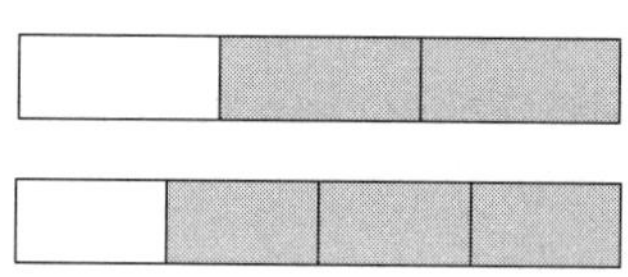

남은 양을 위의 그림에 색칠하여 나타낼 수 있습니다.
색칠한 부분을 비교하면 은영이의 떡이 더 많이 남았음을 알 수 있습니다.

정 답

(은영)(이)의 떡이 더 많이 남았습니다.

평가기준

단계	평가내용	비고
A	• 문제 상황 및 문제 속에 내포된 분모가 다른 분수의 크기 비교를 바르게 이해함. • 문제의 조건을 바르게 이해하고, 문제해결에 필요한 올바른 정보(똑같은 크기와 모양의 무지개떡, 은지와 은영이가 먹고 남은 떡의 양)를 선택하여 활용함. • 문제해결에 알맞은 전략을 찾아 바르게 실행하고, 문제의 조건에 맞게 바르게 답을 기술함. • 전략수행과정이나 문제해결과정에서 타당한 추론을 통해 문제를 해결함. • 답을 알아내는 모든 단계나 과정을 명확하고 논리적으로 충분히 설명함. • 문제해결과정에 사용된 수학적 용어 및 기호 등의 표현이 정확함.	매우 잘함
B	• 문제 상황 및 문제 속에 내포된 분모가 다른 분수의 크기 비교를 바르게 이해함. • 문제의 조건을 바르게 이해하고, 문제해결에 필요한 올바른 정보(똑같은 크기와 모양의 무지개떡, 은지와 은영이가 먹고 남은 떡의 양)를 선택하여 활용함. • 타당한 추론을 통해 문제해결에 알맞은 전략을 찾아 실행하고 있으나 답이 부정확함. a) 사소한 오차나 옮겨 쓰기 과정에 오류가 있음. b) 답을 쓰지 않음. • 답을 알아내는 전체 과정을 논리적으로 설명하고 있으나 약간의 비약을 포함하고 있음. (예: 글 또는 그림 둘 중의 한 가지 방법으로만 나타낸 경우) • 문제해결과정에 사용된 수학적 용어 및 기호 등의 표현에서 약간의 오류를 나타냄.	잘함
C	• 문제 상황 및 문제 속에 내포된 분모가 다른 분수의 크기 비교를 부분적으로 이해함. • 문제의 조건을 바르게 이해하지 못하여 일부분의 정보(똑같은 크기와 모양의 무지개떡, 은지와 은영이가 먹고 남은 떡의 양)만을 선택하여 활용함. • 문제해결을 위한 알맞은 전략을 찾아 시도하고 있으나 타당하게 추론하지 못하거나 끝까지 실행하지 못하여 정답에 이르지 못함. a) 남은 양을 비교하지 못하고 먹은 양을 비교한 경우. b) 전체 '1'에 해당하는 그림의 크기와 모양이 다른 경우. • 답을 알아내는 과정 설명에 비약이 많거나, 문제해결과정 없이 정답만 기술함. (예: 남은 떡의 양을 구하는 과정은 있으나 두 수를 비교하는 과정이 없는 경우) • 문제해결과정에 사용된 수학적 용어 및 기호 등의 사용에 오류 및 부정확한 표현이 많이 포함됨.	보통
D	• 문제 상황 및 문제 속에 내포된 분모가 다른 분수의 크기 비교를 이해하지 못함. • 문제의 조건을 이해하지 못하여 문제해결과 관련 없이 제시된 정보를 활용함. (예: 기준량($\frac{1}{3}$, $\frac{1}{4}$)의 크기에 상관없이 남은 2조각과 3조각을 산술적으로 비교함) • 문제해결과정에 대한 설명이 불완전하거나 명료하지 않아 이해하기 어려움. • 문제해결을 전혀 시도하지 못함. a) 백지 또는 오답 이외에 아무것도 쓰지 않음. b) 문제와 관련없는 것만을 기술함.	노력 요함

구분		3-1-8-1			
학기	3-1	단원명	8. 길이와 시간	내용영역	측정
교육과정 중영역		km, m의 단위가 있는 길이의 합과 차 구하기			
성취기준		km, m의 단위가 있는 길이의 합과 차를 구하는 계산 원리를 알고 길이의 덧셈과 뺄셈을 할 수 있다.			
출제의도		km, m의 단위가 있는 길이의 합과 차를 구하는 상황을 이해하고 길이의 덧셈과 뺄셈의 식을 세워 문제를 해결해 보도록 한다.			

문 제

다음은 등산로 입구에 있는 지도와 안내판입니다. 정상까지 올라가려고 할 때 어떤 길로 가는 것이 가장 짧은 거리일까요?

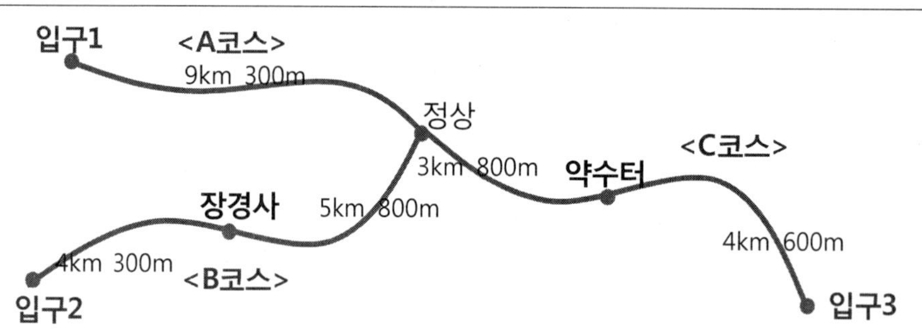

<A코스> : 입구1에서 출발하여 정상으로 바로 가는 코스
<B코스> : 입구2에서 출발하여 장경사를 거쳐 정상으로 가는 코스
<C코스> : 입구3에서 출발하여 약수터를 거쳐 정상으로 가는 코스

풀이과정

- <A코스>: 9km 300m
- <B코스>: 4km 300m + 5km 800m = 10km 100m
- <C코스>: 4km 600m + 3km 800m = 8km 400m

세 코스의 거리를 비교하면 C코스가 8km 400m로 가장 짧은 거리임을 알 수 있다.

정 답

(C)코스가 (8)km (400)m로 가장 짧은 거리입니다.

평가기준

단계	평가내용	비고
A	• 문제 상황 및 문제 속에 내포된 km, m의 단위가 있는 길이의 합과 차를 바르게 이해함. • 문제의 조건을 바르게 이해하고, 문제해결에 필요한 올바른 정보(각 코스별 정상까지의 거리, 가장 짧은 거리를 구하는 것)를 선택하여 활용함. • 문제해결에 알맞은 전략을 찾아 바르게 실행하고, 문제의 조건에 맞게 바르게 답을 기술함. • 전략수행과정이나 문제해결과정에서 타당한 추론을 통해 문제를 해결함. • 답을 알아내는 모든 단계나 과정을 명확하고 논리적으로 충분히 설명함. • 문제해결과정에 사용된 수학적 용어 및 기호 등의 표현이 정확함.	매우 잘함
B	• 문제 상황 및 문제 속에 내포된 km, m의 단위가 있는 길이의 합과 차를 바르게 이해함. • 문제의 조건을 바르게 이해하고, 문제해결에 필요한 올바른 정보(각 코스별 정상까지의 거리, 가장 짧은 거리를 구하는 것)를 선택하여 활용함. • 타당한 추론을 통해 문제해결에 알맞은 전략을 찾아 실행하고 있으나 답이 부정확함. a) 사소한 오차나 옮겨 쓰기 과정에 오류가 있음. b) 답을 쓰지 않음. • 답을 알아내는 전체 과정을 논리적으로 설명하고 있으나 약간의 비약을 포함하고 있음. (예: 각 코스의 전체 거리는 구하였으나 식을 세우지 않음 - B코스가 10km 100m, C코스가 8km 400m라고 구하였으나 구한 과정이 드러나지 않은 경우) • 문제해결과정에 사용된 수학적 용어 및 기호 등의 표현에서 약간의 오류를 나타냄(km, m의 단위를 쓰지 않음).	잘함
C	• 문제 상황 및 문제 속에 내포된 km, m의 단위가 있는 길이의 합과 차를 부분적으로 이해함. • 문제의 조건을 바르게 이해하지 못하여 각 코스별 정상까지의 거리, 가장 짧은 거리를 구하는 것 중 일부분의 정보만을 선택하여 활용함. • 문제해결을 위한 알맞은 전략을 찾아 시도하고 있으나 타당하게 추론하지 못하거나 끝까지 실행하지 못하여 정답에 이르지 못함(식을 바르게 세웠으나 계산하는 과정에서 받아올림을 포함한 계산의 오류를 보인 경우). • 답을 알아내는 과정 설명에 비약이 많거나, 문제해결과정 없이 정답만 기술함. • 문제해결과정에 사용된 수학적 용어 및 기호 등의 사용에 오류 및 부정확한 표현이 많이 포함됨.	보통
D	• 문제 상황 및 문제 속에 내포된 km, m의 단위가 있는 길이의 합과 차를 이해하지 못함. • 문제의 조건을 이해하지 못하여 문제해결과 관련 없이 제시된 정보를 활용함. • 문제해결과정에 대한 설명이 불완전하거나 명료하지 않아 이해하기 어려움. • 문제해결을 전혀 시도하지 못함. a) 백지 또는 오답 이외에 아무것도 쓰지 않음. b) 문제와 관련없는 것만을 기술함.	노력 요함

<table>
<tr><td colspan="2">구분</td><td colspan="4">3-1-8-2</td></tr>
<tr><td>학기</td><td>3-1</td><td>단원명</td><td>8. 길이와 시간</td><td>내용영역</td><td>측정</td></tr>
<tr><td colspan="2">교육과정 중영역</td><td colspan="4">cm, m의 단위가 있는 길이의 합과 차 구하기</td></tr>
<tr><td colspan="2">성취기준</td><td colspan="4">cm, m의 단위가 있는 길이의 합과 차를 구하는 계산 원리를 알고 길이의 덧셈과 뺄셈을 할 수 있다.</td></tr>
<tr><td colspan="2">출제의도</td><td colspan="4">cm, m의 단위가 있는 길이의 합과 차를 구하는 상황을 이해하고 길이의 덧셈과 뺄셈의 식을 세워 문제를 해결해 보도록 한다.</td></tr>
</table>

문 제

체육관 바닥에 위치를 표시하기 위해 30cm 간격으로 10개의 점을 직선으로 찍었습니다. 처음에 찍힌 점에서부터 마지막에 찍힌 점까지의 거리는 몇 m 몇 cm인가요?

풀이과정

아래 그림과 같이 10개의 점을 찍어보면 9개의 간격이 나오는 것을 알 수 있습니다.

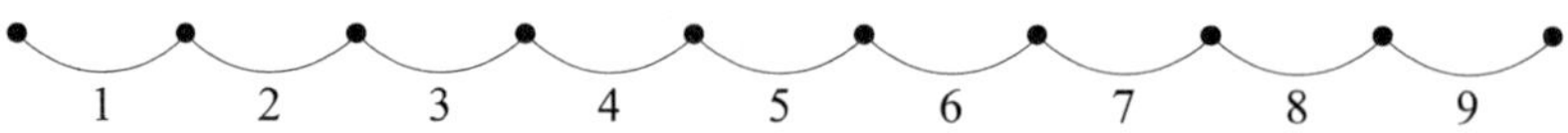

하나의 간격이 30cm이므로 처음에 찍힌 점부터 마지막에 찍힌 점까지의 거리는 30(cm)×9 = 270(cm)임을 알 수 있습니다.
270cm는 2m 70cm로 나타낼 수 있습니다.

정 답

처음에 찍힌 점에서부터 마지막에 찍힌 점까지의 거리는 (2)m (70)cm입니다.

평가기준

단계	평가내용	비고
A	• 문제 상황 및 문제 속에 내포된 cm, m의 단위, 길이의 합과 차를 바르게 이해함. • 문제의 조건을 바르게 이해하고, 문제해결에 필요한 올바른 정보(30cm간격, 10개의 점, 전체의 거리 구하기)를 선택하여 활용함. • 문제해결에 알맞은 전략을 찾아 바르게 실행하고, 문제의 조건에 맞게 바르게 답을 기술함. (예: 그림을 그려 간격의 수를 구하여 차례차례 더한 경우, 곱셈을 이용한 경우, 덧셈을 이용한 경우 등) • 전략수행과정이나 문제해결과정에서 타당한 추론을 통해 문제를 해결함. • 답을 알아내는 모든 단계나 과정을 명확하고 논리적으로 충분히 설명함. • 문제해결과정에 사용된 수학적 용어 및 기호 등의 표현이 정확함.	매우 잘함
B	• 문제 상황 및 문제 속에 내포된 cm, m의 단위, 길이의 합과 차를 바르게 이해함. • 문제의 조건을 바르게 이해하고, 문제해결에 필요한 올바른 정보(30cm간격, 10개의 점, 전체의 거리 구하기)를 선택하여 활용함. • 타당한 추론을 통해 문제해결에 알맞은 전략을 찾아 실행하고 있으나 답이 부정확함. a) 옮겨 쓰기 과정에 오류가 있음. b) 답을 쓰지 않음. • 답을 알아내는 전체 과정을 논리적으로 설명하고 있으나 약간의 비약을 포함하고 있음. • 문제해결과정에 사용된 수학적 용어 및 기호 등의 표현에서 약간의 오류를 나타냄.	잘함
C	• 문제 상황 및 문제 속에 내포된 cm, m의 단위, 길이의 합과 차를 부분적으로 이해함. • 문제의 조건을 바르게 이해하지 못하여 30cm 간격, 10개의 점, 전체의 거리 구하기 중 일부분의 정보만을 선택하여 활용함. • 문제해결을 위한 알맞은 전략을 찾아 시도하고 있으나 타당하게 추론하지 못하거나 끝까지 실행하지 못하여 정답에 이르지 못함. (예: 덧셈 전략을 시도하고 있으나 덧셈을 하는 과정에서 오류가 있는 경우, 간격을 10개 또는 11개로 생각하여 계산한 경우 등) • 답을 알아내는 과정 설명에 비약이 많거나, 문제해결과정 없이 정답만 기술함. • 문제해결과정에 사용된 수학적 용어 및 기호 등의 사용에 오류 및 부정확한 표현이 많이 포함됨.	보통
D	• 문제 상황 및 문제 속에 내포된 수학적 개념을 이해하지 못함. • 문제의 조건을 이해하지 못하여 문제해결과 관련 없이 제시된 정보를 활용함. • 문제해결과정에 대한 설명이 불완전하거나 명료하지 않아 이해하기 어려움. • 문제해결을 전혀 시도하지 못함. a) 백지 또는 오답 이외에 아무것도 쓰지 않음. b) 문제와 관련없는 것만을 기술함.	노력 요함

구분		3-1-8-3			
학기	3-1	단원명	8. 길이와 시간	내용영역	측정
교육과정 중영역		시각과 시간의 개념 알기			
성취기준		시각과 시간의 개념을 설명하고, 개념을 실생활에 적용할 수 있다.			
출제의도		시각과 시간이 쓰인 실생활 예를 보고 시각과 시간을 구분하여 문제를 해결해 보도록 한다.			

문 제

다음 송이의 일기를 보고 물음에 답하세요.

> 6월 9일 토요일 날씨: 맑음
> 선생님께서 내 주신 사회 조사 숙제를 하기 위하여 나는 미진이와 민수를 도서관 정문에서 ① 10시에 만나기로 했다. 나는 준비를 마치고 집에서 ② 9시 40분에 출발하였다. 도서관까지 가는 데 ③ 15분이 걸려서 ④ 9시 55분에 도착했다. 미진이는 내가 도착한 시간보다 ⑤ 15분 늦게 도착하였고, 민수는 약속시간보다 ⑥ 20분 늦게 도착하였다.

(1) 위의 일기에서 ①~⑥ 중 시각에는 □표, 시간에는 ○표를 하고, 시각과 시간의 다른 점을 설명해 보세요.

____

____

(2) 미진이와 민수가 도서관 정문에 도착한 시각은 언제인가요?

미진이는 (　　)시 (　　)분에 도착하였고, 민수는 (　　)시 (　　)분에 도착하였습니다.

정 답

(1)

> 6월 9일 토요일 날씨: 맑음
> 선생님께서 내 주신 사회 조사 숙제를 하기 위하여 나는 미진이와 민수를 도서관 정문에서 [① 10시]에 만나기로 했다. 나는 준비를 마치고 집에서 [② 9시 40분]에 출발하였다. 도서관까지 가는 데 (③ 15분)이 걸려서 [④ 9시 55분]에 도착했다. 미진이는 내가 도착한 시간보다 (⑤ 15분) 늦게 도착하였고, 민수는 약속시간보다 (⑥ 20분) 늦게 도착하였다.

시각은 어떤 한 지점을 의미하고, 시간은 어떤 시각부터 어떤 시각까지의 사이를 의미합니다.

(2) 【미진】 9시 55분 + 15분 = 10시 10분

【민수】 10시 + 20분 = 10시 20분

미진이는 (10)시 (10)분에 도착하였고, 민수는 (10)시 (20)분에 도착하였습니다.

평가기준

단계	평가내용	비고
A	• 문제 상황 및 문제 속에 내포된 시각과 시간의 개념을 바르게 이해함. • 문제의 조건을 바르게 이해하고, 문제해결에 필요한 올바른 정보(약속장소에 도착한 시각, 약속한 시각, 늦은 시간)를 선택하여 활용함. • 문제해결에 알맞은 전략을 찾아 바르게 실행하고, 문제의 조건에 맞게 바르게 답을 기술함((1), (2) 모두 비약이나 오류 없이 해결한 경우). • 전략수행과정이나 문제해결과정에서 타당한 추론을 통해 문제를 해결함. • 답을 알아내는 모든 단계나 과정을 명확하고 논리적으로 충분히 설명함. • 문제해결과정에 사용된 수학적 용어 및 기호 등의 표현이 정확함.	매우 잘함
B	• 문제 상황 및 문제 속에 내포된 시각과 시간의 개념을 바르게 이해함. • 문제의 조건을 바르게 이해하고, 문제해결에 필요한 올바른 정보(약속장소에 도착한 시각, 약속한 시각, 늦은 시간)를 선택하여 활용함. • 타당한 추론을 통해 문제해결에 알맞은 전략을 찾아 실행하고 있으나 답이 부정확함. a) 사소한 오차나 옮겨 쓰기 과정에 오류가 있음. b) 다른 문항은 옳게 기술하였으나 (1)에서 시각의 개념을 모호하게 기술함. (예: 멈춰 있는 시간, 시작한 시간 등) c) (2)에서 식을 바르게 세우고 옳게 문제를 풀었으나 답을 옮기는 과정에서 오류가 있음. d) 답을 쓰지 않음. • 답을 알아내는 전체 과정을 논리적으로 설명하고 있으나 약간의 비약을 포함하고 있음. • 문제해결과정에 사용된 수학적 용어 및 기호 등의 표현에서 약간의 오류를 나타냄.	잘함
C	• 문제 상황 및 문제 속에 내포된 시각과 시간의 개념을 부분적으로 이해함. • 문제의 조건을 바르게 이해하지 못하여 약속장소에 도착한 시각, 약속한 시각, 늦은 시간 중 일부분의 정보만을 선택하여 활용함. • 문제해결을 위한 알맞은 전략을 찾아 시도하고 있으나 타당하게 추론하지 못하거나 끝까지 실행하지 못하여 정답에 이르지 못함. (예: (2)에서 식을 잘못 세우거나 계산을 실수하여 정답을 구하지 못한 경우) • 답을 알아내는 과정 설명에 비약이 많거나 (2)에서 문제해결과정 없이 정답만 기술함. • 문제해결과정에 사용된 수학적 용어 및 기호 등의 사용에 오류 및 부정확한 표현이 많이 포함됨.	보통
D	• 문제 상황 및 문제 속에 내포된 시각과 시간의 개념을 이해하지 못함. • 문제의 조건을 이해하지 못하여 문제해결과 관련 없이 제시된 정보를 활용함. • 문제해결과정에 대한 설명이 불완전하거나 명료하지 않아 이해하기 어려움. • 문제해결을 전혀 시도하지 못함. a) 백지 또는 오답 이외에 아무것도 쓰지 않음. b) 문제와 관련없는 것만을 기술함.	노력 요함

[단원명]

1. 덧셈과 뺄셈
2. 곱셈
3. 원
4. 나눗셈
5. 들이와 무게
6. 소수
7. 자료 정리
8. 규칙 찾기와 문제해결

02

3학년 2학기

구분		3-2-1-1			
학기	3-2	단원명	1. 덧셈과 뺄셈	내용영역	수와 연산
교육과정 중영역		네 자리 수와 세 자리 수의 뺄셈			
성취기준		큰 수의 뺄셈이 활용되는 생활 속 상황에서 자료에 따라 알맞은 식을 세우고 능숙하게 계산하여 문제를 해결할 수 있다.			
출제의도		생활 속에서 뺄셈이 활용되는 상황을 해석하고 알맞은 식을 세워 능숙하게 계산하여 문제를 해결해 보도록 한다.			

문 제

다음 표는 기상청에서 발표한 2010, 2011년 서울의 여름 강수량(땅에 내린 물의 양)을 나타낸 것입니다. 월별로 2010, 2011년 강수량을 비교하였을 때 가장 크게 강수량이 늘어난 달은 언제인가요?

	2010년	2011년
6월	127mm	404mm
7월	239mm	1131mm
8월	166mm	598mm

풀이과정

각 달의 2011년의 강수량이 2010년 강수량보다 많으므로 2011년 강수량에서 2010년의 강수량을 빼면 됩니다.

6월: $404-127=277$(mm)

7월: $1131-239=892$(mm)

8월: $592-166=426$(mm)

정 답

강수량이 가장 크게 늘어난 달은 (7)월입니다.

평가기준

<table>
<tr><th>단계</th><th>평가내용</th><th>비고</th></tr>
<tr><td>A</td><td>• 문제 상황 및 문제 속에 내포된 뺄셈의 의미를 바르게 이해함.
• 문제의 조건을 바르게 이해하고, 제시된 문제 상황에서 문제해결에 적절한 정보(2010년, 2011년의 각 달별 강수량)를 바르게 짝지어 활용함.
• 각 달별로 강수량이 늘어난 양을 구하기 위하여 적절한 뺄셈식을 만들어 실행함.
• 전략수행과정이나 문제해결과정에서 타당한 추론(늘어난 강수량을 구해야 하므로 뺄셈을 함)을 통해 문제를 해결함.
• 답을 알아내는 모든 단계나 과정을 명확하고 논리적으로 충분히 설명함.
• 문제해결과정에 사용된 수학적 용어 및 기호 등의 표현이 정확함.</td><td>매우 잘함</td></tr>
<tr><td>B</td><td>• 문제 상황 및 문제 속에 내포된 뺄셈의 의미를 바르게 이해함.
• 문제의 조건을 바르게 이해하고, 제시된 문제 상황에서 문제해결에 적절한 정보(2010년, 2011년의 각 달별 강수량)를 바르게 짝지어 활용함.
• 각 달별로 강수량이 늘어난 양을 구해야 하므로 타당한 추론을 통하여 적절한 뺄셈식을 만들어 실행하여 구하고 있으나 답이 부정확함.
a) 사소한 오차나 옮겨 쓰기 과정에 오류가 있음.
b) 풀이과정은 있으나 답을 쓰지 않음.
• 답을 알아내는 전체 과정을 논리적으로 설명하고 있으나 약간의 비약을 포함하고 있음.
• 문제해결과정에 사용된 수학적 용어 및 기호 등의 표현에서 약간의 오류를 나타냄.</td><td>잘함</td></tr>
<tr><td>C</td><td>• 문제 상황 및 문제 속에 내포된 뺄셈의 의미를 부분적으로 이해함.
• 문제의 조건을 바르게 이해하지 못하고 제시된 문제 상황에서 문제해결에 적절한 정보(2010년, 2011년의 각 달별 강수량) 중 일부만을 선택하여 활용함.
• 각 달별로 강수량이 늘어난 양을 뺄셈식을 만들어 실행하여 구하고 있으나, 타당하게 추론하지 못하거나 끝까지 실행하지 못하여 정답에 이르지 못함.
(예: - 3개 달 중 1~2개 달의 늘어난 강수량만을 구하여 문제를 해결한 경우
- 3개 달의 늘어난 강수량을 모두 구하였으나 계산의 오류로 1~2개 달의 강수량만 바르게 구하여 문제를 해결한 경우 등)
• 답을 알아내는 과정 설명에 비약이 많거나, 문제해결과정 없이 정답만 기술함.
• 문제해결과정에 사용된 수학적 용어 및 기호 등의 사용에 오류 및 부정확한 표현이 많이 포함됨.</td><td>보통</td></tr>
<tr><td>D</td><td>• 문제 상황 및 문제 속에 내포된 뺄셈의 의미를 이해하지 못함.
• 문제의 조건을 이해하지 못하여 문제해결과 관련 없이 제시된 숫자들을 무의미하게 활용함.
(예: - 2011년의 6, 7, 8월을 비교하여 7월이 1131mm로 가장 강수량이 많기 때문에 7월이 가장 크게 늘어난 달이라고 기술함
- 덧셈식을 세워 문제를 해결함)
• 문제해결과정에 대한 설명이 불완전하거나 명료하지 않아 이해하기 어려움.
• 문제해결을 전혀 시도하지 못함.
a) 백지 또는 오답 이외에 아무것도 쓰지 않음.
b) 문제와 관련 없는 것만을 기술함.</td><td>노력 요함</td></tr>
</table>

구분		3-2-1-2			
학기	3-2	단원명	1. 덧셈과 뺄셈	내용영역	수와 연산
교육과정 중영역		세 수의 계산 알아보기, 네 자리 수끼리의 뺄셈			
성취기준		큰 수의 덧셈과 뺄셈이 활용되는 생활 속 상황에서 자료에 따라 알맞은 식을 세우고 능숙하게 계산하여 문제를 해결할 수 있다.			
출제의도		생활 속에서 큰 수의 덧셈과 뺄셈이 활용되는 상황을 해석하고 알맞은 식을 세워 능숙하게 계산하여 문제를 해결해 보도록 한다.			

문 제

다음은 수진이네 학교의 전교 회장을 뽑는 선거에서 각 후보자가 얻은 표의 수입니다. 4학년, 5학년, 6학년에서 얻은 표를 모두 더하여 가장 많은 표를 얻은 후보자가 회장으로 당선된다면, 회장으로 당선된 후보자는 누구일까요? 또한 몇 표 차이로 당선되었나요?

	 기호 1번	 기호 2번
4학년	3841표	2780표
5학년	2475표	1376표
6학년	1749표	4128표

풀이과정

기호 1번이 얻은 표의 수: 3841+2475+1749 = 8065

기호 2번이 얻은 표의 수: 2780+1376+4128 = 8284

기호 1번과 기호 2번이 얻은 표의 차: 8284−8065 = 219

8065보다 8284가 219만큼 더 크므로 당선된 후보자는 기호 2번입니다.

정 답

당선된 후보자는 기호 (2)번이고, (219)표 차이로 당선되었습니다.

평가기준

단계	평가내용	비고
A	• 문제 상황 및 문제 속에 내포된 덧셈과 뺄셈의 의미를 바르게 이해함. • 제시된 문제 상황에서 문제해결에 적절한 정보(각 기호별 4학년, 5학년, 6학년이 얻은 표의 수)를 바르게 짝지어 활용함. • 각 기호별로 얻은 학년별 득표수를 이용하여 적절한 덧셈식을 세워 당선된 후보자를 구하고, 큰 수에서 작은 수를 빼어 몇 표차로 당선되었는지를 구함. • 전략수행과정이나 문제해결과정에서 타당한 추론을 통해 문제를 해결함. a) 각 후보자가 얻은 득표수를 구하여야 하므로 덧셈을 함. b) 두 후보자가 얻은 득표수의 차를 구하여야 하므로 뺄셈을 함. • 답을 알아내는 모든 단계나 과정을 명확하고 논리적으로 충분히 설명함. • 문제해결과정에 사용된 수학적 용어 및 기호 등의 표현이 정확함.	매우 잘함
B	• 문제 상황 및 문제 속에 내포된 덧셈과 뺄셈의 의미를 바르게 이해함. • 제시된 문제 상황에서 문제해결에 적절한 정보(각 기호별 4학년, 5학년, 6학년이 얻은 표의 수)를 바르게 짝지어 활용함. • 각 기호별로 얻은 학년별 득표수를 이용하여 타당한 추론을 통하여 적절한 덧셈식을 세워 당선된 후보자를 구하고, 큰 수에서 작은 수를 빼어 몇 표차로 당선되었는지를 구하고 있으나 답이 부정확함. a) 사소한 오차나 옮겨 쓰기 과정에서 학년을 혼동하는 오류가 있음. b) 풀이과정은 있으나 답을 쓰지 않음. • 답을 알아내는 전체 과정을 논리적으로 설명하고 있으나 약간의 비약을 포함하고 있음. • 문제해결과정에 사용된 수학적 용어 및 기호 등의 표현에서 약간의 오류를 나타냄.	잘함
C	• 문제 상황 및 문제 속에 내포된 덧셈과 뺄셈의 의미를 부분적으로 이해함. • 제시된 문제 상황에서 문제해결에 적절한 정보(각 기호별 4학년, 5학년, 6학년이 얻은 표의 수) 중 일부만을 바르게 선택하여 활용함. • 각 기호별로 얻은 학년별 득표수를 이용하여 추론을 통하여 덧셈식을 세워 당선된 후보자를 구하고, 큰 수에서 작은 수를 빼어 몇 표차로 당선되었는지를 구하고 있으나, 끝까지 실행하지 못하여 정답에 이르지 못함. (예: - 각 후보자별 득표수는 구하였으나, 몇 표차로 당선되었는지를 구하지 않음 - 각 후보자별 득표수를 구하는 식은 바르게 세웠으나 계산을 하지 못함 - 몇 표차로 당선되었는지를 구하는 식은 바르게 세웠으나 계산을 하지 못함) • 답을 알아내는 과정 설명에 비약이 많거나, 문제해결과정 없이 정답만 기술함. • 문제해결과정에 사용된 수학적 용어 및 기호 등의 사용에 오류 및 부정확한 표현이 많이 포함됨. (예: '+' 기호와 '−' 기호를 혼동하여 사용함)	보통
D	• 문제 상황 및 문제 속에 내포된 덧셈과 뺄셈의 의미를 이해하지 못함. • 문제의 조건을 이해하지 못하여 문제해결과 관련 없이 제시된 숫자들을 무의미하게 활용함. (예: - 각 학년별 기호 1번, 기호 2번의 득표수를 더함. - 뺄셈식과 덧셈식을 사용하는 경우를 혼동함(각 후보자별 득표수를 구할 때 뺄셈식을 사용하거나, 몇 표차로 당선되었는지를 구할 때 덧셈식을 사용함) • 문제해결과정에 대한 설명이 불완전하거나 명료하지 않아 이해하기 어려움. • 문제해결을 전혀 시도하지 못함. a) 백지 또는 오답 이외에 아무것도 쓰지 않음. b) 문제와 관련 없는 것만을 기술함.	노력 요함

구분		3-2-1-3			
학기	3-2	단원명	1. 덧셈과 뺄셈	내용영역	수와 연산
교육과정 중영역		네 자리 수끼리의 덧셈, 네 자리 수끼리의 뺄셈			
성취기준		문제 상황을 읽고 (네 자리 수) ± (네 자리 수) 계산 원리에 따라 문제의 유형을 분류할 수 있다.			
출제의도		문제 상황을 읽고 덧셈과 뺄셈의 계산 원리 중에서 필요한 계산 원리를 활용하여 문제를 해결해 보도록 한다.			

문 제

(1) 아래의 문제를 읽고 같은 방법으로 문제를 해결할 수 있는 것끼리 묶어보세요.

① 민영이네 마을과 준영이네 마을에서 벼농사를 지어 각각 1500가마니, 1250가마니를 수확하였습니다. 누구네 마을에서 수확한 쌀이 몇 가마니 더 많습니까?

② 장난감 공장에서 지난 월요일부터 금요일까지 만든 장난감은 모두 1040개입니다. 토요일에 160개를 더 만들었다면, 월요일부터 토요일까지 만든 장난감은 모두 몇 개입니까?

③ 박물관에 입장한 사람은 어른이 1440명, 어린이가 580명입니다. 박물관에 입장한 사람은 모두 몇 명입니까?

④ 축구 경기장에 관중이 8500명 있습니다. 그 중에 빨간 티셔츠를 입고 있는 관중은 6600명입니다. 빨간 티셔츠를 입지 않은 관중은 몇 명입니까?

(2) (1)과 같이 답한 이유를 설명해 보세요.

정 답

(1) (①, ④) (②, ③)

(2) (1)과 같이 답한 이유를 설명해 보세요.

☞ ①, ④는 뺄셈으로 계산해야 하고, ②, ③은 덧셈으로 계산해야 하기 때문입니다.

평가기준

단계	평가내용	비고
A	• 문제 상황 및 문제 속에 내포된 덧셈과 뺄셈의 원리를 바르게 이해함. • 제시된 문제 상황에서 문제해결에 적절한 정보(① 각 마을에서 수확한 벼의 양, 몇 가마니 더 많습니까?, ② 월요일부터 금요일까지, 그리고 토요일에 만든 장난감의 개수, 장난감은 모두 몇 개입니까?, ③ 박물관에 입장한 어른과 어린이의 수, 입장한 사람은 모두 몇 명입니까?, ④ 관중의 수, 빨간 티셔츠를 입은 관중의 수, 모든 관중 가운데 빨간 티셔츠를 입지 않은 관중은 몇 명입니까?)를 바르게 이해하고 활용함. • 문제 상황을 바르게 이해하고 문제 속에 내포된 덧셈이나 뺄셈의 원리를 찾아 같은 연산을 하는 상황을 바르게 짝지음. • 전략수행과정이나 문제해결과정에서 타당한 추론을 통해 문제를 해결함. • 답을 알아내는 모든 단계나 과정을 명확하고 논리적으로 충분히 설명함. • 문제해결과정에 사용된 수학적 용어 및 기호 등의 표현이 정확함.	매우 잘함
B	• 문제 상황 및 문제 속에 내포된 덧셈과 뺄셈의 의미를 바르게 이해함. • 제시된 문제 상황에서 문제해결에 적절한 정보(① 각 마을에서 수확한 벼의 양, 몇 가마니 더 많습니까?, ② 월요일부터 금요일까지, 그리고 토요일에 만든 장난감의 개수, 장난감은 모두 몇 개입니까?, ③ 박물관에 입장한 어른과 어린이의 수, 입장한 사람은 모두 몇 명입니까?, ④ 관중의 수, 빨간 티셔츠를 입은 관중의 수, 모든 관중 가운데 빨간 티셔츠를 입지 않은 관중은 몇 명입니까?)를 바르게 이해하고 활용함. • 문제 상황을 바르게 이해하고 타당한 추론을 통하여 문제 속에 내포된 덧셈이나 뺄셈의 원리를 찾아 같은 연산을 하는 상황을 바르게 짝짓고 있으나 답이 부정확함. a) 사소한 오차나 옮겨 쓰기 과정에서 번호를 혼동하는 오류가 있음. b) 설명은 있으나 답을 쓰지 않음. • 답을 알아내는 전체 과정을 논리적으로 설명하고 있으나 약간의 비약을 포함하고 있음. • 문제해결과정에 사용된 수학적 용어 및 기호 등의 표현에서 약간의 오류를 나타냄.	잘함
C	• 문제 상황 및 문제 속에 내포된 덧셈과 뺄셈의 의미를 부분적으로 이해함. • 제시된 문제 상황에서 문제해결에 적절한 정보(① 각 마을에서 수확한 벼의 양, 몇 가마니 더 많습니까?, ② 월요일부터 금요일까지, 그리고 토요일에 만든 장난감의 개수, 장난감은 모두 몇 개입니까?, ③ 박물관에 입장한 어른과 어린이의 수, 입장한 사람은 모두 몇 명입니까?, ④ 관중의 수, 빨간 티셔츠를 입은 관중의 수, 모든 관중 가운데 빨간 티셔츠를 입지 않은 관중은 몇 명입니까?) 중 일부만을 바르게 선택하여 활용함. • 문제 상황을 이해하고 추론을 통하여 문제 속에 내포된 덧셈이나 뺄셈의 원리를 찾아 같은 연산을 하는 상황을 짝짓고 있으나, 끝까지 실행하지 못하여 정답에 이르지 못함. (예: 덧셈 상황과 뺄셈 상황 중 하나의 상황만을 바르게 짝지은 경우) • 답을 알아내는 과정 설명에 비약이 많거나, 문제해결과정 없이 정답만 기술함. • 문제해결과정에 사용된 수학적 용어 및 기호 등의 사용에 오류 및 부정확한 표현이 많이 포함됨.	보통
D	• 문제 상황 및 문제 속에 내포된 덧셈과 뺄셈의 의미를 이해하지 못함. • 문제의 조건을 이해하지 못하여 문제해결과 관련 없이 제시된 숫자들을 무의미하게 활용함. a) 무의미한 덧셈식과 뺄셈식만을 제시함. b) 뺄셈식과 덧셈식을 사용하는 문제 상황을 혼동함(덧셈의 원리를 적용해야 할 때 뺄셈식을 사용하거나, 뺄셈의 원리를 적용해야 할 때 덧셈식을 사용함). • 문제해결과정에 대한 설명이 불완전하거나 명료하지 않아 이해하기 어려움. • 문제해결을 전혀 시도하지 못함. a) 백지 또는 오답 이외에 아무것도 쓰지 않음. b) 문제와 관련 없는 것만을 기술함.	노력 요함

구분		3-2-2-1			
학기	3-2	단원명	2. 곱셈	내용영역	수와 연산
교육과정 중영역		올림이 없는 (세 자리 수) × (한 자리 수)의 계산			
성취기준		곱셈이 활용되는 생활 속 상황에서 자료를 보고 필요한 자료를 선택하고 알맞은 식을 세워 문제를 해결할 수 있다.			
출제의도		(세 자리 수) × (한 자리 수)의 곱셈이 활용되고 있는 상황에서 문제 해결에 필요한 자료를 찾고, 그것을 활용하여 알맞은 식을 세워 문제를 해결해 보도록 한다.			

문 제

다음은 프렌치토스트를 만드는 데 필요한 재료와 요리순서입니다. 윤서는 프렌치토스트를 만들기 위하여 1000mL짜리 우유를 한 개 샀습니다. 다른 재료가 모두 충분하다면, 윤서가 만들 수 있는 프렌치토스트는 모두 몇 장일까요? <u>곱셈 또는 덧셈을 활용하여</u> 문제를 풀어보세요.

〈맛있는 프렌치토스트 만들기〉

★재료 : 식빵 1장, 달걀 1개, 우유 110mL, 설탕 약간, 버터 약간, 소금 약간

1. 식빵은 잘라주세요.
2. 달걀을 풀고 우유를 넣은 후 설탕과 소금을 약간 넣고 저어주세요.
3. 식빵을 달걀과 우유를 풀어놓은 것에 골고루 적신 후, 팬에 버터를 두르고 노릇노릇 구워주세요.

풀이과정

110mL가 1000mL에 몇 번 들어가는지 곱셈을 이용하여 구해 봅니다.

$110\times1=110$, $110\times2=220$, $110\times3=330$
$110\times4=440$, $110\times5=550$, $110\times6=660$
$110\times7=770$, $110\times8=880$, $110\times9=990$
$110\times10=1100$ (1000mL가 넘으므로 10장은 만들 수 없습니다.)

따라서 9장 만들 수 있습니다.

정 답

윤서가 만들 수 있는 프렌치토스트는 (9)장입니다.

평가기준

단계	평가내용	비고
A	• 문제 상황 및 문제 속에 내포된 올림이 없는 (세 자리 수) × (한 자리 수)의 계산 원리를 바르게 이해함. • 문제의 조건을 바르게 이해하고, 문제해결에 필요한 올바른 정보(구입한 우유의 양, 프렌치토스트 1장을 만드는 데 필요한 우유의 양)를 선택하여 활용함. • 프렌치토스트 1장을 만드는 데 필요한 우유의 양이 구입한 우유의 양에 몇 번 포함될 수 있는지를 찾기 위해 곱셈과 덧셈을 활용하여 문제를 해결하고 바르게 답(9장)을 기술함. • 전략수행과정이나 문제해결과정에서 타당한 추론을 통해 문제를 해결함. • 답을 알아내는 모든 단계나 과정을 명확하고 논리적으로 충분히 설명함. • 문제해결과정에 사용된 수학적 용어 및 기호 등의 표현이 정확함.	매우 잘함
B	• 문제 상황 및 문제 속에 내포된 올림이 없는 (세 자리 수) × (한 자리 수)의 계산 원리를 바르게 이해함. • 문제의 조건을 바르게 이해하고, 문제해결에 필요한 올바른 정보(구입한 우유의 양, 프렌치토스트 1장을 만드는 데 필요한 우유의 양)를 선택하여 활용함. • 타당한 추론을 통해 프렌치토스트 1장을 만드는 데 필요한 우유의 양이 구입한 우유의 양에 몇 번 포함될 수 있는지를 찾기 위해 곱셈과 덧셈을 활용하는 전략을 찾아 실행하고 있으나 답(9장)이 부정확함. a) 사소한 오차나 옮겨쓰기 과정에 오류가 있음. b) 답을 쓰지 않음. • 답을 알아내는 전체 과정을 논리적으로 설명하고 있으나 약간의 비약을 포함함. (예: 프렌치토스트 1장을 만드는 데 필요한 우유의 양이 구입한 우유의 양에 모두 몇 번 포함되는지를 구하는 과정이 단계적으로 드러나지 않고, 110×9와 같이 결과만 제시하는 방법으로 해결하는 경우 등) • 문제해결과정에 사용된 수학적 용어 및 기호 등의 표현에서 약간의 오류를 나타냄.	잘함
C	• 문제 상황 및 문제 속에 내포된 올림이 없는 (세 자리 수) × (한 자리 수)의 계산 원리를 부분적으로 이해함. • 문제의 조건을 바르게 이해하지 못하여 문제해결에 필요한 올바른 정보(구입한 우유의 양, 프렌치토스트 1장을 만드는 데 필요한 우유의 양, 곱셈과 덧세 활용하기) 중에서 일부분의 정보만을 선택하여 활용함. (예: 나눗셈을 활용하기 등) • 문제해결을 위한 알맞은 전략을 찾아 시도하고 있으나 타당하게 추론하지 못하거나 끝까지 실행하지 못하여 정답(9장)에 이르지 못함. • 답을 알아내는 과정 설명에 비약이 많거나, 문제해결과정 없이 정답만 기술함. • 문제해결과정에 사용된 수학적 용어 및 기호 등의 사용에 오류 및 부정확한 표현이 많이 포함됨.	보통
D	• 문제 상황 및 문제 속에 내포된 올림이 없는 (세 자리 수) × (한 자리 수)의 계산 원리를 이해하지 못함. • 문제의 조건을 이해하지 못하여 문제해결과 관련 없이 제시된 정보를 활용함. • 문제해결과정에 대한 설명이 불완전하거나 명료하지 않아 이해하기 어려움. • 문제해결을 전혀 시도하지 못함. a) 백지 또는 오답 이외에 아무것도 쓰지 않음. b) 문제와 관련 없는 것만을 기술함.	노력 요함

구분		3-2-2-2			
학기	3-2	단원명	2. 곱셈	내용영역	수와 연산
교육과정 중영역		(두 자리 수) × (몇십)의 계산			
성취기준		곱셈이 활용되는 생활 속 상황에서 자료를 보고 알맞은 곱셈식을 만들고 문제를 해결할 수 있다.			
출제의도		(두 자리 수) × (몇십)의 곱셈이 활용되고 있는 상황을 보고 알맞은 곱셈식을 세워 문제를 해결해 보도록 한다.			

문 제

다음은 현서와 정민이가 가위바위보를 30번 하여 이긴 횟수, 진 횟수, 비긴 횟수를 표로 나타낸 것입니다.

	이긴 횟수	진 횟수	비긴 횟수
현서	14	13	3
정민	13	14	3

이겼을 때는 20점, 졌을 때는 0점, 비겼을 때는 10점을 받는다고 합니다.

(1) 현서와 정민이가 받은 점수는 각각 몇 점인가요?
(2) 총점을 비교하였을 때, 이긴 사람은 누구인가요?

풀이과정

<현서가 받은 점수>

이겼을 때 받은 점수: 14×20 = 280(점)
비겼을 때 받은 점수: 3×10 = 30(점)
졌을 때 받은 점수: 13×0 = 0(점)
현서가 받은 점수: 280+30+0 = 310(점)

<정민이가 받은 점수>

이겼을 때 받은 점수: 13×20 = 260(점)
비겼을 때 받은 점수: 3×10 = 30(점)
졌을 때 받은 점수: 14×0 = 0(점)
현서가 받은 점수: 260+30+0 = 290(점)

정 답

(1) 현서가 받은 점수는 (310)점이고, 정민이가 받은 점수는 (290)점입니다.
(2) 현서

평가기준

단계	평가내용	비고
A	• 문제 상황 및 문제 속에 내포된 (두 자리 수) × (몇 십)의 계산 원리를 바르게 이해함. • 문제의 조건을 바르게 이해하고, 문제해결에 필요한 올바른 정보(이긴 횟수, 비긴 횟수, 진 횟수와 각각의 점수)를 선택하여 활용함. • 각 횟수 × 점수로 각 종류별 총점을 구한 후 그것을 모두 합하여 문제를 해결하고 문제의 조건에 맞게 바르게 답((1) 현서 310점, 정민 290점, (2) 현서)을 기술함. • 전략수행과정이나 문제해결과정에서 타당한 추론을 통해 문제를 해결함. • 답을 알아내는 모든 단계나 과정을 명확하고 논리적으로 충분히 설명함. • 문제해결과정에 사용된 수학적 용어 및 기호 등의 표현이 정확함.	매우 잘함
B	• 문제 상황 및 문제 속에 내포된 (두 자리 수) × (몇 십)의 계산 원리를 바르게 이해함. • 문제의 조건을 바르게 이해하고, 문제해결에 필요한 올바른 정보(이긴 횟수, 비긴 횟수, 진 횟수와 각각의 점수)를 선택하여 활용함. • 타당한 추론을 통해 각 횟수 × 점수로 각 종류별 총점을 구한 후 그것을 모두 합하여 문제를 해결했으나 답이 부정확함. (예: (2) '현서'라고 답하지 않고 '310점'이라고 함) a) 사소한 오차나 옮겨쓰기 과정에 오류가 있음. b) 답을 쓰지 않음. • 답을 알아내는 전체 과정을 논리적으로 설명하고 있으나 약간의 비약을 포함하고 있음. • 문제해결과정에 사용된 수학적 용어 및 기호 등의 표현에서 약간의 오류를 나타냄.	잘함
C	• 문제 상황 및 문제 속에 내포된 (두 자리 수) × (몇 십)의 계산 원리를 부분적으로 이해함. • 문제의 조건을 바르게 이해하지 못하여 문제해결에 필요한 올바른 정보(이긴 횟수, 비긴 횟수, 진 횟수와 각각의 점수) 중에서 일부분의 정보만을 선택하여 활용함. (예: 비긴 횟수와 점수를 곱한 값은 문제해결에 활용하지 않음) • 문제해결을 위한 알맞은 전략을 찾아 시도하고 있으나 타당하게 추론하지 못하거나 끝까지 실행하지 못하여 정답에 이르지 못함. (예: 각 횟수별 점수는 구했으나 구한 점수들을 합하지 않음) • 답을 알아내는 과정 설명에 비약이 많거나, 문제해결과정 없이 정답만 기술함. • 문제해결과정에 사용된 수학적 용어 및 기호 등의 사용에 오류 및 부정확한 표현이 많이 포함됨.	보통
D	• 문제 상황 및 문제 속에 내포된 (두 자리 수) × (몇 십)의 계산 원리를 이해하지 못함. • 문제의 조건을 이해하지 못하여 문제해결과 관련 없이 제시된 정보를 활용함. • 문제해결과정에 대한 설명이 불완전하거나 명료하지 않아 이해하기 어려움. • 문제해결을 전혀 시도하지 못함. a) 백지 또는 오답 이외에 아무것도 쓰지 않음. b) 문제와 관련 없는 것만을 기술함.	노력 요함

구분		3-2-2-3			
학기	3-2	단원명	2. 곱셈	내용영역	수와 연산
교육과정 중영역		(두 자리 수) × (두 자리 수)의 계산			
성취기준		생활 속에서 곱셈이 활용되는 상황을 이해하고 알맞은 식을 세워 문제를 해결할 수 있다.			
출제의도		(두 자리 수) × (두 자리 수)의 곱셈이 활용되는 상황에서 알맞은 곱셈식을 세우고 계산하여 문제를 해결해 보도록 한다.			

문 제

퀼트는 무늬가 있는 작은 조각을 모아 하나의 큰 천을 만드는 바느질 방법입니다. 정민이는 할머니에게 아래와 같은 무늬의 퀼트이불을 선물 받았습니다.

할머니가 이불을 만드시는 데 사용한 퀼트 조각은 모두 몇 조각인가요?

풀이과정

가로로 12개의 조각, 세로는 15개의 조각이므로 이불을 만드는 데 사용한 퀼트 조각의 수를 구하는 식은 다음과 같습니다.

12×15 = 180(조각)

정 답

필요한 퀼트 조각 수는 (180)조각입니다.

평가기준

단계	평가내용	비고
A	• 문제 상황 및 문제 속에 내포된 (두 자리 수) × (두 자리 수)의 계산 원리를 바르게 이해함. • 문제의 조건을 바르게 이해하고, 문제해결에 필요한 올바른 정보(가로줄에 있는 퀼트 조각의 수, 세로줄에 있는 퀼트 조각의 수)를 선택하여 활용함. • '가로줄에 있는 퀼트 조각의 수 × 세로줄에 있는 퀼트 조각의 수'의 방법을 찾아 바르게 실행하고, 문제의 조건에 맞게 바르게 답을 기술함. • 전략수행과정이나 문제해결과정에서 타당한 추론을 통해 문제를 해결함. • 답을 알아내는 모든 단계나 과정을 명확하고 논리적으로 충분히 설명함. • 문제해결과정에 사용된 수학적 용어 및 기호 등의 표현이 정확함.	매우 잘함
B	• 문제 상황 및 문제 속에 내포된 (두 자리 수) × (두 자리 수)의 계산 원리를 바르게 이해함. • 문제의 조건을 바르게 이해하고, 문제해결에 필요한 올바른 정보를 선택하여 활용함. • 타당한 추론을 통해 '가로줄에 있는 퀼트 조각의 수 × 세로줄에 있는 퀼트 조각의 수'의 방법을 찾아 실행하고 있으나 답이 부정확함. a) 사소한 오차나 옮겨쓰기 과정에 오류가 있음. b) 답을 쓰지 않음. • 답을 알아내는 전체 과정을 논리적으로 설명하고 있으나 약간의 비약을 포함하고 있음. • 문제해결과정에 사용된 수학적 용어 및 기호 등의 표현에서 약간의 오류를 나타냄.	잘함
C	• 문제 상황 및 문제 속에 내포된 (두 자리 수) × (두 자리 수)의 계산 원리를 부분적으로 이해함. • 문제의 조건을 바르게 이해하지 못하여 가로줄에 있는 퀼트 조각의 수, 세로줄에 있는 퀼트 조각의 수에 관한 정보들 중에서 일부분의 정보만을 선택하여 활용함. • 가로줄에 있는 퀼트 조각의 수, 세로줄에 있는 퀼트 조각의 수는 찾았으나 타당하게 추론하지 못하고 끝까지 실행하지 못하여(가로줄에 있는 퀼트 조각의 수, 세로줄에 있는 퀼트 조각의 수를 서로 곱하지 않음) 정답에 이르지 못함. • 답을 알아내는 과정 설명에 비약이 많거나, 문제해결과정 없이 정답만 기술함. • 문제해결과정에 사용된 수학적 용어 및 기호 등의 사용에 오류 및 부정확한 표현이 많이 포함됨.	보통
D	• 문제 상황 및 문제 속에 내포된 (두 자리 수) × (두 자리 수)의 계산 원리를 이해하지 못함. • 문제의 조건을 이해하지 못하여 문제해결과 관련 없이 제시된 정보를 활용함. • 문제해결과정에 대한 설명이 불완전하거나 명료하지 않아 이해하기 어려움. • 문제해결을 전혀 시도하지 못함. a) 백지 또는 오답 이외에 아무것도 쓰지 않음. b) 문제와 관련없는 것만을 기술함.	노력 요함

구분		3-2-3-1			
학기	3-2	단원명	3. 원	내용영역	도형
교육과정 중영역		원의 중심과 반지름 알아보기			
성취기준		원의 중심과 반지름의 뜻을 알고, 한 원에 있는 반지름은 모두 같음을 알 수 있다.			
출제의도		원의 중심과 반지름이 무엇인지 알고 각각의 특성을 이용하여 문제를 해결해 보도록 한다.			

문 제

정민이는 놀이터에서 개미들이 움직이는 것을 보았습니다. 개미들은 어떤 한 점으로부터 같은 거리만큼씩 떨어져서 줄지어 서 있었습니다.

(1) 정민이가 본 개미들의 움직임이 만든 도형은 어떤 모양인가요?
(개미들이 줄지어 있는 모습은 어떤 도형과 비슷한지 생각해보세요.)

(2) (1)에서 답한 도형의 모양을 아래에 직접 그리세요.

(3) (2)에서 그린 도형에 밑줄 친 부분(어떤 한 점, 같은 거리만큼씩)을 표시하세요.

정 답

(1) 원

(2), (3)

평가기준

단계	평가내용	비고
A	• 문제 상황 및 문제 속에 내포된 원의 의미와 구성요소인 원의 중심과 반지름을 바르게 이해함. • 문제의 조건을 바르게 이해하고, 문제해결에 필요한 올바른 정보를 선택하여 활용함. • 원을 바르게 그리고 문제 상황에서 제시하는 어떤 한 점이 원의 중심인 것, 같은 거리만큼씩 떨어져 있는 것이 원의 반지름인 것을 바르게 이해하고 나타냄. • 전략수행과정이나 문제해결과정에서 타당한 추론을 통해 문제를 해결함. • 답을 알아내는 모든 단계나 과정을 명확하고 논리적으로 충분히 설명함. • 문제해결과정에 사용된 수학적 용어 및 기호 등의 표현이 정확함.	매우 잘함
B	• 문제 상황 및 문제 속에 내포된 수학적 개념을 바르게 이해함. • 문제의 조건을 바르게 이해하고, 문제해결에 필요한 올바른 정보(어떤 한 점으로부터, 같은 거리만큼씩 떨어져 있음)를 선택하여 활용함. • 타당한 추론을 통해 문제해결에 알맞은 전략을 찾아 실행하고 있으나 답이 부정확함. (예: 원의 중심이 원의 둘레에 찍혀 있음) a) 사소한 오차나 옮겨쓰기 과정에 오류가 있음. b) 답을 쓰지 않음. • 답을 알아내는 전체 과정을 논리적으로 설명하고 있으나 약간의 비약을 포함하고 있음. • 문제해결과정에 사용된 수학적 용어 및 기호 등의 표현에서 약간의 오류를 나타냄.	잘함
C	• 문제 상황 및 문제 속에 내포된 원의 의미와 구성요소인 원의 중심과 반지름을 부분적으로 이해함. • 문제의 조건을 바르게 이해하지 못하여 일부분의 정보만을 선택하여 활용함. • 원을 바르게 그리고 문제 상황에서 제시하는 어떤 한 점이 원의 중심인 것,같은 거리만큼씩 떨어져 있는 것이 원의 반지름인 것을 바르게 이해하고 있으나 타당하게 추론하지 못하거나 끝까지 실행하지 못하여 정답에 이르지 못함. (예: (2)에 원을 그렸으나, (3)에 해당하는 어떤 한 점이 원의 중심인 것을 나타내지 못하거나 같은 거리만큼씩 떨어져 있는 것이 원의 반지름인 것을 나타내지 못함) • 문제해결과정에 사용된 수학적 용어 및 기호 등의 사용에 오류 및 부정확한 표현이 많이 포함됨.	보통
D	• 문제 상황 및 문제 속에 내포된 원의 의미와 구성요소인 원의 중심과 반지름을 이해하지 못함. • 문제의 조건을 이해하지 못하여 문제해결과 관련 없이 제시된 정보를 활용함. • 문제해결과정에 대한 설명이 불완전하거나 명료하지 않아 이해하기 어려움. • 문제해결을 전혀 시도하지 못함. a) 백지 또는 오답 이외에 아무것도 쓰지 않음. b) 문제와 관련 없는 것만을 기술함.	노력 요함

구분		3-2-3-2			
학기	3-2	단원명	3. 원	내용영역	도형
교육과정 중영역		원의 중심과 반지름 알아보기			
성취기준		원의 중심과 반지름의 뜻을 알고, 한 원에 있는 반지름은 모두 같음을 알 수 있다.			
출제의도		원의 중심과 반지름이 무엇인지 알고 각각의 특성을 이용하여 문제를 해결해 보도록 한다.			

문 제

수빈이네 반은 운동장에서 보물찾기 놀이를 하고 있습니다. 선생님은 보물이 묻혀 있는 곳을 설명한 쪽지와 컴퍼스, 자를 주셨습니다. 아래 쪽지를 잘 읽고 컴퍼스와 자를 이용하여 보물이 묻혀 있는 곳을 지도에 표시해 보세요.

① 수돗가를 중심으로 수돗가와 연못을 연결한 선분을 반지름으로 하는 원을 그립니다.
② 정글짐을 중심으로 정글짐과 연못을 연결한 선분을 반지름으로 하는 원을 그립니다.
③ 두 원이 만나는 점을 연결한 선분을 긋습니다.
④ 두 원의 중심을 연결한 선분을 긋습니다.
⑤ ③과 ④에서 그은 선분이 서로 만나는 곳에 보물이 있습니다.

어디에 보물이 숨겨져 있을까요?

정 답

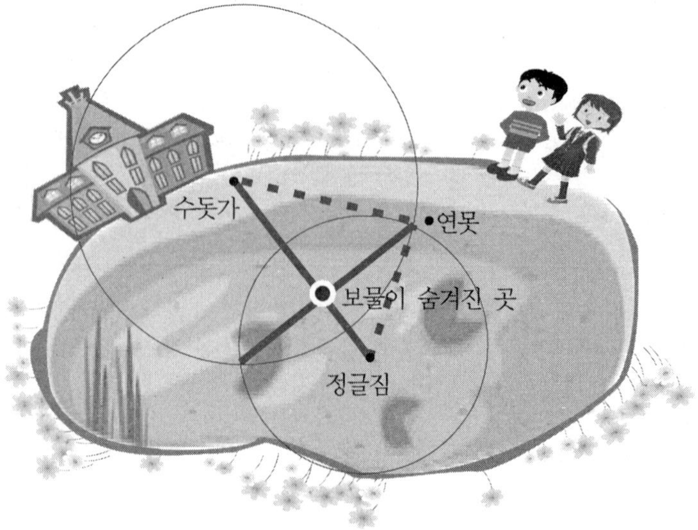

평가기준

단계	평가내용	비고
A	• 문제 상황 및 문제 속에 내포된 원의 중심과 반지름의 의미를 바르게 이해함. • ①, ②, ③, ④에서 제시하는 문제의 조건을 바르게 이해하고, 문제해결에 필요한 올바른 정보를 선택하여 활용함. • ①, ②, ③, ④에서 제시하는 문제의 정보에 따라 원의 중심과 반지름의 의미를 적용하여 문제를 해결하고, 문제의 조건에 맞게 바르게 답을 기술함. • 전략수행과정이나 문제해결과정에서 타당한 추론을 통해 문제를 해결함. • 답을 알아내는 모든 단계나 과정을 명확하고 논리적으로 충분히 설명함. • 문제해결과정에 사용된 수학적 용어 및 기호 등의 표현이 정확함.	매우 잘함
B	• 문제 상황 및 문제 속에 내포된 원의 중심과 반지름의 의미를 바르게 이해함. • ①, ②, ③, ④에서 제시하는 문제의 조건을 바르게 이해하고, 문제해결에 필요한 올바른 정보를 선택하여 활용함. • 타당한 추론을 통해 ①, ②, ③, ④에서 제시하는 문제의 정보에 따라 원의 중심과 반지름의 의미를 적용하여 문제를 해결하였으나 답이 부정확함. a) 사소한 오차나 옮겨쓰기 과정에 오류가 있음. b) 답을 쓰지 않음(최종 답을 표시하지 않음). • 답을 알아내는 전체 과정을 논리적으로 설명하고 있으나 약간의 비약을 포함하고 있음. • 문제해결과정에 사용된 수학적 용어 및 기호 등의 표현에서 약간의 오류를 나타냄.	잘함
C	• 문제 상황 및 문제 속에 내포된 원의 중심과 반지름의 의미를 부분적으로 이해함. • ①, ②, ③, ④에서 제시하는 문제의 조건을 바르게 이해하지 못하여 일부분의 정보만을 선택하여 활용함. • 문제해결을 위한 알맞은 전략을 찾아 시도하고 있으나 타당하게 추론하지 못하거나 끝까지 실행하지 못하여 정답에 이르지 못함. (예: ①, ②, ③, ④에서 제시하는 조건을 모두 적용하지 않음) • 답을 알아내는 과정 설명에 비약이 많거나, 문제해결과정 없이 정답만 기술함. • 문제해결과정에 사용된 수학적 용어 및 기호 등의 사용에 오류 및 부정확한 표현이 많이 포함됨.	보통
D	• 문제 상황 및 문제 속에 내포된 원의 중심과 반지름의 의미를 이해하지 못함. • 문제의 조건을 이해하지 못하여 문제해결과 관련 없이 제시된 정보를 활용함. • 문제해결과정에 대한 설명이 불완전하거나 명료하지 않아 이해하기 어려움. • 문제해결을 전혀 시도하지 못함. a) 백지 또는 오답 이외에 아무것도 쓰지 않음. b) 문제와 관련없는 것만을 기술함.	노력 요함

구분		3-2-3-3			
학기	3-2	단원명	3. 원	내용영역	도형
교육과정 중영역		원의 성질 활용하기			
성취기준		지름의 성질을 알고 문제를 해결할 수 있다.			
출제의도		지름의 성질을 알고 활용하여 문제를 해결해 보도록 한다.			

문 제

지름이 22cm인 축구공 12개를 아래와 같이 상자에 넣어 정리하려고 합니다.

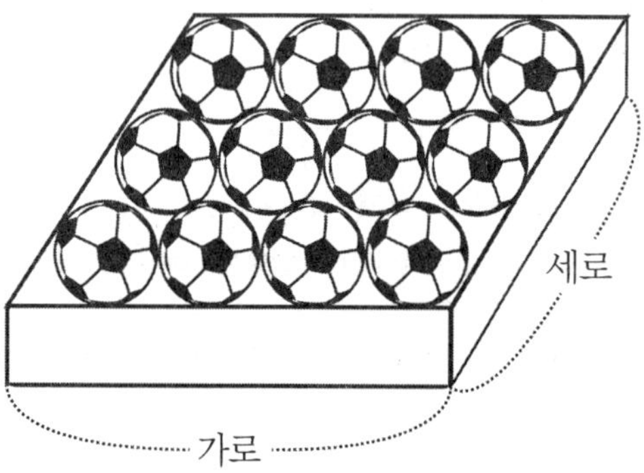

〈앞에서 본 모습〉

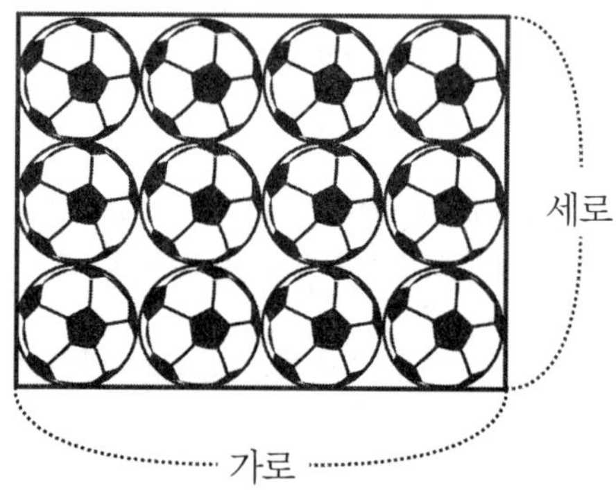

〈위에서 본 모습〉

상자 밑면의 가로와 세로의 길이는 적어도 몇 cm가 되어야 할까요?

풀이과정

→ 가로의 길이 : 가로 한 줄에는 4개씩 공이 있고, 공의 지름은 22cm이므로 식을 세우면 다음과 같습니다.
$22 \times 4 = 88$

→ 세로의 길이 : 세로 한 줄에는 3개씩 공이 있고, 공의 지름은 22cm이므로 식을 세우면 다음과 같습니다.
$22 \times 3 = 66$

정 답

상자 밑면의 가로의 길이는 (88)cm이고,
상자 밑면의 세로의 길이는 (66)cm입니다.

평가기준

단계	평가내용	비고
A	• 문제 상황 및 문제 속에 내포된 원의 지름과 그 특징을 바르게 이해함. • 문제의 조건을 바르게 이해하고, 문제해결에 필요한 올바른 정보(가로와 세로에 있는 각 줄의 공의 개수와 공의 지름)를 선택하여 활용함. • '가로와 세로에 있는 각 줄의 공의 개수 × 공의 지름'의 방법으로 문제를 해결하고 문제의 조건에 맞게 바르게 답을 기술함. • 전략수행과정이나 문제해결과정에서 타당한 추론을 통해 문제를 해결함. • 답을 알아내는 모든 단계나 과정을 명확하고 논리적으로 충분히 설명함. • 문제해결과정에 사용된 수학적 용어 및 기호 등의 표현이 정확함.	매우 잘함
B	• 문제 상황 및 문제 속에 내포된 원의 지름과 그 특징을 바르게 이해함. • 문제의 조건을 바르게 이해하고, 문제해결에 필요한 올바른 정보(가로와 세로에 있는 각 줄의 공의 개수와 공의 지름)를 선택하여 활용함. • 타당한 추론을 통해 '가로와 세로에 있는 각 줄의 공의 개수 × 공의 지름'의 방법으로 문제를 해결하였으나 답이 부정확함. a) 사소한 오차나 옮겨쓰기 과정에 오류가 있음. b) 답을 쓰지 않음. • 답을 알아내는 전체 과정을 논리적으로 설명하고 있으나 약간의 비약을 포함하고 있음. • 문제해결과정에 사용된 수학적 용어 및 기호 등의 표현에서 약간의 오류를 나타냄.	잘함
C	• 문제 상황 및 문제 속에 내포된 원의 지름과 그 특징을 부분적으로 이해함. • 문제의 조건을 바르게 이해하지 못하여 가로와 세로에 있는 각 줄의 공의 개수와 공의 지름에 관한 정보 중에서 일부분의 정보만을 선택하여 활용함. • 문제해결을 위한 알맞은 전략을 찾아 시도하고 있으나 타당하게 추론하지 못하거나 끝까지 실행하지 못하여 정답에 이르지 못함. (예: 가로와 세로의 각 줄에 있는 공의 개수는 세었으나 공의 지름과 곱하지 않음) • 답을 알아내는 과정 설명에 비약이 많거나, 문제해결과정 없이 정답만 기술함. • 문제해결과정에 사용된 수학적 용어 및 기호 등의 사용에 오류 및 부정확한 표현이 많이 포함됨.	보통
D	• 문제 상황 및 문제 속에 내포된 원의 지름과 그 특징을 이해하지 못함. • 문제의 조건을 이해하지 못하여 문제해결과 관련 없이 제시된 정보를 활용함. • 문제해결과정에 대한 설명이 불완전하거나 명료하지 않아 이해하기 어려움. • 문제해결을 전혀 시도하지 못함. a) 백지 또는 오답 이외에 아무것도 쓰지 않음. b) 문제와 관련없는 것만을 기술함.	노력 요함

구분		3-2-4-1			
학기	3-2	단원명	4. 나눗셈	내용영역	수와 연산
교육과정 중영역		나눗셈의 몫과 나머지, 나눗셈식의 검산			
성취기준		나눗셈의 몫과 나머지를 이해하고 계산할 수 있고, 나눗셈식의 검산을 할 수 있다.			
출제의도		생활 속에서 나눗셈의 몫과 나머지가 활용되는 상황을 보고 알맞은 나눗셈식을 세워 문제를 해결해 보도록 한다.			

문 제

선미네 반에서는 체육시간에 '짝을 찾아라!' 게임을 하고 있습니다. '짝을 찾아라!' 게임은 여러 명이 노래를 부르며 돌다가 선생님이 외치는 인원수에 맞게 뭉치고, 뭉치지 못한 사람은 탈락하는 게임입니다. 선미네 반은 26명이고 선생님은 "8"을 외치셨습니다.

(1) 모두 몇 모둠이 만들어지고 탈락하게 되는 학생은 몇 명인가요? 나눗셈식을 사용하여 구해 보세요.

(2) 검산식을 세워 보세요.

풀이과정

(1) 모두 26명이고 8명씩 한 모둠을 만들게 되므로 식을 세우면 다음과 같습니다.

$26 \div 8 = 3 \cdots 2$

정 답

(1) 3모둠이 만들어지고 2명이 탈락합니다.

(2) $8 \times 3 + 2 = 24 + 2 = 26$

평가기준

단계	평가내용	비고
A	• 문제 상황 및 문제 속에 내포된 나눗셈의 의미를 바르게 이해함. • 제시된 문제 상황에서 문제해결에 적절한 정보(선미네 반의 총 인원 수, 선생님이 부른 숫자)를 선택하여 활용함. • 몇 모둠이 만들어지는지 적절한 나눗셈식을 만들어 실행하고, 탈락하게 되는 인원을 나눗셈의 나머지를 이용하여 바르게 구함. • 전략수행과정이나 문제해결과정에서 타당한 추론을 통해 문제를 해결함. (예: 만들어지는 모둠의 수는 나눗셈의 몫으로, 남는 학생 수는 나눗셈의 나머지로 구함) • 답을 알아내는 모든 단계나 과정을 명확하고 논리적으로 충분히 설명함. • 문제해결과정에 사용된 수학적 용어 및 기호 등의 표현이 정확함.	매우 잘함
B	• 문제 상황 및 문제 속에 내포된 나눗셈의 의미를 바르게 이해함. • 제시된 문제 상황에서 문제해결에 적절한 정보(선미네 반의 총 인원 수, 선생님이 부른 숫자)를 선택하여 활용함. • 타당한 추론을 통해 몇 모둠이 만들어지는지 적절한 나눗셈식을 만들어 실행하고, 탈락하게 되는 인원을 나눗셈의 나머지를 이용하여 구하고 있으나 답이 부정확함. a) 사소한 오차나 옮겨쓰기 과정에 오류가 있음. b) 계산 과정은 있으나 답을 쓰지 않음. • 답을 알아내는 전체 과정을 논리적으로 설명하고 있으나 약간의 비약을 포함하고 있음. • 문제해결과정에 사용된 수학적 용어 및 기호 등의 표현에서 약간의 오류를 나타냄.	잘함
C	• 문제 상황 및 문제 속에 내포된 나눗셈의 의미를 부분적으로 이해함. • 제시된 문제 상황에서 문제해결에 적절한 정보(선미네 반의 총 학생 수, 선생님이 부른 숫자) 중 일부만을 선택하여 활용함. • 몇 모둠이 만들어지는지 나눗셈식을 만들어 실행하고 탈락하게 되는 인원을 나눗셈의 나머지를 이용하여 구하고 있으나, 타당하게 추론하지 못하거나 끝까지 실행하지 못하여 정답에 이르지 못함. a) (1)에서 몇 모둠이 만들어지는지 까지만 구하고, 탈락하게 되는 인원은 구하지 않음. b) (1)에서 탈락하게 되는 인원만 구하고, 몇 모둠이 만들어지는지는 구하지 않음. • 답을 알아내는 과정 설명에 비약이 많거나, 문제해결과정 없이 정답(모두 3모둠이 만들어지고 탈락하게 되는 학생은 2명임)만 기술함. a) 정답은 바르게 구하였으나 나눗셈식을 이용하여 구하지 않고, 그림을 그려 해결함. • 문제해결과정에 사용된 수학적 용어 및 기호 등의 사용에 오류 및 부정확한 표현이 많이 포함됨.	보통
D	• 문제 상황 및 문제 속에 내포된 나눗셈의 의미를 이해하지 못함. • 문제의 조건을 이해하지 못하여 문제해결과 관련 없이 제시된 숫자들을 무의미하게 활용함. • 문제해결과정에 대한 설명이 불완전하거나 명료하지 않아 이해하기 어려움. • 문제해결을 전혀 시도하지 못함. a) 백지 또는 오답 이외에 아무것도 쓰지 않음. b) 문제와 관련 없는 것만을 기술함.	노력 요함

구분		3-2-4-2			
학기	3-2	단원명	4. 나눗셈	내용영역	수와 연산
교육과정 중영역		(몇십 몇) ÷ (몇)의 계산			
성취기준		(몇십 몇) ÷ (몇)의 계산 원리와 방법을 이해하고 계산할 수 있다.			
출제의도		(몇십 몇) ÷ (몇)의 두 가지 계산 원리에 해당하는 문제를 만들어 봄으로써 나눗셈의 포함제, 등분제를 이해하고 적용해보도록 한다.			

문 제

〈보기〉와 같이 나눗셈식을 나타내는 문제를 2가지 방법으로 만들어 풀어보세요.

나눗셈식: 44 ÷ 4

〈보기〉

36 ÷ 3

묶음의 개수를 구하는 문제	묶음의 크기를 구하는 문제
귤 36개를 3개씩 나누어 주면 모두 몇 명이 먹을 수 있나요? 답: 12명	귤 36개를 3개의 상자에 나누어 담으면 한 상자에 몇 개씩 들어가게 되나요? 답: 12개

정 답

【묶음의 개수를 구하는 문제】

바둑돌 44개를 4개씩 나누어주면 모두 몇 명이 바둑돌을 받을 수 있나요? 답: 11명

【묶음의 크기를 구하는 문제】

가위 44개를 4개의 바구니에 나누어 담으면 한 상자에 몇 개씩 들어가게 되나요? 답: 11개

평가기준

단계	평가내용	비고
A	• 문제 상황 및 문제 속에 내포된 나눗셈의 두 가지 의미를 바르게 이해함. • 제시된 문제 상황에서 문제해결에 적절한 정보(44÷4 = 11, 묶음의 개수를 구하는 문제, 묶음의 크기를 구하는 문제)를 선택하여 활용함. • 주어진 나눗셈식에 맞게 묶음의 개수를 구하는 적절한 나눗셈 상황, 묶음의 크기를 구하는 적절한 나눗셈 상황을 바르게 만듦. • 전략수행과정이나 문제해결과정에서 타당한 추론을 통해 문제를 해결함. • 답을 알아내는 모든 단계나 과정을 명확하고 논리적으로 충분히 설명함. • 문제해결과정에 사용된 수학적 용어 및 기호 등의 표현이 정확함.	매우 잘함
B	• 문제 상황 및 문제 속에 내포된 나눗셈의 두 가지 의미를 바르게 이해함. • 제시된 문제 상황에서 문제해결에 적절한 정보(44÷4 = 11, 묶음의 개수를 구하는 문제, 묶음의 크기를 구하는 문제)를 선택하여 활용함. • 타당한 추론을 통해 주어진 나눗셈 식에 맞게 묶음의 개수를 구하는 적절한 나눗셈 상황, 묶음의 크기를 구하는 적절한 나눗셈 상황을 바르게 만들고 있으나 답이 부정확함. a) 사소한 오차나 옮겨 쓰기 과정에 오류가 있음. • 답을 알아내는 전체 과정을 논리적으로 설명하고 있으나 약간의 비약을 포함하고 있음. • 문제해결과정에 사용된 수학적 용어 및 기호 등의 표현에서 약간의 오류를 나타냄.	잘함
C	• 문제 상황 및 문제 속에 내포된 나눗셈의 두 가지 의미를 부분적으로 이해함. • 제시된 문제 상황에서 문제해결에 적절한 정보(44÷4 = 11, 묶음의 개수를 구하는 문제, 묶음의 크기를 구하는 문제) 중 일부만을 선택하여 활용함. • 주어진 나눗셈식에 맞게 묶음의 개수를 구하는 적절한 나눗셈 상황, 묶음의 크기를 구하는 적절한 나눗셈 상황을 바르게 만들고 있으나 타당하게 추론하지 못하거나 끝까지 실행하지 못하여 정답에 이르지 못함. (예: 두 가지 상황 중 한 가지 상황만을 설명함) • 문제해결과정에 사용된 수학적 용어 및 기호 등의 사용에 오류 및 부정확한 표현이 많이 포함됨.	보통
D	• 문제 상황 및 문제 속에 내포된 나눗셈의 두 가지 의미를 이해하지 못함. • 문제의 조건을 이해하지 못하여 문제 상황을 제시하지 못하고 다른 나눗셈식을 제시함. • 문제해결과정에 대한 설명이 불완전하거나 명료하지 않아 이해하기 어려움. • 문제해결을 전혀 시도하지 못함. a) 백지 또는 오답 이외에 아무것도 쓰지 않음. b) 문제와 관련 없는 것만을 기술함.	노력 요함

<table>
<tr><td colspan="2">구분</td><td colspan="4">3-2-4-3</td></tr>
<tr><td>학기</td><td>3-2</td><td>단원명</td><td>4. 나눗셈</td><td>내용영역</td><td>수와 연산</td></tr>
<tr><td colspan="2">교육과정 중영역</td><td colspan="4">(몇십 몇) ÷ (몇)의 계산 (2), (몇십 몇) ÷ (몇)의 계산 (3)</td></tr>
<tr><td colspan="2">성취기준</td><td colspan="4">내림이 있으나 나머지가 없는 (몇십 몇) ÷ (몇)의 계산 원리와 방법을 이해하고 계산할 수 있다.
내림이 있고 나머지가 있는 (몇십 몇) ÷ (몇)의 계산 원리와 방법을 이해하고 계산할 수 있다.</td></tr>
<tr><td colspan="2">출제의도</td><td colspan="4">문제 상황을 읽고 (몇십 몇) ÷ (몇)의 계산 원리와 방법을 이해하여 문제를 해결해 보도록 한다.</td></tr>
</table>

문 제

선영이네 교실 문을 열기 위해서는 비밀번호를 눌러야 합니다. 다음 설명을 보고 선영이네 교실 문의 비밀번호를 구해보세요.

- 비밀번호는 4자리의 숫자를 차례로 눌러야 합니다.

  ① ② ③ ④

- 비밀번호의 첫 번째와 두 번째, 그리고 세 번째에 들어갈 숫자는 다음 빈 칸에 들어갈 숫자입니다.

  76 ÷ 3 = ① ② … ③

- 비밀번호의 네 번째에 들어갈 수는 다음 빈 칸에 들어갈 숫자입니다.

  48 ÷ ④ = 12

풀이과정

76 ÷ 3 = 25 … 1
따라서 ①에 들어갈 수는 2, ②에 들어갈 수는 5, ③에 들어갈 수는 1입니다.
48 ÷ 12를 하면 ④에 들어갈 수를 구할 수 있습니다.
48 ÷ 12 = 4이므로, ④에 들어갈 수는 4가 됩니다.

정 답

선영이네 반 비밀번호는 2 5 1 4 입니다.

평가기준

단계	평가내용	비고
A	• 문제 상황 및 문제 속에 내포된 나눗셈의 의미를 바르게 이해함. • 제시된 문제 상황에서 문제해결에 적절한 정보(비밀번호를 구해야 하는 상황, 나눗셈식의 빈 칸에 들어갈 숫자를 구하는 것)를 선택하여 활용함. • 문제의 힌트에 맞게 나눗셈을 실행하여 알맞은 몫과 나머지, 나누는 수를 구하고, 이 수들을 문제에서 제시하는 조건에 맞게 배열하여 비밀번호를 바르게 구함. • 전략수행과정이나 문제해결과정에서 타당한 추론(나누는 수를 구하기 위하여 나누어지는 수를 몫으로 나눔)을 통해 문제를 해결함. • 답을 알아내는 모든 단계나 과정을 명확하고 논리적으로 충분히 설명함. • 문제해결과정에 사용된 수학적 용어 및 기호 등의 표현이 정확함.	매우 잘함
B	• 문제 상황 및 문제 속에 내포된 나눗셈의 의미를 바르게 이해함. • 제시된 문제 상황에서 문제해결에 적절한 정보(비밀번호를 구해야 하는 상황, 나눗셈식의 빈 칸에 들어갈 숫자를 구하는 것)를 선택하여 활용함. • 타당한 추론을 통해 문제의 힌트에 맞게 나눗셈을 실행하여 알맞은 몫과 나머지, 나누는 수를 구하고 이 수들을 문제에서 제시하는 조건에 맞게 배열하여 비밀번호를 바르게 구하고 있으나 답이 부정확함. a) 사소한 오차나 옮겨쓰기 과정에 오류가 있음. b) 계산 과정은 있으나 답을 쓰지 않음. • 답을 알아내는 전체 과정을 논리적으로 설명하고 있으나 약간의 비약을 포함하고 있음. • 문제해결과정에 사용된 수학적 용어 및 기호 등의 표현에서 약간의 오류를 나타냄.	잘함
C	• 문제 상황 및 문제 속에 내포된 나눗셈의 의미를 부분적으로 이해함. • 제시된 문제 상황에서 문제해결에 적절한 정보(비밀번호를 구해야 하는 상황, 나눗셈식의 빈 칸에 들어갈 숫자를 구하는 것) 중 일부만을 선택하여 활용함. • 문제의 힌트에 맞게 나눗셈을 실행하여 알맞은 몫과 나머지, 나누는 수를 구하고, 이 수들을 문제에서 제시하는 조건에 맞게 배열하여 비밀번호를 구하고 있으나 타당하게 추론하지 못하거나 끝까지 실행하지 못하여 정답에 이르지 못함. (예: - 첫 번째 식의 빈 칸에 알맞은 수만을 구함 - 두 번째 식의 빈 칸에 알맞은 수만을 구함 - 나눗셈식에 맞는 몫과 나머지, 나누는 수를 구하였으나 이 수들을 알맞게 배열하여 비밀번호를 구하지 못함) • 답을 알아내는 과정 설명에 비약이 많거나, 문제해결과정 없이 정답(교실의 비밀번호)만 기술함. • 문제해결과정에 사용된 수학적 용어 및 기호 등의 사용에 오류 및 부정확한 표현이 많이 포함됨.	보통
D	• 문제 상황 및 문제 속에 내포된 나눗셈의 의미를 이해하지 못함. • 문제의 조건을 이해하지 못하여 문제해결과 관련 없이 제시된 숫자들을 무의미하게 활용함. • 문제해결과정에 대한 설명이 불완전하거나 명료하지 않아 이해하기 어려움. • 문제해결을 전혀 시도하지 못함. a) 백지 또는 오답 이외에 아무것도 쓰지 않음. b) 문제와 관련 없는 것만을 기술함.	노력 요함

구분		3-2-5-1			
학기	3-2	단원명	5. 들이와 무게	내용영역	측정
교육과정 중영역		들이의 단위 이해			
성취기준		들이의 개념을 이해하고, 들이를 비교하는 방법을 말할 수 있다.			
출제의도		들이의 개념을 이해하고 간접비교의 방법으로 문제를 해결해 보도록 한다.			

문 제

㉮, ㉯, ㉰ 세 개의 컵에 물을 가득 담아 크기와 모양이 같은 세 개의 큰 그릇에 ㉮컵은 8번, ㉯컵은 6번, ㉰컵은 10번을 부었더니 물의 높이가 모두 같아졌습니다.

(1) 세 개의 컵 중 크기가 가장 큰 컵은 어느 것인가요? (   )

(2) (1)과 같이 생각한 이유는 무엇인가요?

정 답

(1) (㉯컵)

(2) 크기와 모양이 같은 그릇에 같은 높이만큼 물을 붓는다는 것은 똑같은 양만큼 물을 붓는다는 뜻입니다. 똑같은 양만큼 물을 부을 때 물을 담아 부은 횟수가 많을수록 컵의 크기가 작다는 것을 의미하며, 횟수가 적을수록 컵의 크기는 크다는 것을 의미하기 때문입니다.

평가기준

단계	평가내용	비고
A	• 문제 상황 및 문제 속에 내포된 들이의 의미를 바르게 이해함. • 제시된 문제 상황에서 문제해결에 적절한 정보(크기와 모양이 같은 그릇에 같은 높이만큼 물을 붓는다는 것, ㉮컵은 8번, ㉯컵은 6번, ㉰컵은 10번을 부었더니 물의 높이가 모두 같아졌다는 것)를 선택하여 활용함. • 물을 담아 부은 횟수와 컵의 크기와의 관계를 바르게 설명하고, 이를 이용하여 가장 큰 컵이 무엇인지를 바르게 고름. • 전략수행과정이나 문제해결과정에서 타당한 추론(똑같은 양만큼 물을 부을 때, 물을 부은 횟수가 적을수록 컵의 크기가 크다는 것을 의미한다는 것을 설명함)을 통해 문제를 해결함. • 답을 알아내는 모든 단계나 과정을 명확하고 논리적으로 충분히 설명함. • 문제해결과정에 사용된 수학적 용어 및 기호 등의 표현이 정확함.	매우 잘함
B	• 문제 상황 및 문제 속에 내포된 들이의 의미를 바르게 이해함. • 제시된 문제 상황에서 문제해결에 적절한 정보(크기와 모양이 같은 그릇에 같은 높이만큼 물을 붓는 다는 것, ㉮컵은 8번, ㉯컵은 6번, ㉰컵은 10번을 부었더니 물의 높이가 모두 같아졌다는 것)를 선택하여 활용함. • 타당한 추론을 통해 물을 담아 부은 횟수와 컵의 크기와의 관계를 바르게 설명하였으나, 이를 이용하여 가장 큰 컵이 무엇인지를 바르게 고르지 못함. a) 옮겨쓰기 과정에 오류가 있음. b) 계산 과정은 있으나 답을 쓰지 않음. • 답을 알아내는 전체 과정을 논리적으로 설명하고 있으나 약간의 비약을 포함하고 있음. • 문제해결과정에 사용된 수학적 용어 및 기호 등의 표현에서 약간의 오류를 나타냄.	잘함
C	• 문제 상황 및 문제 속에 내포된 들이의 의미를 부분적으로 이해함. • 제시된 문제 상황에서 문제해결에 적절한 정보(크기와 모양이 같은 그릇에 같은 높이만큼 물을 붓는 다는 것, ㉮컵은 8번, ㉯컵은 6번, ㉰컵은 10번을 부었더니 물의 높이가 모두 같아졌다는 것) 중 일부만을 선택하여 활용함. (예: 같은 양의 물을 붓는다는 조건을 활용하지 못하는 경우) • 물을 담아 부은 횟수와 컵의 크기와의 관계를 설명하려 하나 타당하게 추론하지 못하거나 끝까지 실행하지 못하여 정답에 이르지 못함. • 답을 알아내는 과정 설명에 비약이 많거나, 문제해결과정 없이 정답만 기술함. • 문제해결과정에 사용된 수학적 용어 및 기호 등의 사용에 오류 및 부정확한 표현이 많이 포함됨.	보통
D	• 문제 상황 및 문제 속에 내포된 나눗셈의 의미를 이해하지 못함. • 문제의 조건을 이해하지 못하여 문제해결과 관련 없이 제시된 숫자들을 무의미하게 활용함. (예: 그림을 그려 설명하려 하였으나 문제를 다시 그림으로 나타낸 것에 그침) • 문제해결과정에 대한 설명이 불완전하거나 명료하지 않아 이해하기 어려움. (예: '들이가 작을수록 컵이 크기 때문이다.'와 같이 답한 경우) • 문제해결을 전혀 시도하지 못함. a) 백지 또는 오답 이외에 아무것도 쓰지 않음. b) 문제와 관련 없는 것만을 기술함.	노력 요함

구분		3-2-5-2			
학기	3-2	단원명	5. 들이와 무게	내용영역	측정
교육과정 중영역		들이의 합과 차			
성취기준		들이의 합과 차를 구할 수 있다.			
출제의도		제시된 들이를 더하고 빼는 과정을 통해 문제를 해결해 보도록 한다.			

문 제

아래의 두 냄비를 모두 사용하여 1500mL 물통에 물을 가득 채우려고 합니다.

㉮냄비로 세 번을 부었다면, ㉯냄비로 몇 번을 부어야 물통에 물을 가득 채울 수 있을까요?

풀이과정

㉮냄비로 세 번을 부었으므로, 200mL + 200mL + 200mL = 600mL이 됩니다.
따라서 ㉯냄비로 1500mL - 600mL = 900mL를 더 채워야 합니다.
300mL + 300mL + 300mL = 900mL가 되므로, 3번 더 부으면 물통에 물을 가득 채울 수 있습니다.

정 답

㉯냄비로 (3)번을 부어야 물통에 물을 가득 채울 수 있습니다.

평가기준

단계	평가내용	비고
A	• 문제 상황 및 문제 속에 내포된 들이의 합과 차의 의미를 바르게 이해함. • 제시된 문제 상황에서 문제해결에 적절한 정보(총 1500mL의 양을 채워야 하고, 200mL 들이 ㉮ 냄비로 3번 부었다는 것)를 선택하여 활용함. • 들이의 합을 이용하여 ㉮냄비로 3번 부었을 때의 총 들이를 바르게 구하고, 1500mL를 가득 채우기 위해서 ㉯냄비로 몇 mL를 더 채워야 하는지 들이의 차를 이용하여 바르게 구하고 몇 번을 더 부어야 하는지 바르게 구함. • 전략수행과정이나 문제해결과정에서 타당한 추론을 통해 문제를 해결함. a) 들이의 덧셈과 뺄셈을 상황에 맞게 추론하여 사용함. • 답을 알아내는 모든 단계나 과정을 명확하고 논리적으로 충분히 설명함. • 문제해결과정에 사용된 수학적 용어 및 기호 등의 표현이 정확함.	매우 잘함
B	• 문제 상황 및 문제 속에 내포된 들이의 합과 차의 의미를 바르게 이해함. • 제시된 문제 상황에서 문제해결에 적절한 정보(총 1500mL의 양을 채워야 하고, 200mL 들이 ㉮ 냄비로 3번 부었다는 것)를 선택하여 활용함. • 타당한 추론을 통하여 들이의 합을 이용하여 ㉮냄비로 3번 부었을 때의 총 들이를 바르게 구하고, 1500mL를 가득 채우기 위해서 ㉯냄비로 몇 mL를 더 채워야 하는지 들이의 차를 이용하여 바르게 구하고 몇 번을 더 부어야 하는지 바르게 구하였으나 답이 부정확함. a) 옮겨 쓰기 과정에 오류가 있음. b) 계산 과정은 있으나 답을 쓰지 않음. • 답을 알아내는 전체 과정을 논리적으로 설명하고 있으나 약간의 비약을 포함하고 있음. • 문제해결과정에 사용된 수학적 용어 및 기호 등의 표현에서 약간의 오류를 나타냄.	잘함
C	• 문제 상황 및 문제 속에 내포된 들이의 합과 차의 의미를 부분적으로 이해함. • 제시된 문제 상황에서 문제해결에 적절한 정보(총 1500mL의 양을 채워야 하고, 200mL 들이 ㉮ 냄비로 3번 부었다는 것) 중 일부만을 선택하여 활용함. a) 총 양이 1500mL라는 정보를 활용하지 못함. • 들이의 합을 이용하여 ㉮냄비로 3번 부었을 때의 총 들이를 바르게 구하고 1500mL를 가득 채우기 위해서 ㉯냄비로 몇 mL를 더 채워야 하는지 들이의 차를 이용하여 구하고 몇 번을 더 부어야 하는지 구하였으나, 타당하게 추론하지 못하거나 끝까지 실행하지 못하여 정답에 이르지 못함. (예: - 더 채워야 하는 들이가 900mL라는 것까지는 구하였으나 ㉯냄비로 몇 번을 더 부어야 하는지를 구하지 못함 - 더 채워야 하는 들이를 잘못 구하여 정답에 이르지 못함) • 답을 알아내는 과정 설명에 비약이 많거나, 문제해결과정 없이 정답만 기술함. • 문제해결과정에 사용된 수학적 용어 및 기호 등의 사용에 오류 및 부정확한 표현이 많이 포함됨.	보통
D	• 문제 상황 및 문제 속에 내포된 나눗셈의 의미를 이해하지 못함. • 문제의 조건을 이해하지 못하여 문제해결과 관련 없이 제시된 숫자들을 무의미하게 활용함. (예: - ㉮냄비나 ㉯냄비를 사용하여 1500mL를 채워야 하는 것으로 이해하고 답을 구함 - ㉯냄비를 사용하여 600mL를 채워야 하는 것으로 이해하고 답을 구함) • 문제해결과정에 대한 설명이 불완전하거나 명료하지 않아 이해하기 어려움. • 문제해결을 전혀 시도하지 못함. a) 백지 또는 오답 이외에 아무것도 쓰지 않음. b) 문제와 관련 없는 것만을 기술함.	노력 요함

구분		3-2-5-3			
학기	3-2	단원명	5. 들이와 무게	내용영역	측정
교육과정 중영역		무게의 비교			
성취기준		무게를 두 가지 방법으로 비교하고, 그 방법을 말로 표현할 수 있다. 무게를 비교해보는 활동을 통하여 무게 단위의 필요성을 이해하고 임의 단위 사용의 불편함을 알 수 있다.			
출제의도		문제 상황을 통하여 무게 단위의 필요성을 이해하고 임의 단위 사용의 불편함을 알도록 한다.			

문 제

다음은 두 가지 방법으로 연필과 지우개의 무게를 비교한 것입니다.

방법 1) 바둑돌과 클립으로 무게 재기	방법 2) 눈금 있는 저울에 올려놓기
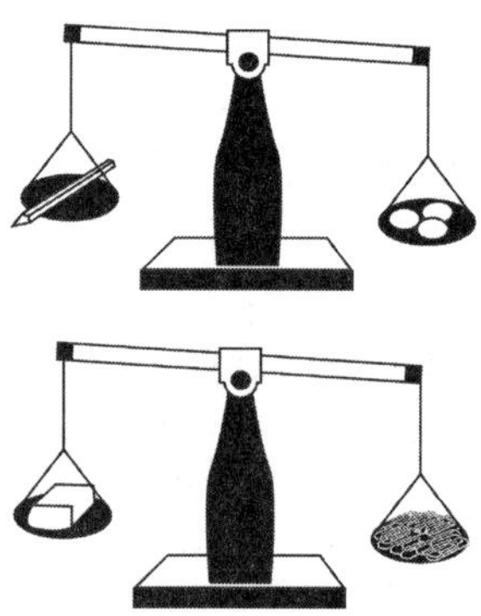	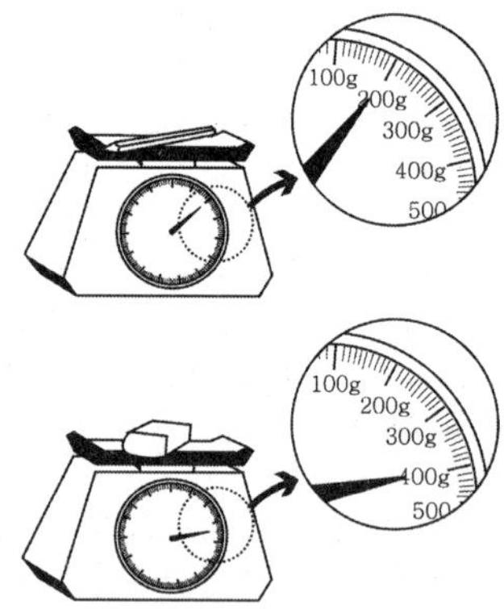

(1) 연필과 지우개 <u>무게의 차이를 정확히 알아보려고 할 때</u> 어떤 방법을 사용할 것인지 선택하고, 그 까닭을 설명해 보세요.

(2) 저울의 눈금을 보고 지우개의 무게는 연필 무게의 몇 배인지 구하여 보세요.

풀이과정

(1) 방법 2) 눈금 있는 저울에 올려놓습니다. 그 까닭은 눈금이 있어 더 정확한 무게를 구할 수 있고, 이에 따라 정확한 무게의 차이를 구할 수 있기 때문입니다.

(2) 연필은 200g이고, 지우개는 400g입니다.
200g × 2 = 400g이므로, 지우개의 무게는 연필의 무게의 2배입니다.

정 답

지우개의 무게는 연필 무개의 (2)배입니다.

평가기준

단계	평가내용	비고
A	• 문제 상황 및 문제 속에 내포된 무게의 비교를 바르게 이해함. • 제시된 문제 상황에서 문제해결에 적절한 정보(바둑돌과 클립으로 무게 재기의 방법과 눈금 있는 저울에 올려놓는 방법 가운데 무게의 차이를 정확히 알아볼 수 있는 방법은 무엇인지 알아보는 것, 두 물건의 무게를 그림을 통하여 바르게 읽고 두 무게의 관계를 설명하는 것)를 선택하여 활용함. • 두 물건의 무게의 차이를 '정확히' 알아보기 위하여 어떤 방법을 사용할 것인지 바르게 구하고, 그 까닭을 명확하고 논리적으로 충분히 설명함. (예: '방법 1'은 무게를 재는 단위가 바둑돌과 클립으로 달라서 정확한 무게를 알 수 없고, '방법 2'는 정확한 무게를 알 수 있다는 설명이 있는 경우) • 전략수행과정이나 문제해결과정에서 타당한 추론을 통해 문제를 해결함. (예: 임의단위와 보편단위가 사용되는 상황을 이해하여 문제를 해결한 경우) • 두 물건의 무게를 그림의 눈금을 통하여 바르게 읽고, 지우개가 연필의 몇 배인지 곱셈식을 통하여 바르게 구함. • 문제해결과정에 사용된 수학적 용어 및 기호 등의 표현이 정확함.	매우 잘함
B	• 문제 상황 및 문제 속에 내포된 무게의 비교를 바르게 이해함. • 제시된 문제 상황에서 문제해결에 적절한 정보(바둑돌과 클립으로 무게 재기의 방법과 눈금 있는 저울에 올려놓는 방법 가운데 무게의 차이를 정확히 알아볼 수 있는 방법은 무엇인지 알아보는 것, 두 물건의 무게를 그림을 통하여 바르게 읽고 두 무게의 관계를 설명하는 것)를 선택하여 활용함. • 타당한 추론을 통하여 두 물건의 무게의 차이를 '정확히' 알아보기 위하여 어떤 방법을 사용할 것인지 바르게 구하고 그 까닭을 설명하는 과정에서 약간의 비약이 있거나, 지우개가 연필의 몇 배인지 곱셈식을 통하여 바르게 구하였으나 답이 부정확함. a) 옮겨 쓰기 과정에 오류가 있음. b) 풀이과정은 있으나 답을 쓰지 않음. • 문제해결과정에 사용된 수학적 용어 및 기호 등의 표현에서 약간의 오류를 나타냄.	잘함
C	• 문제 상황 및 문제 속에 내포된 무게의 비교를 부분적으로 이해함. • 제시된 문제 상황에서 문제해결에 적절한 정보(바둑돌과 클립으로 무게 재기의 방법과 눈금 있는 저울에 올려놓는 방법 가운데 무게의 차이를 정확히 알아볼 수 있는 방법은 무엇인지 알아보는 것, 두 물건의 무게를 그림을 통하여 읽고 두 무게의 관계를 설명하는 것) 중 일부만을 선택하여 활용함. • 두 물건의 무게의 차이를 '정확히' 알아보기 위하여 어떤 방법을 사용할 것인지 바르게 구하고 그 까닭을 설명하는 과정에서 비약이 많고 타당하게 추론하지 못하였거나, 지우개가 연필의 몇 배인지 곱셈식을 통하여 바르게 구하였으나 끝까지 실행하지 못하여 정답에 이르지 못함. (예: - 그림의 눈금을 바르게 읽지 못함 - '방법 1'이 단위의 부피가 다르기 때문이라는 잘못된 설명을 한 경우) • 문제해결과정 없이 정답만 기술함. • 문제해결과정에 사용된 수학적 용어 및 기호 등의 사용에 오류 및 부정확한 표현이 많이 포함됨.	보통
D	• 문제 상황 및 문제 속에 내포된 무게의 비교를 이해하지 못함. • 문제의 조건을 이해하지 못하여 문제해결과 관련 없이 제시된 숫자들을 무의미하게 활용함. (예: '방법 1'이 바둑돌과 클립의 다른 단위로 재고 있다는 것을 파악하지 못한 경우) • 문제해결과정에 대한 설명이 불완전하거나 명료하지 않아 이해하기 어려움. • 문제해결을 전혀 시도하지 못함. a) 백지 또는 오답 이외에 아무것도 쓰지 않음. b) 문제와 관련 없는 것만을 기술함.	노력 요함

구분		3-2-6-1			
학기	3-2	단원명	6. 소수	내용영역	수와 연산
교육과정 중영역		소수 알아보기			
성취기준		자연수와 소수로 대소수를 약속할 수 있다. 자연수, 분모가 10인 분수를 소수로 나타낼 수 있다.			
출제의도		대소수를 알고, 분모가 10인 분수를 소수로 나타내어 문제를 해결해 보도록 한다.			

문 제

다음은 각 도시에 내린 비의 양을 나타낸 것입니다.

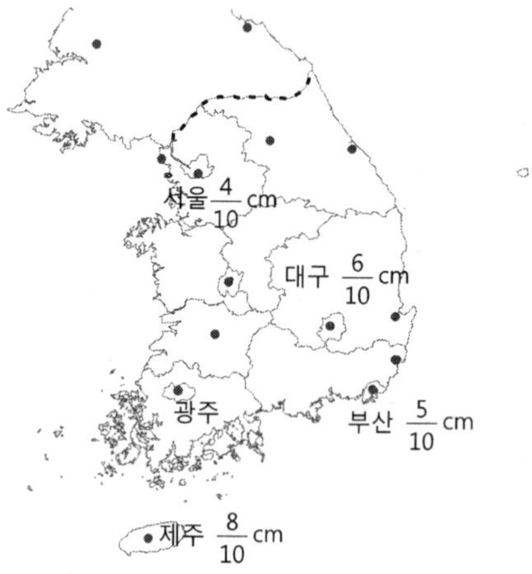

(1) 각 지역에 내린 비의 양은 각각 몇 cm인지 소수로 나타내세요.

(2) 광주에 내린 비의 양은 대구에 내린 비의 양보다 적고, 서울에 내린 비의 양보다 많다고 합니다. 광주에 내린 비의 양을 한 자리 소수로 나타낸다면 몇 cm일지 구하여 보세요.

정 답

(1) -서울: (0.4)cm　　-대구: (0.6)cm
-부산: (0.5)cm　　-제주도: (0.8)cm

(2) 광주, 서울, 대구에 내린 비의 양을 부등호로 또는 크기대로 비교합니다.
대구에 내린 비의 양 0.6 > 광주에 내린 비의 양 □ > 서울에 내린 비의 양 0.4이므로
광주에 내린 비의 양을 한 자리 소수로 나타내면 (0.5)cm입니다.

평가기준

단계	평가내용	비고
A	• 문제 상황 및 문제 속에 내포된 소수의 개념을 바르게 이해함. • 문제의 조건인 도시별 비의 양을 비교하기를 바르게 이해하고, 문제해결에 필요한 올바른 정보 (대구와 서울에 내린 비의 양)를 선택하여 활용함. • 광주, 대구, 서울에 내린 비의 양을 비교하여 문제를 해결하고, 문제의 조건에 맞게 한 자리 소수로 바르게 답(0.5)을 기술함. • 전략수행과정이나 문제해결과정에서 타당한 추론을 통해 문제를 해결함. • 답을 알아내는 모든 단계나 과정을 명확하고 논리적으로 충분히 설명함. • 문제해결과정에 사용된 수학적 용어 및 기호 등의 표현이 정확함.	매우 잘함
B	• 문제 상황 및 문제 속에 내포된 소수의 개념을 바르게 이해함. • 문제의 조건인 도시별 비의 양을 비교하기를 바르게 이해하고, 문제해결에 필요한 올바른 정보 (대구와 서울에 내린 비의 양)를 선택하여 활용함. • 타당한 추론을 통해 광주, 대구, 서울에 내린 비의 양을 비교하여 문제를 해결하려고 하였으나 답이 부정확함. a) 사소한 오차나 옮겨쓰기 과정에 오류가 있음. (예: 5mm로 답함) b) 답을 쓰지 않음. • 답을 알아내는 전체 과정을 논리적으로 설명하고 있으나 약간의 비약을 포함하고 있음. • 문제해결과정에 사용된 수학적 용어 및 기호 등의 표현에서 약간의 오류를 나타냄.	잘함
C	• 문제 상황 및 문제 속에 내포된 소수의 개념을 부분적으로 이해함. • 문제의 조건인 도시별 비의 양을 비교하기를 바르게 이해하지 못하여 일부분의 정보만을 선택하여 활용함. • 광주, 대구, 서울에 내린 비의 양을 비교하여 문제해결을 시도하고 있으나 타당하게 추론하지 못하거나, 세 도시의 비의 양을 각각 구했으나 비교하지 못하여 또는 비교는 하였으나 한 자리 소수를 찾아내지 못하여 정답에 이르지 못함. • 답을 알아내는 과정 설명에 비약이 많거나, 문제해결과정 없이 정답만 기술함. • 문제해결과정에 사용된 수학적 용어 및 기호 등의 사용에 오류 및 부정확한 표현이 많이 포함됨.	보통
D	• 문제 상황 및 문제 속에 내포된 소수의 개념을 이해하지 못함. • 문제의 조건을 이해하지 못하여 문제해결과 관련 없이 제시된 정보를 활용함. • 문제해결과정에 대한 설명이 불완전하거나 명료하지 않아 이해하기 어려움. • 문제해결을 전혀 시도하지 못함. a) 백지 또는 오답 이외에 아무것도 쓰지 않음. b) 문제와 관련없는 것만을 기술함.	노력 요함

구분		3-2-6-2			
학기	3-2	단원명	6. 소수	내용영역	수와 연산
교육과정 중영역		소수의 크기 비교하기			
성취기준		소수 한 자리 수의 크기를 비교하는 방법을 설명할 수 있다.			
출제의도		소수의 크기를 비교하는 방법을 이용하여 문제를 해결해 보도록 한다.			

문 제

미경이와 민석이는 0.1부터 0.9까지 소수 한 자리 수가 적힌 카드로 놀이를 하고 있습니다. 순서대로 1장씩 뒤집어 크기가 큰 숫자가 적힌 카드를 가진 사람이 이기는 놀이입니다. 민석이가 뒤집은 카드가 아래와 같을 때 미경이는 어떤 카드를 가져야 이길 수 있을까요? 가능한 경우를 모두 생각해 보고, 그렇게 생각한 이유를 설명해 보세요.

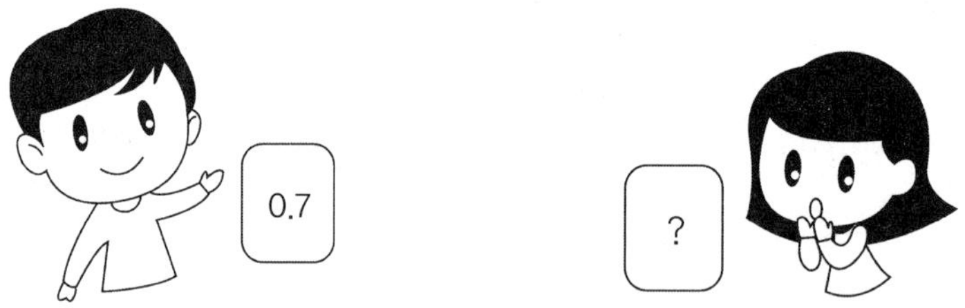

(1) 미경이가 가질 수 있는 카드는 무엇인가요?

(2) (1)과 같이 생각한 이유를 설명해 보세요.

정 답

(1) (0.8 , 0.9)

(2) 0.1부터 0.9까지의 소수 한 자리 수는 0.1, 0.2, 0.3, 0.4, 0.5, 0.6, 0.7, 0.8, 0.9가 있습니다. 그런데 미경이가 이기려면 0.7보다 크기가 큰 수가 적힌 카드를 뽑아야 합니다. 0.7보다 큰 소수 한 자리 수에는 0.8, 0.9가 있기 때문에 미경이는 0.8과 0.9가 적힌 카드를 뽑아야 합니다.

평가기준

<table>
<tr><th>단계</th><th>평가내용</th><th>비고</th></tr>
<tr><td>A</td><td>• 문제 상황 및 문제 속에 내포된 소수 한 자리 수의 크기를 비교하는 방법을 바르게 이해함.
• 소수 한 자리 수가 적힌 카드 중에서 크기가 큰 소수가 적힌 카드를 뽑는 사람이 이긴다는 문제의 조건을 바르게 이해하고, 문제해결에 필요한 올바른 정보(0.7보다 크기가 큰 소수 한 자리 수)를 선택하여 활용함.
• 문제해결에 알맞은 전략을 찾아 바르게 실행하고, 문제의 조건에 맞게 바르게 답을 기술함.
• 전략수행과정이나 문제해결과정에서 타당한 추론을 통해 문제를 해결함.
• 답을 알아내는 모든 단계나 과정을 명확하고 논리적으로 충분히 설명함.
• 문제해결과정에 사용된 수학적 용어 및 기호 등의 표현이 정확함.</td><td>매우 잘함</td></tr>
<tr><td>B</td><td>• 문제 상황 및 문제 속에 내포된 소수 한 자리 수의 크기를 비교하는 방법을 바르게 이해함.
• 소수 한 자리 수가 적힌 카드 중에서 크기가 큰 소수가 적힌 카드를 뽑는 사람이 이긴다는 문제의 조건을 바르게 이해하고, 문제해결에 필요한 올바른 정보(0.7보다 크기가 큰 소수 한 자리 수)를 선택하여 활용함.
• 타당한 추론을 통해 소수 한 자리 수의 크기를 비교해야 한다는 전략을 찾아 실행하고 있으나 답이 부정확함.
(예: 0.8과 0.9 중에서 하나만 답함)
a) 사소한 오차나 옮겨쓰기 과정에 오류가 있음.
b) 답을 쓰지 않음.
• 답을 알아내는 전체 과정을 논리적으로 설명하고 있으나 약간의 비약을 포함하고 있음.
• 문제해결과정에 사용된 수학적 용어 및 기호 등의 표현에서 약간의 오류를 나타냄.</td><td>잘함</td></tr>
<tr><td>C</td><td>• 문제 상황 및 문제 속에 내포된 소수 한 자리 수의 크기를 비교하는 방법을 부분적으로 이해함.
• 소수 한 자리 수가 적힌 카드 중에서 크기가 큰 소수가 적힌 카드를 뽑는 사람이 이긴다는 문제의 조건을 바르게 이해하지 못하여 일부분의 정보만을 선택하여 활용함.
• 소수 한 자리 수의 크기를 비교해야 한다는 전략을 찾아 시도하고 있으나 타당하게 추론하지 못하거나 끝까지 실행하지 못하여 정답에 이르지 못함.
(예: 0.6, 0.5, 0.4, 0.3, 0.2, 0.1)
• 답을 알아내는 과정 설명에 비약이 많거나, 문제해결과정 없이 정답만 기술함.
• 문제해결과정에 사용된 수학적 용어 및 기호 등의 사용에 오류 및 부정확한 표현이 많이 포함됨.</td><td>보통</td></tr>
<tr><td>D</td><td>• 문제 상황 및 문제 속에 내포된 소수 한 자리 수의 크기를 비교하는 방법을 이해하지 못함.
• 소수 한 자리 수가 적힌 카드 중에서 크기가 큰 소수가 적힌 카드를 뽑는 사람이 이긴다는 문제의 조건을 이해하지 못하여 문제해결과 관련 없이 제시된 정보를 활용함.
• 문제해결과정에 대한 설명이 불완전하거나 명료하지 않아 이해하기 어려움.
• 문제해결을 전혀 시도하지 못함.
a) 백지 또는 오답 이외에 아무것도 쓰지 않음.
b) 문제와 관련없는 것만을 기술함.</td><td>노력 요함</td></tr>
</table>

구분		3-2-6-3			
학기	3-2	단원명	6. 소수	내용영역	수와 연산
교육과정 중영역		소수의 크기 비교하기			
성취기준		소수 한 자리 수의 크기를 비교하는 방법을 설명할 수 있다.			
출제의도		소수의 구성과 크기를 비교하는 방법을 이용하여 문제를 해결해 보도록 한다.			

문 제

피겨 스케이팅 경기에서는 심판들의 점수 중 가장 높은 점수와 가장 낮은 점수를 뺀 나머지 점수들의 합으로 순위를 정합니다. 어느 한 경기에서 김연아 선수가 다음과 같은 점수를 받았다고 합니다.

9.8	8.9	9.7	9.1	9.4	9.3

(1) 김연아 선수가 받은 위의 점수들 중에서 순위를 정하는데 활용되는 점수는 무엇인지 찾아보고, 그 점수들을 수직선에 나타내 보세요.

(2) 순위를 정하는데 사용되는 점수들 중에서 가장 높은 점수와 가장 낮은 점수는 무엇인가요?

정 답

(1)

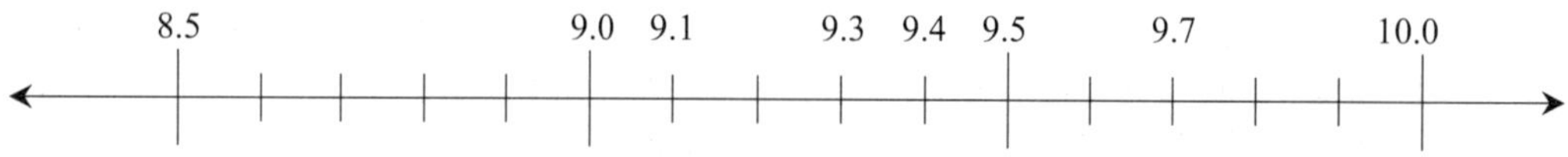

(2) 순위를 정하는데 사용되는 점수들 중 가장 높은 점수는 (9.7)점이고,
순위를 정하는데 사용되는 점수들 중 가장 낮은 점수는 (9.1)점입니다.

평가기준

단계	평가내용	비고
A	• 문제 상황 및 문제 속에 내포된 소수 한 자리 수의 크기를 비교하는 방법을 바르게 이해함. • 피겨 스케이팅 경기에서 가장 높은 점수와 가장 낮은 점수를 제외하고 나머지 점수들을 합하여 순위를 정한다는 문제의 조건을 바르게 이해하고, 문제해결에 필요한 올바른 정보(9.8과 8.9를 제외한 점수들)를 선택하여 활용함. • 소수 한 자리 수의 크기를 비교하는 방법으로 문제해결을 시도하고, 문제의 조건에 맞게 바른 답 ((1) 수직선 위에 9.1, 9.3, 9.4, 9.7을 바르게 나타내고 값을 표기함, (2) 9.7, 9.1)을 기술함. • 전략수행과정이나 문제해결과정에서 타당한 추론을 통해 문제를 해결함. • 답을 알아내는 모든 단계나 과정을 명확하고 논리적으로 충분히 설명함. • 문제해결과정에 사용된 수학적 용어 및 기호 등의 표현이 정확함.	매우 잘함
B	• 문제 상황 및 문제 속에 내포된 소수 한 자리 수의 크기를 비교하는 방법을 바르게 이해함. • 피켜 스케이팅 경기에서 가장 높은 점수와 가장 낮은 점수를 제외하고 나머지 점수들을 합하여 순위를 정한다는 문제의 조건을 바르게 이해하고, 문제해결에 필요한 올바른 정보(9.8과 8.9를 제외한 점수들)를 선택하여 활용함. • 타당한 추론을 통해 문제해결에 알맞은 전략을 찾아 실행하고 있으나 답이 부정확함. a) 사소한 오차나 옮겨 쓰기 과정에 오류가 있음. (예: 수직선에 표시는 하였으나 값을 표기하지 않음) b) 답을 쓰지 않음. • 답을 알아내는 전체 과정을 논리적으로 설명하고 있으나 약간의 비약을 포함하고 있음. • 문제해결과정에 사용된 수학적 용어 및 기호 등의 표현에서 약간의 오류를 나타냄.	잘함
C	• 문제 상황 및 문제 속에 내포된 소수 한 자리 수의 크기를 비교하는 방법을 부분적으로 이해함. • 피겨 스케이팅 경기에서 가장 높은 점수와 가장 낮은 점수를 제외하고 나머지 점수들을 합하여 순위를 정한다는 문제의 조건을 바르게 이해하지 못하여 6개의 모든 점수를 활용함. • 문제해결을 위한 알맞은 전략을 찾아 시도하고 있으나 타당하게 추론하지 못하거나 끝까지 실행하지 못하여 정답에 이르지 못함. (예: 소수의 크기를 비교하지 못함) • 답을 알아내는 과정 설명에 비약이 많거나, 문제해결과정 없이 정답만 기술함. • 문제해결과정에 사용된 수학적 용어 및 기호 등의 사용에 오류 및 부정확한 표현이 많이 포함됨.	보통
D	• 문제 상황 및 문제 속에 내포된 소수 한 자리 수의 크기를 비교하는 방법을 이해하지 못함. • 문제의 조건을 이해하지 못하여 문제해결과 관련 없이 제시된 정보를 활용함. • 문제해결과정에 대한 설명이 불완전하거나 명료하지 않아 이해하기 어려움. • 문제해결을 전혀 시도하지 못함. a) 백지 또는 오답 이외에 아무것도 쓰지 않음. b) 문제와 관련 없는 것만을 기술함.	노력 요함

구분		3-2-7-1			
학기	3-2	단원명	7. 자료 정리	내용영역	확률과 통계
교육과정 중영역		표와 그래프			
성취기준		표를 보고 막대그래프를 그릴 수 있다. 표와 그래프의 쓰임을 알고 적절히 이용할 수 있다.			
출제의도		표와 그래프의 쓰임을 알고, 이를 적절히 이용할 수 있는지 알아보도록 한다.			

문 제

다음은 수빈이네 반 학생 30명이 크리스마스 선물로 받고 싶어 하는 것을 조사하여 나타낸 것입니다.

~ 표와 그래프는 생략(192쪽 내용 참고) ~

(1) 표와 그래프의 빈 칸을 채워 보세요.

(2) 문화상품권을 선물로 받고 싶어 하는 학생은 모두 몇 명인가요? 이 물음에 답할 때 표와 그래프 중 어느 것을 이용하는 것이 편리했나요?
학생 수는 (   )명이고, (   )를(을) 이용하는 것이 편리하였습니다.

(3) 가장 많은 학생들이 선물로 받고 싶어 하는 선물은 무엇인가요? 이 물음에 답할 때 표와 그래프 중 어느 것이 답하기 편리했나요?
가장 많은 학생들이 받고 싶어 하는 선물은 (   )이고, (   )를(을) 이용하는 것이 편리하였습니다.

(4) (2), (3)을 통해서 표와 그래프의 특징을 정리하였습니다. 빈 칸에 들어갈 알맞은 말을 쓰세요.
표는 ______________________________ 쉽게 알 수 있고,
막대그래프는 ______________________________ 편리하다.

정 답

(1)

선물 종류	학용품	스마트폰	문화상품권	옷	애완동물	합계
학생 수(명)	3	10	6	7	4	30

(2)

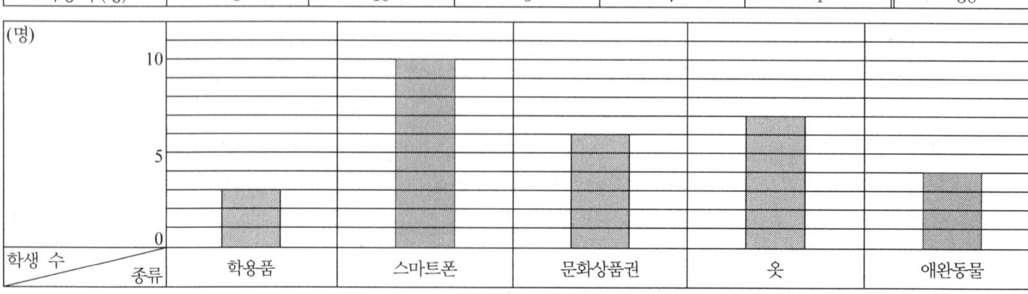

<크리스마스 선물로 받고 싶은 선물>

(2) 6, 표 (3) 스마트폰, 막대그래프
(4) 표는 각 자료의 수가 얼마인지 쉽게 알 수 있고, 막대그래프는 자료의 크기를 한눈에 비교할 수 있어 편리하다.

평가기준

단계	평가내용	비고
A	• 표와 그래프의 특징을 파악하기 위한 문제의 의미를 바르게 이해함. • 제시된 문제 상황에서 문제해결에 적절한 정보(표와 그래프에서 주어진 자료, 각각의 경우에 이용하면 편리한 것이 무엇인지를 묻는 것)를 바르게 선택하여 활용함. • 표와 그래프의 주어진 자료를 보고 빈 칸에 알맞은 수를 바르게 구하고, 표와 그래프의 특징을 파악하여 문제에서 주어진 상황에서 이용하면 편리한 것이 무엇인지를 바르게 설명함. • 전략수행과정이나 문제해결과정에서 타당한 추론을 통해 문제를 해결함. (예: 표의 '스마트폰' 칸에 알맞은 수를 구하기 위하여 합계의 수를 이용함) • 답을 알아내는 모든 단계나 과정을 명확하고 논리적으로 충분히 설명함. • 문제해결과정에 사용된 수학적 용어 및 기호 등의 표현이 정확함.	매우 잘함
B	• 표와 그래프의 특징을 파악하기 위한 문제의 의미를 바르게 이해함. • 제시된 문제 상황에서 문제해결에 적절한 정보(표와 그래프에서 주어진 자료, 각각의 경우에 이용하면 편리한 것이 무엇인지를 묻는 것)를 선택하여 활용함. (예: 표의 '스마트폰' 칸에 알맞은 수를 구하기 위하여 합계의 수를 이용함) • 타당한 추론을 통하여 표와 그래프의 주어진 자료를 보고 빈 칸에 알맞은 수를 바르게 구하고 표와 그래프의 특징을 파악하여 문제에서 주어진 상황에서 이용하면 편리한 것이 무엇인지를 바르게 골랐으나, 표와 그래프의 특징을 설명하는 과정에서 약간의 비약을 포함하고 있음. a) 옮겨 쓰기 과정에 오류가 있음. b) 계산 과정은 있으나 답을 쓰지 않음. • 문제해결과정에 사용된 수학적 용어 및 기호 등의 표현에서 약간의 오류를 나타냄.	잘함
C	• 표와 그래프의 특징을 파악하기 위한 문제의 의미를 부분적으로 이해함. • 제시된 문제 상황에서 문제해결에 적절한 정보(표와 그래프에서 주어진 자료, 각각의 경우에 이용하면 편리한 것이 무엇인지를 묻는 것) 중 일부만을 선택하여 활용함. (예: 표의 '스마트폰' 칸에 알맞은 수를 구하기 위하여 합계의 수를 이용해야 하는데 이를 이용하지 못함) • 표와 그래프의 주어진 자료를 보고 빈 칸에 알맞은 수를 구하는 과정에서 오류가 있음. • 표와 그래프 중 문제에서 주어진 상황에서 이용하면 편리한 것이 무엇인지를 골랐으나, 타당하게 추론하지 못하거나 표와 그래프의 특징을 설명하는 과정에서 비약이 많음. • 문제해결과정에 사용된 수학적 용어 및 기호 등의 사용에 오류 및 부정확한 표현이 많이 포함됨.	보통
D	• 표와 그래프의 특징을 파악하기 위한 문제의 의미를 이해하지 못함. • 문제의 조건을 이해하지 못하여 문제해결과 관련 없이 제시된 숫자들을 무의미하게 활용함. (예: - 표에 무의미한 숫자를 나열한 경우 - 관계 없는 그래프를 그린 경우) • 문제해결과정에 대한 설명이 불완전하거나 명료하지 않아 이해하기 어려움. • 문제해결을 전혀 시도하지 못함. a) 백지 또는 오답 이외에 아무것도 쓰지 않음. b) 문제와 관련 없는 것만을 기술함.	노력 요함

구분		3-2-7-2			
학기	3-2	단원명	7. 자료 정리	내용영역	확률과 통계
교육과정 중영역		그림그래프 이해하기			
성취기준		그림그래프의 그림이 나타내는 것을 구하고, 그림그래프를 그릴 수 있다.			
출제의도		그려진 그림그래프를 보고 그림 1개가 나타내는 것을 구하고, 그림그래프를 완성하여 문제를 해결해 보도록 한다.			

문 제

다음은 마을별로 모은 폐품의 무게를 나타낸 표와 그림그래프입니다.  1개가 나타내는 폐품의 무게는 몇 kg인지 구하고, 그림그래프를 완성하세요.

마을 이름	장미 마을	진달래 마을	목련 마을	백합 마을
폐품의 무게(kg)	15	17	22	4

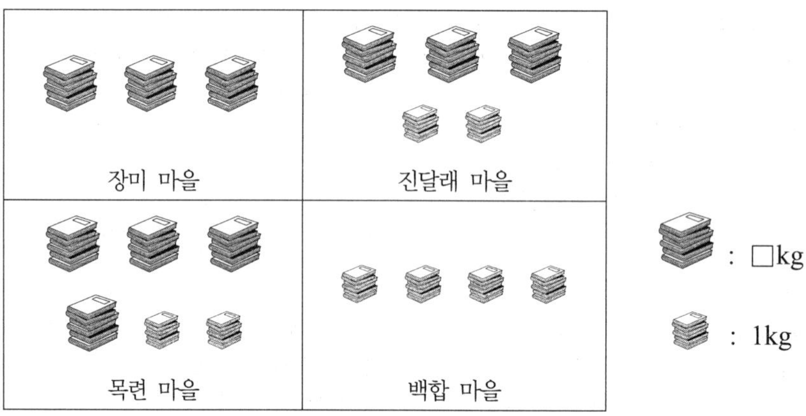

〈마을별로 모은 폐품의 무게〉

풀이과정

장미 마을을 보면 15kg을  3개로 나타내었으므로 15 ÷ 3 = 5(kg), 따라서  1개는 5kg임을 알 수 있습니다.

정 답

 1개가 나타내는 폐품의 무게는 (5)kg입니다.

평가기준

단계	평가내용	비고
A	• 그림그래프를 나타내야 할 문제 상황 및 문제 속에 내포된 그림그래프의 의미를 바르게 이해함. • 제시된 문제 상황에서 문제해결에 적절한 정보(15kg을 큰 그림 3개로 나타내고, 5kg은 작은 그림 1개로 나타냄)를 바르게 선택하여 활용함. • 15kg을 큰 그림 3개로 나타낸 것을 이용하여 큰 그림 한 개가 나타내는 폐품의 무게를 바르게 구하고, 이를 이용하여 나머지 그림그래프를 바르게 완성함. • 전략수행과정이나 문제해결과정에서 타당한 추론을 통해 하나의 큰 그림이 나타내는 무게를 바르게 구하여 문제를 해결함. • 답을 알아내는 모든 단계나 과정을 명확하고 논리적으로 충분히 설명함. • 문제해결과정에 사용된 수학적 용어 및 기호 등의 표현이 정확함.	매우 잘함
B	• 그림그래프를 나타내야 할 문제 상황 및 문제 속에 내포된 그림그래프의 의미를 바르게 이해함. • 제시된 문제 상황에서 문제해결에 적절한 정보(15kg을 큰 그림 3개로 나타내고, 5kg은 작은 그림 1개로 나타냄)를 선택하여 활용함. • 타당한 추론을 통하여 15kg을 큰 그림 3개로 나타낸 것을 이용하여 큰 그림 한 개가 나타내는 폐품의 무게를 바르게 구하였으나, 이를 이용하여 그림그래프를 완성하지 못함. a) 옮겨 쓰기 과정에 오류가 있음. b) 계산 과정은 있으나 답을 쓰지 않음. • 답을 알아내는 전체 과정을 논리적으로 설명하고 있으나 약간의 비약을 포함하고 있음. • 문제해결과정에 사용된 수학적 용어 및 기호 등의 표현에서 약간의 오류를 나타냄.	잘함
C	• 그림그래프를 나타내야 할 문제 상황 및 문제 속에 내포된 그림그래프의 의미를 부분적으로 이해함. • 제시된 문제 상황에서 문제해결에 적절한 정보(15kg을 큰 그림 3개로 나타내고, 5kg은 작은 그림 1개로 나타냄) 중 일부만을 선택하여 활용함. (예: 큰 그림이 나타내는 무게는 찾았으나 작은 그림이 나타내는 무게를 발견하지 못함) • 15kg을 큰 그림 3개로 나타낸 것을 이용하여 큰 그림 한 개가 나타내는 폐품의 무게를 구하려 하나, 타당하게 추론하지 못하거나 끝까지 실행하지 못하여 정답에 이르지 못함. a) 식을 세워 계산하는 과정에 오류가 있음. • 답을 알아내는 과정 설명에 비약이 많거나, 문제해결과정 없이 정답만 기술함. • 문제해결과정에 사용된 수학적 용어 및 기호 등의 사용에 오류 및 부정확한 표현이 많이 포함됨.	보통
D	• 그림그래프를 나타내야 할 문제 상황 및 문제 속에 내포된 그림그래프의 의미를 이해하지 못함. • 문제의 조건을 이해하지 못하여 문제해결과 관련 없이 제시된 숫자들을 무의미하게 활용함. • 문제해결과정에 대한 설명이 불완전하거나 명료하지 않아 이해하기 어려움. (예: 큰 그림 하나가 의미하는 바를 설명하지 않고 그래프만 완성한 경우) • 문제해결을 전혀 시도하지 못함. a) 백지 또는 오답 이외에 아무것도 쓰지 않음. b) 문제와 관련 없는 것만을 기술함.	노력 요함

구분		3-2-7-3			
학기	3-2	단원명	7. 자료 정리	내용영역	확률과 통계
교육과정 중영역		그림그래프 그리기			
성취기준		주어진 자료의 특징에 알맞게 그림그래프를 그릴 수 있다.			
출제의도		주어진 자료를 보고 필요한 요소를 활용하여 그림그래프를 그려 문제를 해결해 보도록 한다.			

문 제

다음은 현미네 반 학생들의 12월 독서량을 나타낸 표입니다. 다음 표를 보고 그림그래프를 그려 보세요.

〈현미네 반 학생들의 12월 독서량〉

학생 이름	현미	승준	재영	선민	민혁	합계
읽은 책의 수 (권)	18	20	17	15	22	92

정 답

〈현미네 반 학생들의 12월 독서량〉

평가기준

단계	평가내용	비고
A	• 그림그래프를 나타내야 할 문제 상황을 바르게 이해하고 그림그래프의 의미를 바르게 이해함. • 제시된 문제 상황에서 문제해결에 적절한 정보(각 학생들이 읽은 책의 권수, 표의 제목)를 바르게 선택하여 활용함. • 큰 그림과 작은 그림이 나타내는 폐품의 무게를 표시하고, 그림그래프의 제목을 정하고 알맞은 위치에 넣어 그림그래프를 바르게 완성함. • 전략수행과정이나 문제해결과정에서 타당한 추론을 통해 문제를 해결함. (예: 자료의 양을 고려하여 큰 그림과 작은 그림이 나타내는 폐품의 무게를 적절히 정하여 표시함) • 답을 알아내는 모든 단계나 과정을 명확하고 논리적으로 충분히 설명함. • 문제해결과정에 사용된 수학적 용어 및 기호 등의 표현이 정확함.	매우 잘함
B	• 그림그래프를 나타내야 할 문제 상황을 바르게 이해하고 그림그래프의 의미를 바르게 이해함. • 제시된 문제 상황에서 문제해결에 적절한 정보(각 학생들이 읽은 책의 권수, 표의 제목)를 선택하여 활용함. • 타당한 추론을 통하여 자료의 양을 고려하여 큰 그림과 작은 그림이 나타내는 폐품의 무게를 적절히 정하여 그림그래프를 완성하였으나, 그래프에 약간의 오류가 있음. (예: - 그림그래프의 제목이 없는 경우 - 각 그림이 나타내는 자료의 무게가 없는 경우) • 답을 알아내는 전체 과정을 논리적으로 설명하고 있으나 약간의 비약을 포함하고 있음. • 문제해결과정에 사용된 수학적 용어 및 기호 등의 표현에서 약간의 오류를 나타냄.	잘함
C	• 그림그래프를 나타내야 할 문제 상황과 그림그래프의 의미를 부분적으로 이해함. • 제시된 문제 상황에서 문제해결에 적절한 정보(각 학생들이 읽은 책의 권수, 표의 제목) 중 일부만을 선택하여 활용함. (예: 그림그래프의 제목과 각 그림이 나타내는 자료의 무게를 표시하지 않은 경우) • 자료의 양을 고려하여 큰 그림과 작은 그림이 나타내는 폐품의 무게를 정하여 그림그래프를 완성하였으나, 타당하게 추론하지 못하였거나 끝까지 실행하지 못하여 정답에 이르지 못함. (예: - 큰 그림과 작은 그림이 나타내는 폐품의 무게를 적절히 정하지 못함 - 그림이 나타내는 폐품의 무게가 표의 무게와 일치하지 않음) • 답을 알아내는 과정 설명에 비약이 많거나, 문제해결과정 없이 정답만 기술함. • 문제해결과정에 사용된 수학적 용어 및 기호 등의 사용에 오류 및 부정확한 표현이 많이 포함됨.	보통
D	• 그림그래프를 나타내야 할 문제 상황과 그림그래프의 의미를 이해하지 못함. • 문제의 조건을 이해하지 못하여 문제해결과 관련 없이 무의미한 그림을 그림. • 문제해결과정에 대한 설명이 불완전하거나 명료하지 않아 이해하기 어려움. (예: 그래프에 학생 이름을 명시하지 않음) • 문제해결을 전혀 시도하지 못함. a) 백지 또는 오답 이외에 아무것도 쓰지 않음. b) 문제와 관련 없는 것만을 기술함.	노력 요함

구분		3-2-8-1			
학기	3-2	단원명	8. 규칙 찾기와 문제해결	내용영역	규칙성과 문제해결
교육과정 중영역		규칙을 찾아 무늬 꾸미기			
성취기준		규칙을 찾아 무늬를 꾸밀 수 있다.			
출제의도		문제 상황에 제시된 규칙을 찾고, 그 규칙으로 무늬를 꾸며 문제를 해결해 보도록 한다.			

문 제

다음은 일정한 규칙을 따라 무늬를 늘어놓은 것입니다. 20번째에 놓일 무늬는 어떤 모양인지 검은색 동그라미가 놓일 위치를 고르고, 그렇게 생각하는 이유를 설명해 보세요.

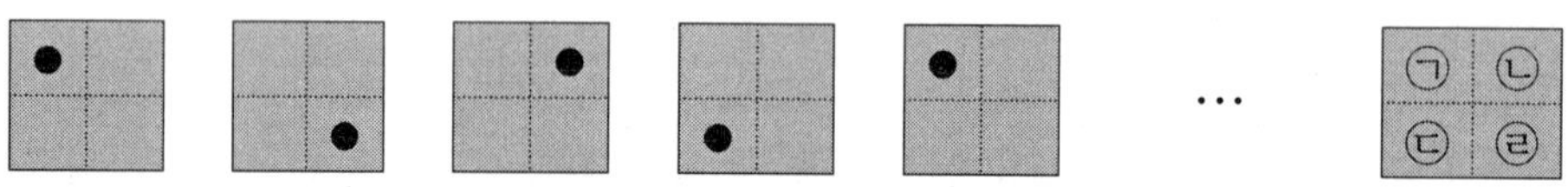

첫 번째 두 번째 세 번째 네 번째 다섯 번째 20번째

정 답

위의 그림을 보면 그림은 4개씩 반복됩니다.
따라서 첫 번째, 다섯 번째, 아홉 번째, …가 같은 그림이고,
네 번째, 여덟 번째, 열 두 번째, …의 4의 배수 번째에 위치하는 것들끼리 같은 그림이 됩니다.
따라서 20번째 그림은 네 번째 그림과 같은 그림이 됩니다.

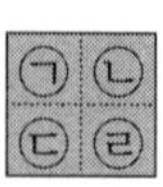

20번째에는 기호 (㉢)의 위치에 검은색 동그라미가 놓일 것이다.

평가기준

단계	평가내용	비고
A	• 규칙을 찾는 문제 상황을 바르게 이해함. • 제시된 문제 상황에서 문제해결에 적절한 정보(네 개씩 반복되는 그림, 20번째 놓일 그림을 구해야 하는 것)를 바르게 선택하여 활용함. • 반복되는 그림의 규칙을 찾고, 규칙에 따라 20번째에 놓일 그림을 찾아 바르게 표시함. • 전략수행과정이나 문제해결과정에서 타당한 추론을 통해 반복되는 규칙을 바르게 찾아 문제를 해결함. • 답을 알아내는 모든 단계나 과정을 명확하고 논리적으로 충분히 설명함. • 문제해결과정에 사용된 수학적 용어 및 기호 등의 표현이 정확함.	매우 잘함
B	• 규칙을 찾는 문제 상황을 바르게 이해함. • 제시된 문제 상황에서 문제해결에 적절한 정보(네 개씩 반복되는 그림, 20번째 놓일 그림을 구해야 하는 것)를 선택하여 활용함. • 타당한 추론을 통하여 반복되는 그림의 규칙을 찾고, 규칙에 따라 20번째에 놓일 그림을 찾아 바르게 표시하였으나, 약간의 오류가 있음. (예: - '4씩 더한다.', '4×5=20' 등 설명에 약간의 비약을 포함하고 있는 경우 - 설명은 바르게 했으나 옮겨 쓰기 과정에서 오류가 있는 경우) • 답을 알아내는 전체 과정을 논리적으로 설명하고 있으나 약간의 비약을 포함하고 있음. • 문제해결과정에 사용된 수학적 용어 및 기호 등의 표현에서 약간의 오류를 나타냄.	잘함
C	• 규칙을 찾는 문제 상황을 부분적으로 이해함. • 제시된 문제 상황에서 문제해결에 적절한 정보(네 개씩 반복되는 그림, 20번째 놓일 그림을 구해야 하는 것) 중 일부만을 선택하여 활용함. • 반복되는 그림의 규칙을 찾았으나, 타당하게 추론하지 못하였거나 끝까지 실행하지 못하여 정답에 이르지 못함. (예: - 그림으로 반복되는 규칙을 나타내다가 도중에 멈춤 - 4씩 더하는 규칙을 찾아 식으로 나타내었으나 끝까지 실행하지 못함) • 답을 알아내는 과정 설명에 비약이 많거나, 문제해결과정 없이 정답만 기술함. (예: 과정 설명에 단순히 '규칙이 보여서' 라고 기술한 경우 등) • 문제해결과정에 사용된 수학적 용어 및 기호 등의 사용에 오류 및 부정확한 표현이 많이 포함됨.	보통
D	• 규칙을 찾는 문제 상황을 이해하지 못함. • 문제의 조건을 이해하지 못하여 문제해결과 관련 없이 무의미한 그림을 그리거나 기술을 함. (예: 20까지 세어본다 등) • 문제해결과정에 대한 설명이 불완전하거나 명료하지 않아 이해하기 어려움. (예: 네 번째에 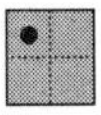 그림이 놓이니 20번째에도 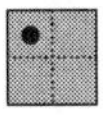 그림이 놓인다 등) • 문제해결을 전혀 시도하지 못함. a) 백지 또는 오답 이외에 아무것도 쓰지 않음. b) 문제와 관련 없는 것만을 기술함.	노력 요함

구분		3-2-8-2			
학기	3-2	단원명	8. 규칙 찾기와 문제해결	내용영역	규칙성과 문제해결
교육과정 중영역		표를 만들어 문제해결하기			
성취기준		표를 만들어 문제를 해결할 수 있다.			
출제의도		생활 속에서 일어나는 상황을 표로 만듦으로써 문제를 해결해 보도록 한다.			

문 제

서울영화관은 오전 9시부터 밤 10시까지만 영화를 상영합니다. 이번에 새로 개봉하는 3D 영화의 상영 시간은 1시간 15분이고, 매회 영화가 끝난 후 다음 영화가 시작하기 전 휴식 시간은 20분입니다. 1회의 영화 시작 시각이 오전 9시 20분이라면, 제일 마지막 회의 영화 시작 시간은 몇 시 몇 분일까요? 표를 만들어 문제를 해결해 보세요.

풀이과정

회	영화 시작	영화 끝	쉬는 시간 시작	쉬는 시간 끝
1	오전 9 : 20	오전 10 : 35	오전 10 : 35	오전 10 : 55
2	오전 10 : 55	오후 12 : 10	오후 12 : 10	오후 12 : 30
3	오후 12 : 30	오후 1 : 45	오후 1 : 45	오후 2 : 05
4	오후 2 : 05	오후 3 : 20	오후 3 : 20	오후 3 : 40
5	오후 3 : 40	오후 4 : 55	오후 4 : 55	오후 5 : 15
6	오후 5 : 15	오후 6 : 30	오후 6 : 30	오후 6 : 50
7	오후 6 : 50	오후 8 : 05	오후 8 : 05	오후 8 : 25
8	오후 8 : 25	오후 9 : 40	오후 8 : 40	오후 10 : 00

정 답

마지막 회의 영화 시작 시간은 (오전, (오후)) (8)시 (25)분입니다.

평가기준

단계	평가내용	비고
A	• 문제의 상황을 이해하고 표를 만들어 문제를 해결하는 전략을 바르게 실행함. • 제시된 문제 상황에서 문제해결에 적절한 정보(오전 9시부터 밤 10시까지만 영화를 상영함, 3D 영화의 상영 시간은 1시간 15분이고, 매회 영화가 끝난 후 다음 영화가 시작하기 전까지 휴식 시간은 20분, 1회의 영화 시작 시각이 오전 9시 20분임)를 선택하여 활용함. • 각 회의 영화가 시작하는 시각과 끝나는 시각을 표로 바르게 나타내고 이를 이용하여 마지막 영화가 시작되는 시각이 언제인지를 바르게 구함. • 전략수행과정이나 문제해결과정에서 타당한 추론을 통해 문제를 해결함. • 답을 알아내는 모든 단계나 과정을 명확하고 논리적으로 충분히 설명함. • 문제해결과정에 사용된 수학적 용어 및 기호 등의 표현이 정확함.	매우 잘함
B	• 문제의 상황을 이해하고 표를 만들어 문제를 해결하는 전략을 바르게 실행함. • 제시된 문제 상황에서 문제해결에 적절한 정보(오전 9시부터 밤 10시까지만 영화를 상영함, 3D 영화의 상영 시간은 1시간 15분이고, 매 회 영화가 끝난 후 다음 영화가 시작하기 전까지 휴식 시간은 20분, 1회의 영화 시작 시각이 오전 9시 20분임)를 선택하여 활용함. • 타당한 추론을 통하여 각 회의 영화가 시작하는 시각과 끝나는 시각을 표로 바르게 나타내었으나, 마지막 영화가 시작되는 시각이 언제인지를 바르게 구하지 못함. a) 옮겨쓰기 과정에 오류가 있음. b) 계산 과정은 있으나 답을 쓰지 않음. • 답을 알아내는 전체 과정을 논리적으로 설명하고 있으나 약간의 비약을 포함하고 있음. • 문제해결과정에 사용된 수학적 용어 및 기호 등의 표현에서 약간의 오류를 나타냄.	잘함
C	• 문제의 상황을 부분적으로 이해하고 표를 만들어 문제를 해결하는 전략을 부분적으로 실행함. • 제시된 문제 상황에서 문제해결에 적절한 정보(오전 9시부터 밤 10시까지만 영화를 상영함, 3D 영화의 상영 시간은 1시간 15분이고, 매회 영화가 끝난 후 다음 영화가 시작하기 전까지 휴식 시간은 20분, 1회의 영화 시작 시각이 오전 9시 20분임) 중 일부만을 선택하여 활용하거나 혼동하여 사용함. (예: - 1회의 영화 시작 시각이 오전 9시라고 생각하는 경우 - 휴식시간이 있음을 고려하지 못함) • 각 회의 영화가 시작하는 시각과 끝나는 시각을 표로 나타내려고 하나, 타당하게 추론하지 못하였거나 끝까지 실행하지 못하여 마지막 영화가 시작되는 시각이 언제인지를 바르게 구하지 못함. • 답을 알아내는 과정 설명에 비약이 많거나, 문제해결과정 없이 정답만 기술함. • 문제해결과정에 사용된 수학적 용어 및 기호 등의 사용에 오류 및 부정확한 표현이 많이 포함됨.	보통
D	• 문제의 상황을 부분적으로 이해하고 표를 만들어 문제를 해결하는 전략을 실행하지 못함. • 문제의 조건을 이해하지 못하여 문제해결과 관련 없이 제시된 숫자들을 무의미하게 활용함. (예: 표를 만들었으나 무의미한 숫자의 나열에 그침) • 문제해결과정에 대한 설명이 불완전하거나 명료하지 않아 이해하기 어려움. • 문제해결을 전혀 시도하지 못함. a) 백지 또는 오답 이외에 아무것도 쓰지 않음. b) 문제와 관련 없는 것만을 기술함.	노력 요함

구분		3-2-8-3			
학기	3-2	단원명	8. 규칙 찾기와 문제해결	내용영역	규칙성과 문제해결
교육과정 중영역		예상과 확인으로 문제해결하기			
성취기준		생활 속에서 나타날 수 있는 규칙을 찾고 문제를 해결할 수 있다.			
출제의도		생활 속에서 일어나는 상황을 예상과 확인의 방법을 적용하여 문제를 해결해 보도록 한다.			

문 제

다음은 어느 해의 12월 달력입니다. 다음 물음에 답하세요.

12월

일	월	화	수	목	금	토
		1	2	3	4	5
6	7	8	9	10	11	12
13	14	15	16	17	18	19
20	21	22	23	24	25	26
27	28	29	30	31		

(1) 현서네 학교는 12월 23일에 방학하여 다음 해 2월 3일에 개학식을 합니다. 개학식을 하는 날은 무슨 요일인가요?

(2) 현서는 방학 동안 매주 금요일마다 스키 강습에 참여하기로 하였습니다. 현서는 스키 강습에 몇 번 참여할 수 있나요?

풀이과정

(1) 같은 요일은 7일마다 반복됩니다.
23일이 수요일이므로, 23+7 = 30, 12월 30일이 수요일입니다.
12월 31일은 목요일, 1월 1일은 금요일입니다.
1+7 = 8, 8+7 = 15, 15+7 = 22, 22+7 = 29이므로 1월 1일, 8일, 15일, 22일, 29일은 금요일입니다.
1월은 31일까지 있으므로 1월 30일은 토요일, 1월 31일은 일요일입니다. 따라서 2월 1일은 월요일, 2월 2일은 화요일, 2월 3일은 수요일입니다.

(2) 금요일인 날짜를 모두 써 보면 12월 25일, 1월 1일, 1월 8일, 1월 15일, 1월 22일, 1월 29일과 같습니다. 따라서 방학 중에 금요일은 모두 6번 있습니다.

정 답

(1) 개학식을 하는 2월 3일은 (수)요일입니다.

(2) 현서는 방학 동안 스키 강습에 (6)번 참여하였습니다.

평가기준

단계	평가내용	비고
A	• 문제 상황을 이해하고 예상과 확인으로 문제를 해결하는 전략을 바르게 실행함. • 제시된 문제 상황에서 문제해결에 적절한 정보(12월 23일에 방학하여 다음 해 2월 3일에 개학식을 함, 12월 달력, 금요일마다 스키강습을 함)를 선택하여 활용함. • 같은 요일이 7일마다 반복되므로 이를 이용하여 1월과 2월의 요일을 예상하여 개학식을 하는 날이 어떤 요일인지를 구하고, 방학 동안 금요일이 몇 번 반복되는지를 바르게 구함. • 전략수행과정이나 문제해결과정에서 7일마다 같은 요일이 반복되는 것을 이용하여 타당한 추론을 통해 문제를 해결함. • 답을 알아내는 모든 단계나 과정을 명확하고 논리적으로 충분히 설명함. • 문제해결과정에 사용된 수학적 용어 및 기호 등의 표현이 정확함.	매우 잘함
B	• 문제 상황을 이해하고 예상과 확인으로 문제를 해결하는 전략을 바르게 실행함. • 제시된 문제 상황에서 문제해결에 적절한 정보(12월 23일에 방학하여 다음 해 2월 3일에 개학식을 함, 12월 달력, 금요일마다 스키강습을 함)를 선택하여 활용함. • 타당한 추론을 통하여 같은 요일이 7일마다 반복되므로 이를 이용하여 1월과 2월의 요일을 예상하여 개학식을 하는 날이 어떤 요일인지를 구하고, 방학 동안 금요일이 몇 번 반복되는지를 바르게 구하였으나 약간의 오류가 있음. a) 옮겨 쓰기 과정에 오류가 있음. b) 계산 과정은 있으나 답을 쓰지 않음. • 답을 알아내는 전체 과정을 논리적으로 설명하고 있으나 약간의 비약을 포함하고 있음. (예: 같은 요일인 날짜를 나열하였으나 7일마다 같은 요일이 반복된다는 설명이 없는 경우) • 문제해결과정에 사용된 수학적 용어 및 기호 등의 표현에서 약간의 오류를 나타냄.	잘함
C	• 문제 상황을 부분적으로 이해하고 예상과 확인으로 문제를 해결하는 전략을 부분적으로 실행함. • 제시된 문제 상황에서 문제해결에 적절한 정보(12월 23일에 방학하여 다음 해 2월 3일에 개학식을 함, 12월 달력, 금요일마다 스키강습을 함) 중 일부만을 선택하여 활용하거나 혼동하여 사용함. (예: - 방학하는 12월 23일의 요일을 잘못 보고 활용함 - 1월이 31일까지 있는 것을 고려하지 못함 - 1월 3일의 요일을 구한 경우) • 타당하게 추론하지 못하였거나 끝까지 실행하지 못함. (예: - 같은 요일이 7일마다 반복된다는 사실을 이용하여 1월과 2월의 요일을 예상하여 개학식을 하는 날이 어떤 요일인지를 구하지 못함 - 방학 동안 금요일이 몇 번 반복되는지를 구하지 못함) • 답을 알아내는 과정 설명에 비약이 많거나, 문제해결과정 없이 정답만 기술함. (예: 7씩 더한다) • 문제해결과정에 사용된 수학적 용어 및 기호 등의 사용에 오류 및 부정확한 표현이 많이 포함됨.	보통
D	• 문제 상황을 부분적으로 이해하고 예상과 확인으로 문제를 해결하는 전략을 실행하지 못함. • 문제의 조건을 이해하지 못하여 문제해결과 관련 없이 제시된 숫자들을 무의미하게 활용함. (예: 요일을 예상하였으나 무의미한 요일의 나열에 그치는 경우 등) • 문제해결과정에 대한 설명이 불완전하거나 명료하지 않아 이해하기 어려움. (예: 하나씩 해봤을 때 수요일이다 등) • 문제해결을 전혀 시도하지 못함. a) 백지 또는 오답 이외에 아무것도 쓰지 않음. b) 문제와 관련 없는 것만을 기술함.	노력 요함

영역	문항번호	단원
수와 연산	3-1-7-1	7. 분수
	3-1-7-2	7. 분수
도형	3-1-3-1	3. 평면도형
	3-1-5-1	3. 평면도형의 이동
측정	3-1-8-1	8. 길이와 시간
	3-1-8-3	8. 길이와 시간
확률과 통계	3-2-7-1	7. 자료와 정리
	3-2-7-2	7. 자료와 정리
규칙성과 문제해결	3-2-8-1	8. 규칙 찾기와 문제해결
	3-2-8-3	8. 규칙 찾기와 문제해결

03

서술형 평가 적용의 예

3학년 1학기 7. 분수 단원 1번 문항 | 수와 연산

문 제

선영이네 학교 학예회 연극 주인공을 뽑는 오디션에 총 12명 학생들이 지원하였습니다. 1차 오디션에 합격한 학생은 지원한 학생의 $\frac{3}{4}$이고, 2차 오디션에 합격한 학생은 1차 오디션에 합격한 학생의 $\frac{1}{3}$입니다. 2차 오디션에 합격한 학생은 모두 몇 명인가요?

풀이과정

정 답

2차 오디션에 합격한 학생은 (　　)명입니다.

3학년 1학기 7. 분수 단원 1번 문항 응답예시 | 수와 연산

단계	평가내용	응답예시
A (매우 잘함)	• 문제 상황 및 문제 속에 내포된 자연수의 분수만큼을 바르게 이해함. • 문제의 조건을 바르게 이해하고, 문제해결에 필요한 올바른 정보(1, 2차 오디션에 합격한 학생의 수와 그 수의 분수만큼)를 선택하여 활용함. • 문제해결에 알맞은 자연수를 똑같이 몇 묶음으로 나누어 그 중의 몇 개를 취하는 전략을 바르게 실행하고, 문제의 조건에 맞게 바르게 답을 기술함. a) 그림으로 자연수의 분수만큼을 표현함. b) 자연수의 분수만큼을 구하는 과정을 말로 설명함. • 전략수행과정이나 문제해결과정에서 타당한 추론을 통해 문제를 해결함. • 답을 알아내는 모든 단계나 과정을 명확하고 논리적으로 충분히 설명함. • 문제해결과정에 사용된 수학적 용어 및 기호 등의 표현이 정확함.	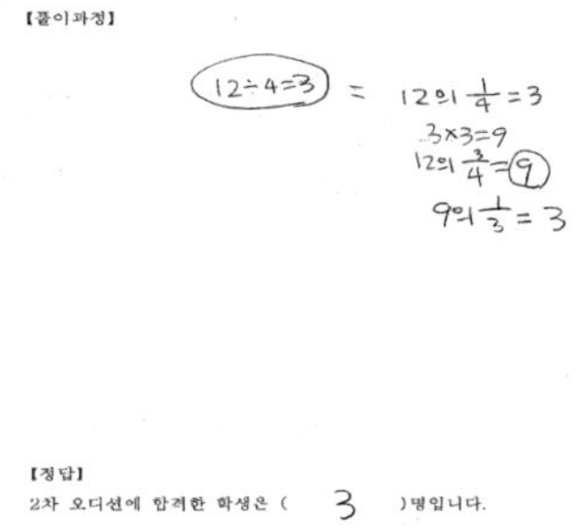
B (잘함)	• 문제 상황 및 문제 속에 내포된 자연수의 분수만큼을 바르게 이해함. • 문제의 조건을 바르게 이해하고, 문제해결에 필요한 올바른 정보(1, 2차 오디션에 합격한 학생의 수와 그 수의 분수만큼)를 선택하여 활용함. • 타당한 추론을 통해 자연수를 똑같이 몇 묶음으로 나누어 그 중의 몇 개를 취하는 전략을 찾아 실행하고 있으나 답이 부정확함. a) 사소한 오차나 옮겨쓰기 과정에 오류가 있음. b) 답을 쓰지 않음. • 답을 알아내는 전체 과정을 논리적으로 설명하고 있으나 약간의 비약을 포함하고 있음. (예: 그림으로 표현하였으나 똑같이 나누는 과정이 없는 경우 등) • 문제해결과정에 사용된 수학적 용어 및 기호 등의 표현에서 약간의 오류를 나타냄. (예: 12의 $\frac{3}{4}$=9를 12분의 $\frac{3}{4}$=9 등으로 나타낸 경우 등)	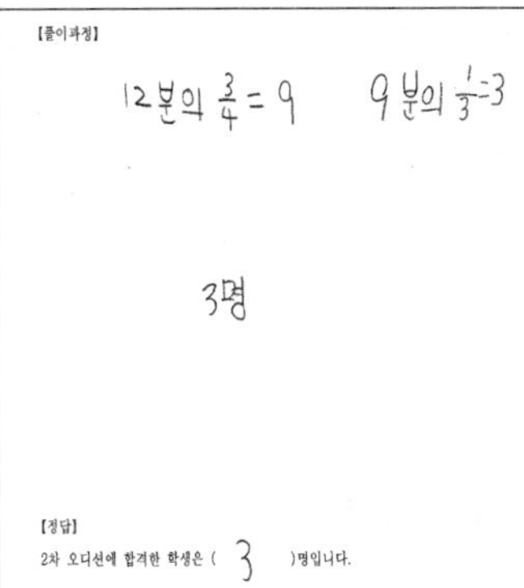
C (보통)	• 문제 상황 및 문제 속에 내포된 자연수의 분수만큼을 부분적으로 이해함. • 문제의 조건을 바르게 이해하지 못하여 1, 2차 오디션에 합격한 학생의 수와 그 수의 분수만큼의 일부분 정보만을 선택하여 활용함. • 문제해결을 위하여 자연수를 똑같이 몇 묶음으로 나누어 그 중의 몇 개를 취하는 전략을 찾아 시도하고 있으나 타당하게 추론하지 못하거나 끝까지 실행하지 못하여 정답에 이르지 못함. (예: 계산상 실수가 있는 경우) • 답을 알아내는 과정 설명에 비약이 많거나, 문제해결과정 없이 정답만 기술함. • 문제해결과정에 사용된 수학적 용어 및 기호 등의 사용에 오류 및 부정확한 표현이 많이 포함됨. (예: 12 $\frac{3}{4}$ 9, 9 $\frac{1}{3}$ 3 등과 같이 나열하여 나타냄, 등호가 성립하지 않음)	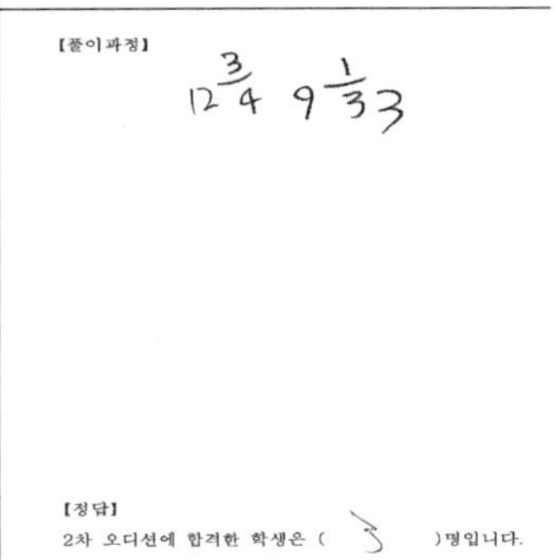
D (노력 요함)	• 문제 상황 및 문제 속에 내포된 자연수의 분수만큼을 이해하지 못함. • 문제의 조건을 이해하지 못하여 문제해결과 관련 없이 제시된 정보(1, 2차 오디션에 합격한 학생의 수와 그 수의 분수만큼)를 활용함. • 문제해결과정에 대한 설명이 불완전하거나 명료하지 않아 이해하기 어려움. • 문제해결을 전혀 시도하지 못함. a) 백지 또는 오답 이외에 아무것도 쓰지 않음. b) 문제와 관련없는 것만을 기술함.	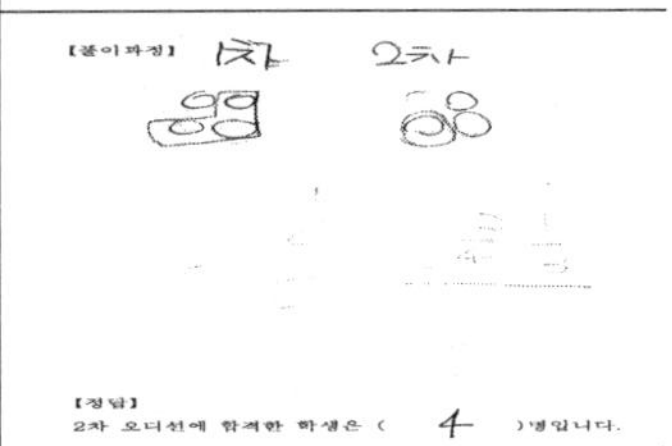

3학년 1학기 7. 분수 단원 2번 문항 | 수와 연산

문 제

재민이는 엄마와 함께 쿠키를 굽고 있습니다. 쿠키를 굽는 방법이 다음과 같을 때, 밀가루와 버터 중 어떤 것을 더 많이 준비하여야 할까요? 2가지 방법으로 설명해 보세요.

〈엄마의 쿠키 레시피〉

1. 밀가루를 계량컵의 $\frac{3}{4}$만큼 준비한다.
2. 버터는 밀가루를 담았던 계량컵의 $\frac{1}{4}$만큼 준비한다.
3. 밀가루, 버터, 계란 노른자 1개, 베이킹파우더 1티스푼, 설탕을 그릇에 넣고 섞는다.
4. 반죽을 비닐팩에 넣어 냉장실에 30분간 넣어 둔다.
5. 반죽을 꺼내 밀어 모양을 찍는다.
6. 오븐에 구워내면 완성!

풀이과정

정 답

(　　　　)가 (　　　　)보다 더 많은 양이 필요합니다.

3학년 1학기 7. 분수 단원 2번 문항 응답예시 | 수와 연산

단계	평가내용	응답예시
A (매우 잘함)	• 문제 상황 및 문제 속에 내포된 분모가 같은 분수의 크기 비교를 바르게 이해함. • 문제의 조건을 바르게 이해하고, 문제해결에 필요한 올바른 정보(밀가루와 버터의 양, 같은 계량컵을 사용함)를 선택하여 활용함. • 문제해결에 알맞은 전략을 찾아 바르게 실행하고, 문제의 조건에 맞게 바르게 답을 기술함. • 전략수행과정이나 문제해결과정에서 타당한 추론을 통해 문제를 해결함. a) 서로 다른 2가지 전략을 모두 타당하게 설명함. • 답을 알아내는 모든 단계나 과정을 명확하고 논리적으로 충분히 설명함. • 문제해결과정에 사용된 수학적 용어 및 기호 등의 표현이 정확함.	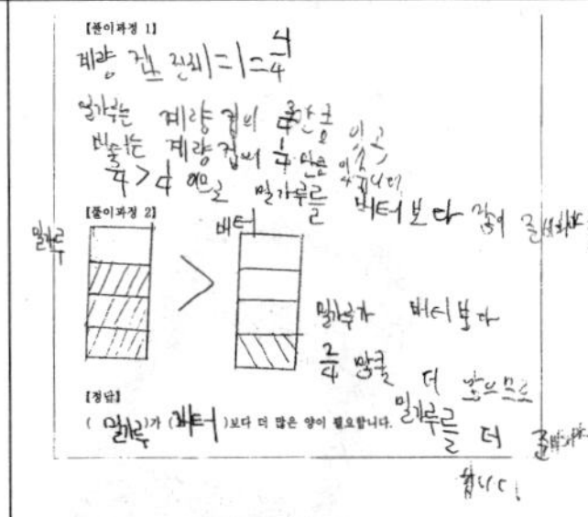
B (잘함)	• 문제 상황 및 문제 속에 내포된 분모가 같은 분수의 크기 비교를 바르게 이해함. • 문제의 조건을 바르게 이해하고, 문제해결에 필요한 올바른 정보(밀가루와 버터의 양, 같은 계량컵을 사용함)를 선택하여 활용함. • 타당한 추론을 통해 문제해결에 알맞은 전략을 찾아 실행하고 있으나 답이 부정확함. (예: 밀가루의 양 $\frac{3}{4}$과 버터의 양 $\frac{1}{4}$을 합쳐 한 개의 모양에 나타낸 경우 등) a) 사소한 오차나 옮겨 쓰기 과정에 오류가 있음. b) 답을 쓰지 않음. • 답을 알아내는 전체 과정을 논리적으로 설명하고 있으나 약간의 비약을 포함하고 있음. • 문제해결과정에 사용된 수학적 용어 및 기호 등의 표현에서 약간의 오류를 나타냄.	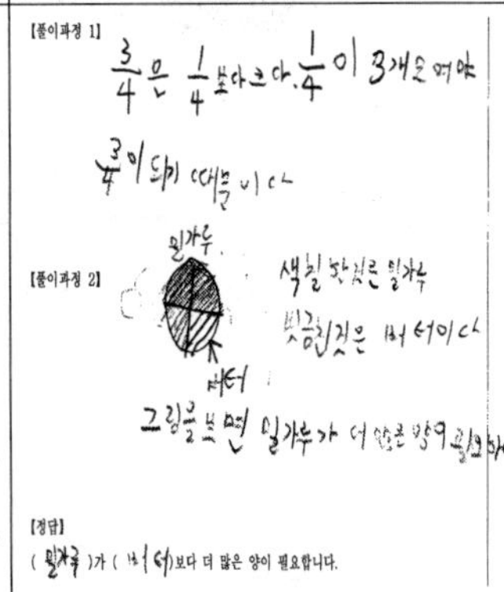
C (보통)	• 문제 상황 및 문제 속에 내포된 분모가 같은 분수의 크기 비교를 부분적으로 이해함. • 문제의 조건을 바르게 이해하지 못하여 일부분의 정보(밀가루와 버터의 양, 같은 계량컵을 사용함)만을 선택하여 활용함. • 문제해결을 위한 알맞은 전략을 찾아 시도하고 있으나 타당하게 추론하지 못하거나 끝까지 실행 하지 못하여 정답에 이르지 못함. a) 1가지 전략만을 바르게 설명함. • 답을 알아내는 과정 설명에 비약이 많거나, 문제해결과정 없이 정답만 기술함. • 문제해결과정에 사용된 수학적 용어 및 기호 등의 사용에 오류 및 부정확한 표현이 많이 포함됨. (예: 그림을 그려 해결하고 있으나 $\frac{3}{4}$과 $\frac{1}{4}$을 서로 다른 도형으로 나타낸 경우 등)	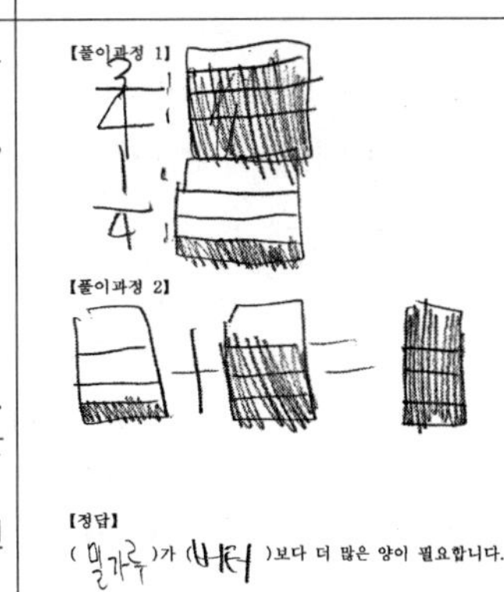
D (노력 요함)	• 문제 상황 및 문제 속에 내포된 분모가 같은 분수의 크기 비교를 이해하지 못함. • 문제의 조건을 이해하지 못하여 문제해결과 관련 없이 제시된 정보를 활용함. • 문제해결과정에 대한 설명이 불완전하거나 명료하지 않아 이해하기 어려움. • 문제해결을 전혀 시도하지 못함. a) 백지 또는 오답 이외에 아무것도 쓰지 않음. b) 문제와 관련없는 것만을 기술함.	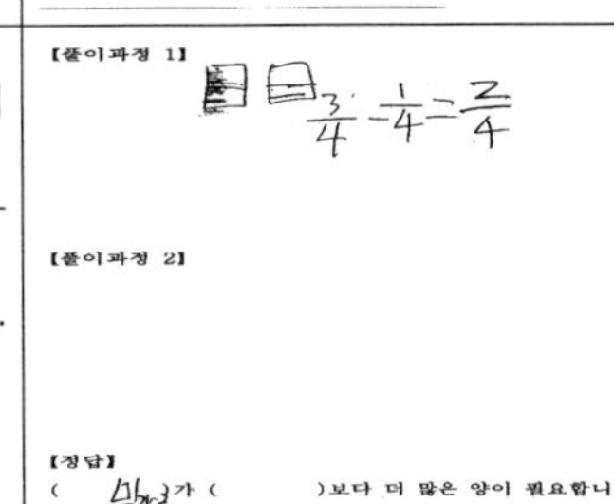

3학년 1학기	3. 평면도형 단원 1번 문항	도형

문 제

우리 주변의 물건에는 직각인 부분이 많이 있습니다.

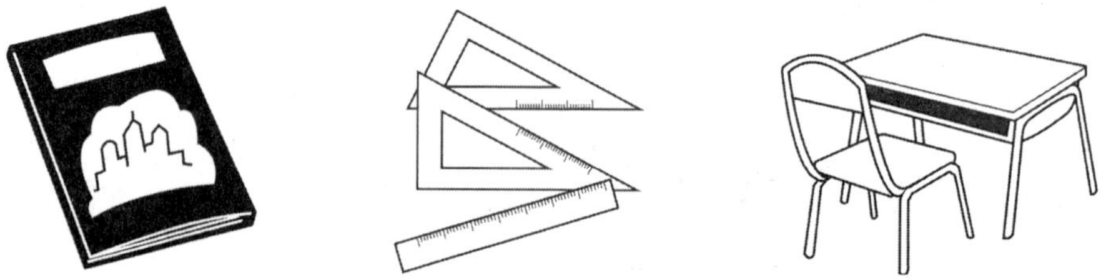

(1) 우리 주변에서 볼 수 있는 물건들 중 직각인 것을 찾아 문장을 만들어 보세요.

____

____

____

(2) 시계의 두 바늘이 이루는 각도 직각이 되는 때가 있습니다. 시계의 두 바늘이 이루는 각이 직각일 때가 언제인지 쓰고, 그 시각을 시계에 나타내 보세요. (단, 정각을 나타내는 시각을 쓰세요.)

( )시 ( )시

3학년 1학기 3. 평면도형 단원 1번 문항 응답예시 | 도형

단계	평가내용	응답예시
A (매우 잘함)	• 문제 상황 및 문제 속에 내포된 직각의 개념과 의미를 바르게 이해함. • 문제의 조건을 바르게 이해하고, 문제해결에 필요한 올바른 정보(직각, 두 바늘이 이루는 각, 정각)를 선택하여 활용함. • 직각의 개념을 이해하고 주변에서 직각이 있는 물건을 찾아 바르게 문장을 만들고, 시계의 두 바늘이 직각이 되는 때를 알맞게 나타냄. • 전략수행과정이나 문제해결과정에서 타당한 추론을 통해 문제를 해결함. • 답을 알아내는 모든 단계나 과정을 명확하고 논리적으로 충분히 설명함. • 문제해결과정에 사용된 수학적 용어 및 기호 등의 표현이 정확함.	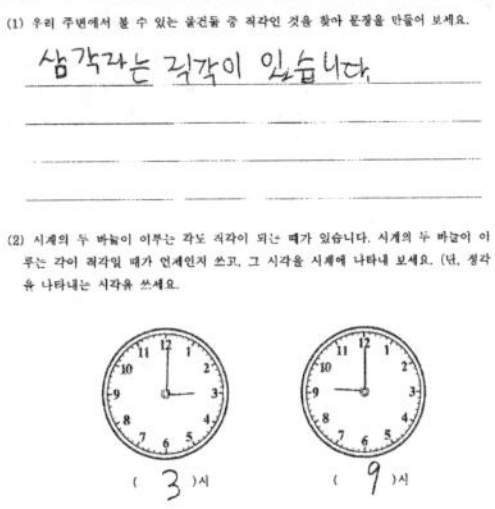
B (잘함)	• 문제 상황 및 문제 속에 내포된 직각의 개념과 의미를 바르게 이해함. • 문제의 조건을 바르게 이해하고, 문제해결에 필요한 올바른 정보(직각, 두 바늘이 이루는 각, 정각)를 선택하여 활용함. • 직각의 개념을 이해하여 시계의 두 바늘이 이루는 각이 직각이 되는 경우를 바르게 나타내었으나 '직각'이라는 용어가 들어가는 문장을 만들지 않고 정사각형, 직사각형, 직각삼각형 등이 들어가는 문장을 만들거나 사소한 오류가 있음. a) 사소한 오차나 옮겨 쓰기 과정에 오류가 있음. (예: 분침이 시침보다 짧은 경우 등) b) 답을 쓰지 않음. • 답을 알아내는 전체 과정을 논리적으로 설명하고 있으나 약간의 비약을 포함하고 있음. • 문제해결과정에 사용된 수학적 용어 및 기호 등의 표현에서 약간의 오류를 나타냄.	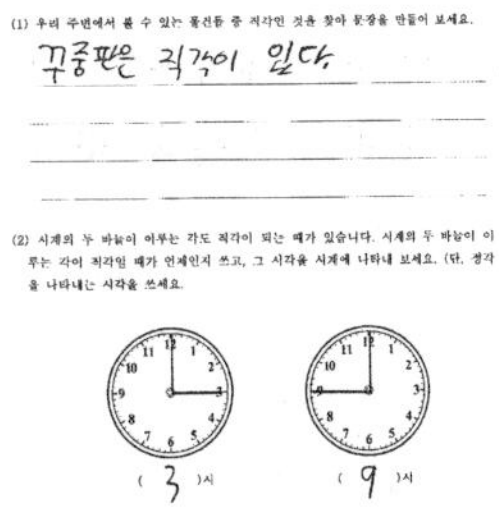
C (보통)	• 문제 상황 및 문제 속에 내포된 직각의 개념과 의미를 부분적으로 이해함. • 문제의 조건을 바르게 이해하지 못하여 일부분의 정보만을 선택하여 활용하거나 필요 없는 조건을 활용함. • 직각의 개념을 이해하여 시계의 두 바늘이 이루는 각이 직각이 되는 경우를 바르게 나타내었으나 직각이 들어가는 문장을 만드는 데 있어 개념을 잘못 이해하여 잘못된 물건을 찾거나 잘못된 용어를 사용함. (예: 내 책상은 직각사각형이다, 표시되지 않은 곳에 각이 있음, 모난 부분이 많은 것과 적은 것 등) • 직각이 들어가는 문장을 바르게 만들었으나 시계의 두 바늘이 직각이 되는 경우를 바르게 나타내지 못하거나 반대의 경우. • 문제해결과정에 사용된 수학적 용어 및 기호 등의 사용에 오류 및 부정확한 표현이 많이 포함됨.	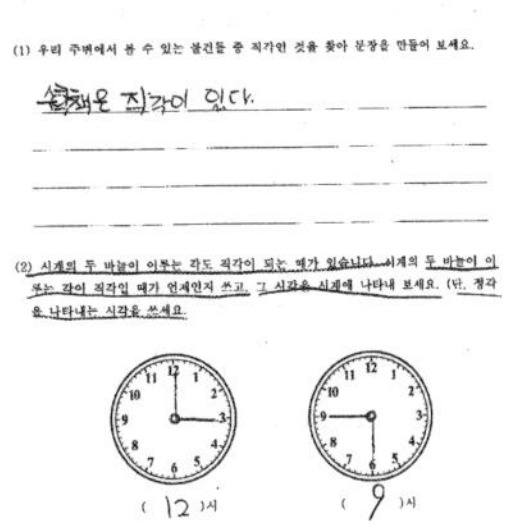
D (노력 요함)	• 문제 상황 및 문제 속에 내포된 직각의 개념과 의미를 이해하지 못함. • 문제의 조건을 이해하지 못하여 문제에서 제시한 개념이 들어가도록 문장을 만들지 못하거나 직각을 알맞게 표시하지 못함. • 문제해결과정에 대한 설명이 불완전하거나 명료하지 않아 이해하기 어려움. • 문제해결을 전혀 시도하지 못함. a) 백지 또는 오답 이외에 아무것도 쓰지 않음. b) 문제와 관련없는 것만을 기술함.	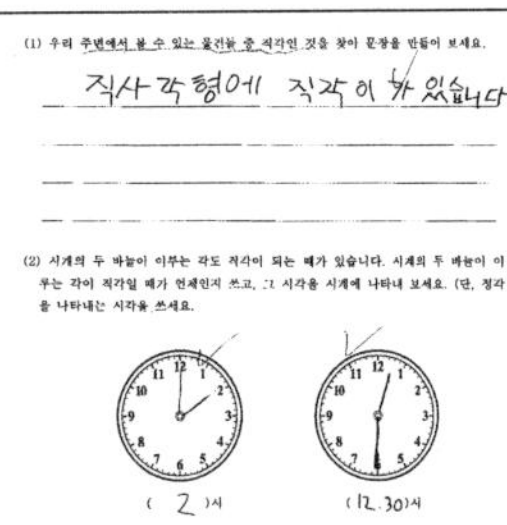

3학년 1학기 5. 평면도형의 이동 단원 1번 문항 | 도형

문 제

아래의 시계는 거울에 비친 모습입니다.

(1) 위의 시계가 나타내는 시각은 몇 시 몇 분인가요? ( )시 ( )분

아래의 그림에 시각을 나타내 보세요.

(2) (1)의 문제를 해결하기 위해서는 도형을 어떻게 이동시켜야 하는지 설명해 보세요.

____

____

____

____

3학년 1학기 5. 평면도형의 이동 단원 1번 문항 응답예시 | 도형

단계	평가내용	응답예시
A (매우 잘함)	• 문제 상황 및 문제 속에 내포된 평면도형 뒤집기를 바르게 이해함. • 문제의 조건을 바르게 이해하고, 문제해결에 필요한 올바른 정보(거울에 비친 모습과 바르게 보는 모습의 관계)를 선택하여 활용함. • 문제해결에 알맞은 전략((2)에서 왼쪽 또는 오른쪽, 또는 옆으로 뒤집기)을 찾아 바르게 실행하고, 문제의 조건에 맞게 바르게 답((1) 4시 40분, 시계에 시침과 분침의 위치와 길이를 고려하여 알맞게 나타냄)을 기술함. • 전략수행과정이나 문제해결과정에서 타당한 추론을 통해 문제를 해결함. • 답을 알아내는 모든 단계나 과정을 명확하고 논리적으로 충분히 설명함. • 문제해결과정에 사용된 수학적 용어 및 기호 등의 표현이 정확함.	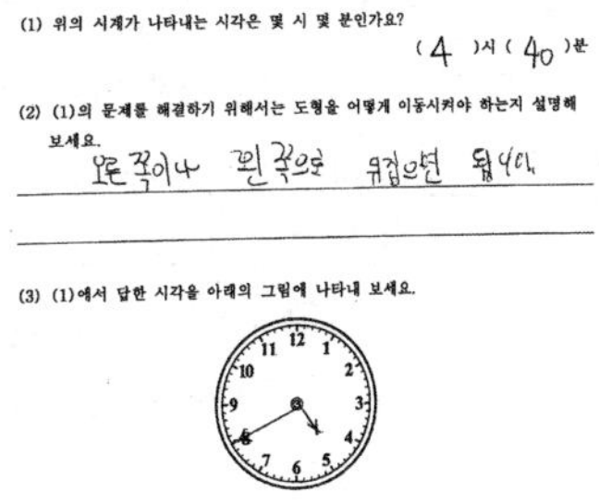
B (잘함)	• 문제 상황 및 문제 속에 내포된 평면도형 뒤집기를 바르게 이해함. • 문제의 조건을 바르게 이해하고, 문제해결에 필요한 올바른 정보(거울에 비친 모습과 바르게 보는 모습의 관계)를 선택하여 활용함. • 타당한 추론을 통해 문제해결에 알맞은 전략을 찾아 실행하고 있으나 답이 부정확함. a) 사소한 오차나 옮겨쓰기 과정에 오류가 있음. b) 답을 쓰지 않음. • 답을 알아내는 전체 과정을 논리적으로 설명하고 있으나 약간의 비약을 포함하고 있음. (예: (2)에서 뒤집기의 방법을 설명하나, 뒤집는 방향(오른쪽, 왼쪽, 옆으로)을 언급하지 않음) • 문제해결과정에 사용된 수학적 용어 및 기호 등의 표현에서 약간의 오류를 나타냄. (예: (1)에서 시계에 시각을 나타낼 때, 4시 40분을 나타내고자 하였으나 시침과 분침의 위치나 길이를 알맞게 나타내지 못함)	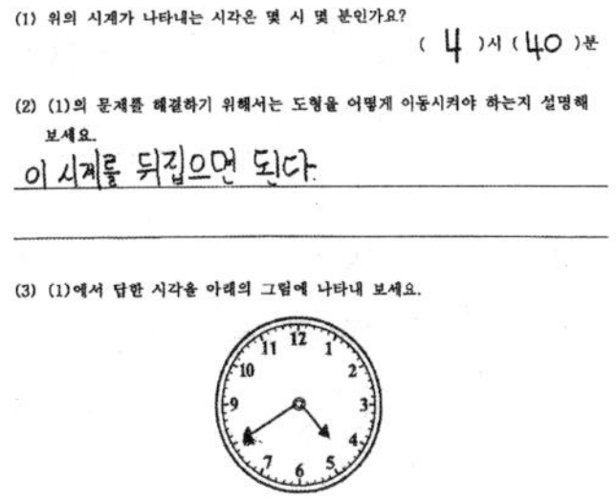
C (보통)	• 문제 상황 및 문제 속에 내포된 평면도형 뒤집기를 부분적으로 이해함. • 문제의 조건을 바르게 이해하지 못하여 일부분의 정보만을 선택하여 활용함. • 문제해결을 위한 알맞은 전략을 찾아 시도하고 있으나 타당하게 추론하지 못하거나 끝까지 실행하지 못하여 정답에 이르지 못함. (예: (2)에서 뒤집는 방법은 제대로 설명하였으나, (1)에서 답한 시각이 틀린 경우) • 답을 알아내는 과정 설명에 비약이 많거나, (1)은 답했으나 (2)에서 이동 방법을 설명하지 못하는 것과 같이 문제해결과정 없이 정답만 기술함. • 문제해결과정에 사용된 수학적 용어 및 기호 등의 사용에 오류 및 부정확한 표현이 많이 포함됨.	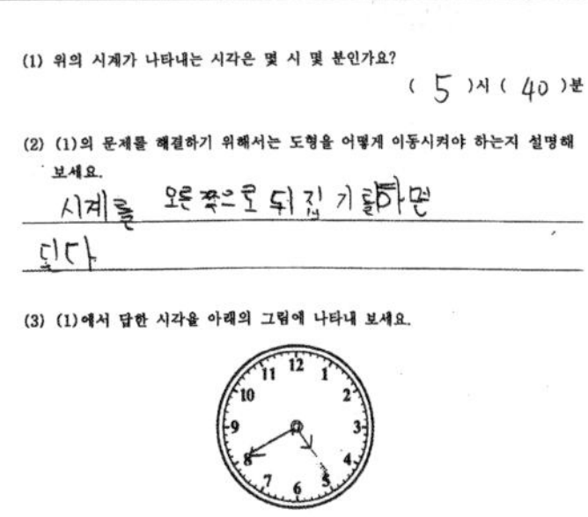
D (노력 요함)	• 문제 상황 및 문제 속에 내포된 평면도형 뒤집기를 이해하지 못함. • 문제의 조건을 이해하지 못하여 문제해결과 관련 없이 제시된 정보를 활용함. • 문제해결과정에 대한 설명이 불완전하거나 명료하지 않아 이해하기 어려움. • 문제해결을 전혀 시도하지 못함. a) 백지 또는 오답 이외에 아무것도 쓰지 않음. b) 문제와 관련없는 것만을 기술함.	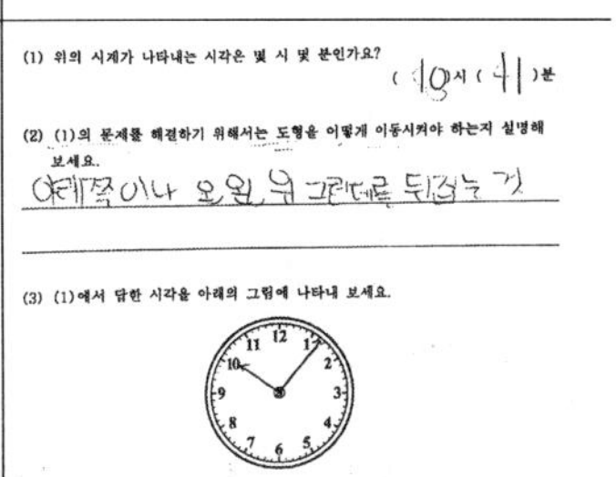

3학년 1학기 8. 길이와 시간 단원 1번 문항 | 측정

문 제

다음은 등산로 입구에 있는 지도와 안내판입니다. 정상까지 올라가려고 할 때 어떤 길로 가는 것이 가장 짧은 거리일까요?

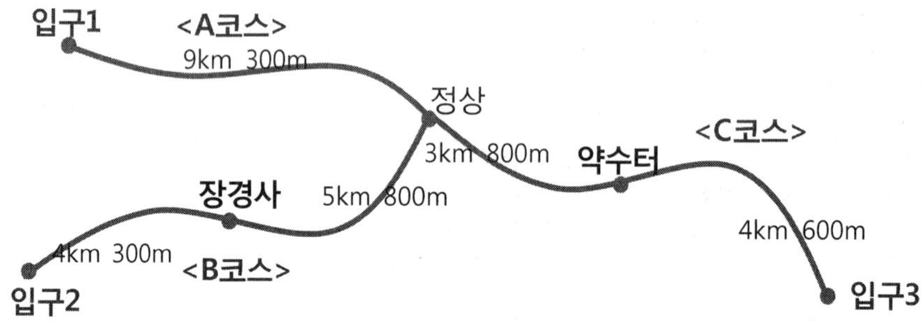

<A코스> : 입구1에서 출발하여 정상으로 바로 가는 코스
<B코스> : 입구2에서 출발하여 장경사를 거쳐 정상으로 가는 코스
<C코스> : 입구3에서 출발하여 약수터를 거쳐 정상으로 가는 코스

풀이과정

정 답

(   )코스가 (   )km (   )m로 가장 짧은 거리입니다.

3학년 1학기 8. 길이와 시간 단원 1번 문항 응답예시 | 측정

단계	평가내용	응답예시
A (매우 잘함)	• 문제 상황 및 문제 속에 내포된 km, m의 단위가 있는 길이의 합과 차를 바르게 이해함. • 문제의 조건을 바르게 이해하고, 문제해결에 필요한 올바른 정보(각 코스별 정상까지의 거리, 가장 짧은 거리를 구하는 것)를 선택하여 활용함. • 문제해결에 알맞은 전략을 찾아 바르게 실행하고, 문제의 조건에 맞게 바르게 답을 기술함. • 전략수행과정이나 문제해결과정에서 타당한 추론을 통해 문제를 해결함. • 답을 알아내는 모든 단계나 과정을 명확하고 논리적으로 충분히 설명함. • 문제해결과정에 사용된 수학적 용어 및 기호 등의 표현이 정확함.	[풀이과정] (A코스) = 9km 300m (B코스) = 4km 300m + 5km 800m = 10km 100m (C코스) = 4km 600m + 3km 800m = 8km 400m 8km 400m < 9km 300m < 10km 100m 입니다 [정답] (( )코스가 (8)km (400)m로 가장 짧은 거리입니다.
B (잘함)	• 문제 상황 및 문제 속에 내포된 km, m의 단위가 있는 길이의 합과 차를 바르게 이해함. • 문제의 조건을 바르게 이해하고, 문제해결에 필요한 올바른 정보(각 코스별 정상까지의 거리, 가장 짧은 거리를 구하는 것)를 선택하여 활용함. • 타당한 추론을 통해 문제해결에 알맞은 전략을 찾아 실행하고 있으나 답이 부정확함. a) 사소한 오차나 옮겨 쓰기 과정에 오류가 있음. b) 답을 쓰지 않음. • 답을 알아내는 전체 과정을 논리적으로 설명하고 있으나 약간의 비약을 포함하고 있음. (예: 각 코스의 전체 거리는 구하였으나 식을 세우지 않음 - B코스가 10km 100m, C코스가 8km 400m라고 구하였으나 구한 과정이 드러나지 않은 경우) • 문제해결과정에 사용된 수학적 용어 및 기호 등의 표현에서 약간의 오류를 나타냄(km, m의 단위를 쓰지 않음).	[풀이과정] A코스 = 9km 300m B코스 = 10km 100m C코스 = 8km 400m [정답] (C)코스가 (8)km (400)m로 가장 짧은 거리입니다.
C (보통)	• 문제 상황 및 문제 속에 내포된 km, m의 단위가 있는 길이의 합과 차를 부분적으로 이해함. • 문제의 조건을 바르게 이해하지 못하여 각 코스별 정상까지의 거리, 가장 짧은 거리를 구하는 것 중 일부분의 정보만을 선택하여 활용함. • 문제해결을 위한 알맞은 전략을 찾아 시도하고 있으나 타당하게 추론하지 못하거나 끝까지 실행하지 못하여 정답에 이르지 못함(식을 바르게 세웠으나 계산하는 과정에서 받아올림을 포함한 계산의 오류를 보인 경우). • 답을 알아내는 과정 설명에 비약이 많거나, 문제해결과정 없이 정답만 기술함. • 문제해결과정에 사용된 수학적 용어 및 기호 등의 사용에 오류 및 부정확한 표현이 많이 포함됨.	[풀이과정] 4km 300m + 5km 800m = 9km 1100m 3km 800m + 4km 600m = 7km 1400m [정답] (C)코스가 (7)km (400)m로 가장 짧은 거리입니다.
D (노력 요함)	• 문제 상황 및 문제 속에 내포된 km, m의 단위가 있는 길이의 합과 차를 이해하지 못함. • 문제의 조건을 이해하지 못하여 문제해결과 관련 없이 제시된 정보를 활용함. • 문제해결과정에 대한 설명이 불완전하거나 명료하지 않아 이해하기 어려움. • 문제해결을 전혀 시도하지 못함. a) 백지 또는 오답 이외에 아무것도 쓰지 않음. b) 문제와 관련없는 것만을 기술함.	[풀이과정] 9km 300m + 4km 300m = 13km 600m 13km 600m + 5km 800m = 19km 400m 19km 400m + 3km 800m = 23km 200m 23km 200m − 4km 600m 1km 800m [정답] (A)코스가 (18)km (800)m로 가장 짧은 거리입니다.

3학년 1학기 8. 길이와 시간 단원 3번 문항 | 측정

문 제

다음 송이의 일기를 보고 물음에 답하세요.

> 6월 9일 토요일 날씨: 맑음
> 선생님께서 내 주신 사회 조사 숙제를 하기 위하여 나는 미진이와 민수를 도서관 정문에서 ① 10시에 만나기로 했다. 나는 준비를 마치고 집에서 ② 9시 40분에 출발하였다. 도서관까지 가는 데 ③ 15분이 걸려서 ④ 9시 55분에 도착했다. 미진이는 내가 도착한 시간보다 ⑤ 15분 늦게 도착하였고, 민수는 약속시간보다 ⑥ 20분 늦게 도착하였다.

(1) 위의 일기에서 ①~⑥ 중 시각에는 □표, 시간에는 ○표를 하고, 시각과 시간의 다른 점을 설명해 보세요.

___

___

(2) 미진이와 민수가 도서관 정문에 도착한 시각은 언제인가요?

【미진】

【민수】

미진이는 (　　)시 (　　)분에 도착하였고, 민수는 (　　)시 (　　)분에 도착하였습니다.

3학년 1학기 8. 길이와 시간 단원 3번 문항 응답예시 | 측정

단계	평가내용	응답예시
A (매우 잘함)	• 문제 상황 및 문제 속에 내포된 시각과 시간의 개념을 바르게 이해함. • 문제의 조건을 바르게 이해하고, 문제해결에 필요한 올바른 정보(약속장소에 도착한 시각, 약속한 시각, 늦은 시간)를 선택하여 활용함. • 문제해결에 알맞은 전략을 찾아 바르게 실행하고, 문제의 조건에 맞게 바르게 답을 기술함((1), (2) 모두 비약이나 오류 없이 해결한 경우). • 전략수행과정이나 문제해결과정에서 타당한 추론을 통해 문제를 해결함. • 답을 알아내는 모든 단계나 과정을 명확하고 논리적으로 충분히 설명함. • 문제해결과정에 사용된 수학적 용어 및 기호 등의 표현이 정확함.	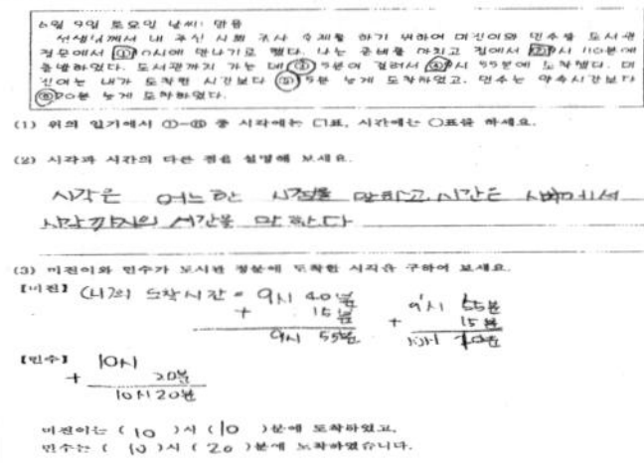
B (잘함)	• 문제 상황 및 문제 속에 내포된 시각과 시간의 개념을 바르게 이해함. • 문제의 조건을 바르게 이해하고, 문제해결에 필요한 올바른 정보(약속장소에 도착한 시각, 약속한 시각, 늦은 시간)를 선택하여 활용함. • 타당한 추론을 통해 문제해결에 알맞은 전략을 찾아 실행하고 있으나 답이 부정확함. a) 사소한 오차나 옮겨 쓰기 과정에 오류가 있음. b) 다른 문항은 옳게 기술하였으나 (1)에서 시각의 개념을 모호하게 기술함. (예: 멈춰 있는 시간, 시작한 시간 등) c) (2)에서 식을 바르게 세우고 옳게 문제를 풀었으나 답을 옮기는 과정에서 오류가 있음. d) 답을 쓰지 않음. • 답을 알아내는 전체 과정을 논리적으로 설명하고 있으나 약간의 비약을 포함하고 있음. • 문제해결과정에 사용된 수학적 용어 및 기호 등의 표현에서 약간의 오류를 나타냄.	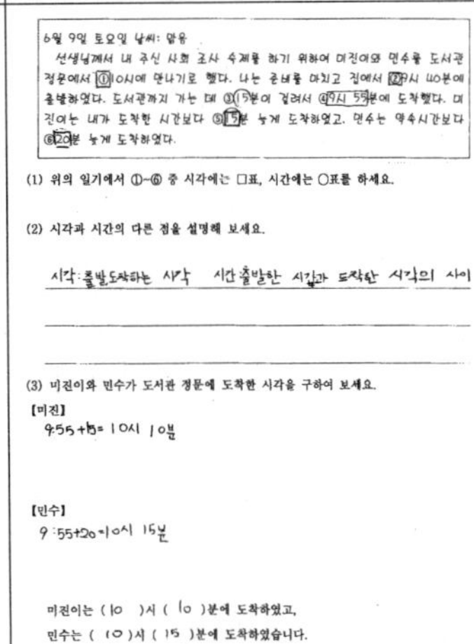
C (보통)	• 문제 상황 및 문제 속에 내포된 시각과 시간의 개념을 부분적으로 이해함. • 문제의 조건을 바르게 이해하지 못하여 약속장소에 도착한 시각, 약속한 시각, 늦은 시간 중 일부분의 정보만을 선택하여 활용함. • 문제해결을 위한 알맞은 전략을 찾아 시도하고 있으나 타당하게 추론하지 못하거나 끝까지 실행하지 못하여 정답에 이르지 못함. (예: (2)에서 식을 잘못 세우거나 계산을 실수하여 정답을 구하지 못한 경우) • 답을 알아내는 과정 설명에 비약이 많거나 (2)에서 문제해결과정 없이 정답만 기술함. • 문제해결과정에 사용된 수학적 용어 및 기호 등의 사용에 오류 및 부정확한 표현이 많이 포함됨.	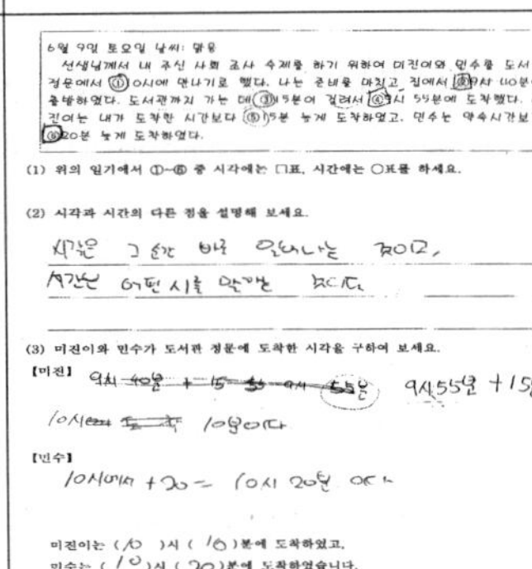
D (노력 요함)	• 문제 상황 및 문제 속에 내포된 시각과 시간의 개념을 이해하지 못함. • 문제의 조건을 이해하지 못하여 문제해결과 관련 없이 제시된 정보를 활용함. • 문제해결과정에 대한 설명이 불완전하거나 명료하지 않아 이해하기 어려움. • 문제해결을 전혀 시도하지 못함. a) 백지 또는 오답 이외에 아무것도 쓰지 않음. b) 문제와 관련없는 것만을 기술함.	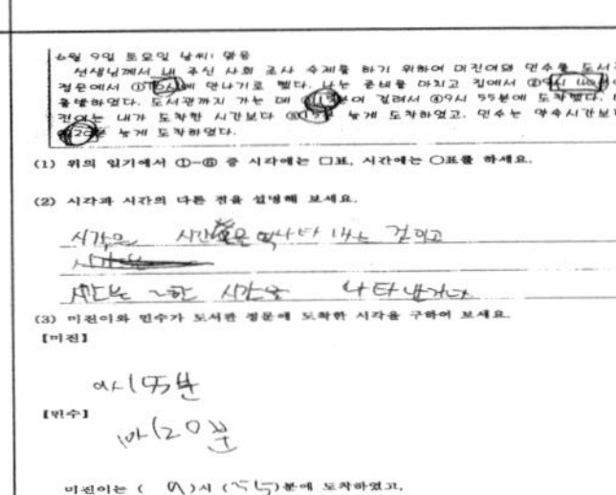

문 제

다음은 수빈이네 반 학생 30명이 크리스마스 선물로 받고 싶어 하는 것을 조사하여 나타낸 것입니다.

선물 종류	학용품	스마트폰	문화상품권	옷	애완동물	합계
학생 수(명)	3		6		4	30

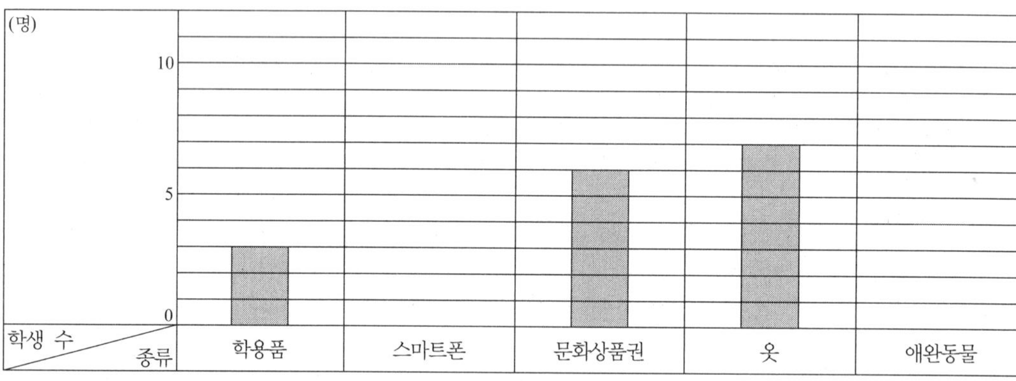

<크리스마스 선물로 받고 싶은 선물>

(1) 표와 그래프의 빈 칸을 채워 보세요.

(2) 문화상품권을 선물로 받고 싶어 하는 학생은 모두 몇 명인가요? 이 물음에 답할 때 표와 그래프 중 어느 것을 이용하는 것이 편리했나요?

학생 수는 (　　)명이고, (　　　　　)를(을) 이용하는 것이 편리하였습니다.

(3) 가장 많은 학생들이 선물로 받고 싶어 하는 선물은 무엇인가요? 이 물음에 답할 때 표와 그래프 중 어느 것이 답하기 편리했나요?

가장 많은 학생들이 받고 싶어 하는 선물은 (　　　　)이고, (　　　　)를(을) 이용하는 것이 편리하였습니다.

(4) (2), (3)을 통해서 표와 그래프의 특징을 정리하였습니다. 빈 칸에 들어갈 알맞은 말을 쓰세요.

표는 ______________________________ 쉽게 알 수 있고,

막대그래프는 ______________________________ 편리하다.

단계	평가내용	응답예시
A (매우 잘함)	• 표와 그래프의 특징을 파악하기 위한 문제의 의미를 바르게 이해함. • 제시된 문제 상황에서 문제해결에 적절한 정보(표와 그래프에서 주어진 자료, 각각의 경우에 이용하면 편리한 것이 무엇인지를 묻는 것)를 바르게 선택하여 활용함. • 표와 그래프의 주어진 자료를 보고 빈 칸에 알맞은 수를 바르게 구하고, 표와 그래프의 특징을 파악하여 문제에서 주어진 상황에서 이용하면 편리한 것이 무엇인지를 바르게 설명함. • 전략수행과정이나 문제해결과정에서 타당한 추론을 통해 문제를 해결함. (예: 표의 '스마트폰' 칸에 알맞은 수를 구하기 위하여 합계의 수를 이용함) • 답을 알아내는 모든 단계나 과정을 명확하고 논리적으로 충분히 설명함. • 문제해결과정에 사용된 수학적 용어 및 기호 등의 표현이 정확함.	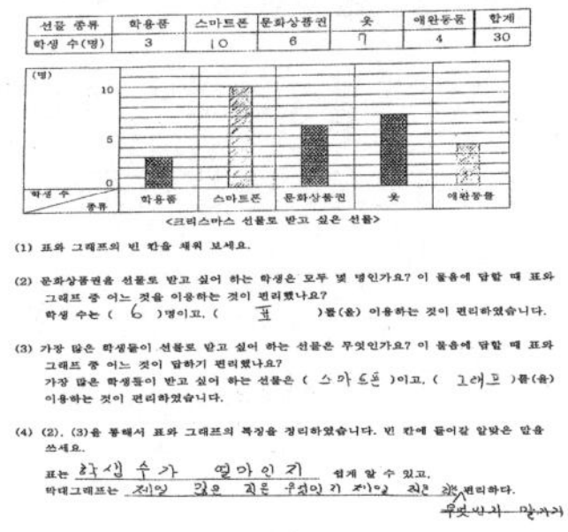
B (잘함)	• 표와 그래프의 특징을 파악하기 위한 문제의 의미를 바르게 이해함. • 제시된 문제 상황에서 문제해결에 적절한 정보(표와 그래프에서 주어진 자료, 각각의 경우에 이용하면 편리한 것이 무엇인지를 묻는 것)를 선택하여 활용함. (예: 표의 '스마트폰' 칸에 알맞은 수를 구하기 위하여 합계의 수를 이용함) • 타당한 추론을 통하여 표와 그래프의 주어진 자료를 보고 빈 칸에 알맞은 수를 바르게 구하고 표와 그래프의 특징을 파악하여 문제에서 주어진 상황에서 이용하면 편리한 것이 무엇인지를 바르게 골랐으나, 표와 그래프의 특징을 설명하는 과정에서 약간의 비약을 포함하고 있음. a) 옮겨 쓰기 과정에 오류가 있음. b) 계산 과정은 있으나 답을 쓰지 않음. • 문제해결과정에 사용된 수학적 용어 및 기호 등의 표현에서 약간의 오류를 나타냄.	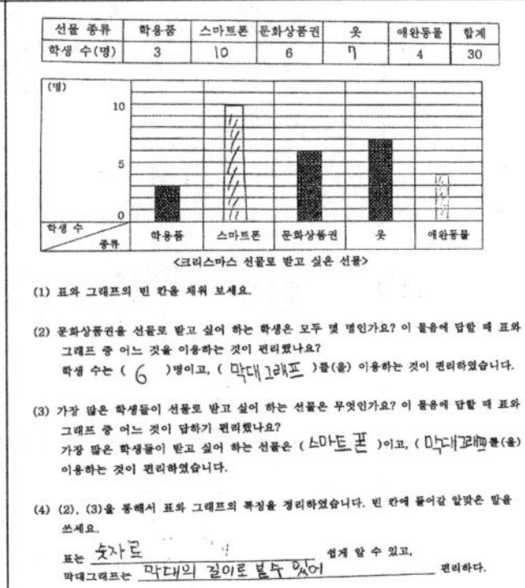
C (보통)	• 표와 그래프의 특징을 파악하기 위한 문제의 의미를 부분적으로 이해함. • 제시된 문제 상황에서 문제해결에 적절한 정보(표와 그래프에서 주어진 자료, 각각의 경우에 이용하면 편리한 것이 무엇인지를 묻는 것) 중 일부만을 선택하여 활용함. (예: 표의 '스마트폰' 칸에 알맞은 수를 구하기 위하여 합계의 수를 이용해야 하는데 이를 이용하지 못함) • 표와 그래프의 주어진 자료를 보고 빈 칸에 알맞은 수를 구하는 과정에서 오류가 있음. • 표와 그래프 중 문제에서 주어진 상황에서 이용하면 편리한 것이 무엇인지를 골랐으나, 타당하게 추론하지 못하거나 표와 그래프의 특징을 설명하는 과정에서 비약이 많음. • 문제해결과정에 사용된 수학적 용어 및 기호 등의 사용에 오류 및 부정확한 표현이 많이 포함됨.	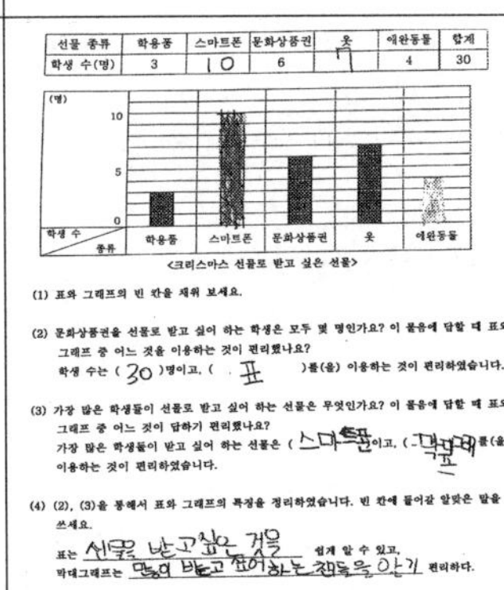
D (노력 요함)	• 표와 그래프의 특징을 파악하기 위한 문제의 의미를 이해하지 못함. • 문제의 조건을 이해하지 못하여 문제해결과 관련 없이 제시된 숫자들을 무의미하게 활용함. (예: - 표에 무의미한 숫자를 나열한 경우 - 관계 없는 그래프를 그린 경우) • 문제해결과정에 대한 설명이 불완전하거나 명료하지 않아 이해하기 어려움. • 문제해결을 전혀 시도하지 못함. a) 백지 또는 오답 이외에 아무것도 쓰지 않음. b) 문제와 관련 없는 것만을 기술함.	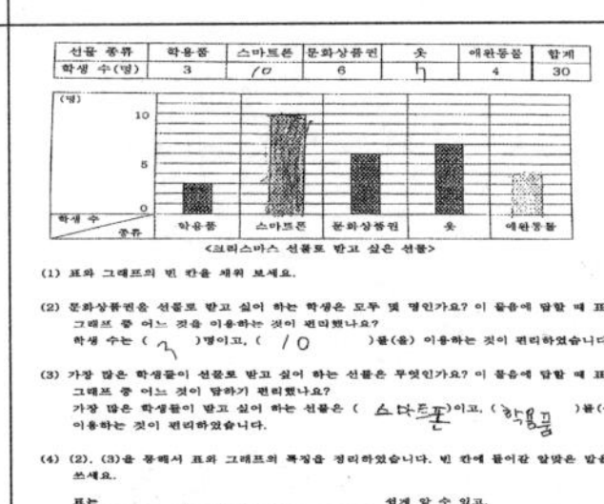

문 제

다음은 마을별로 모은 폐품의 무게를 나타낸 표와 그림그래프입니다.  1개가 나타내는 폐품의 무게는 몇 kg인지 구하고, 그림그래프를 완성하세요.

마을 이름	장미 마을	진달래 마을	목련 마을	백합 마을
폐품의 무게(kg)	15	17	22	4

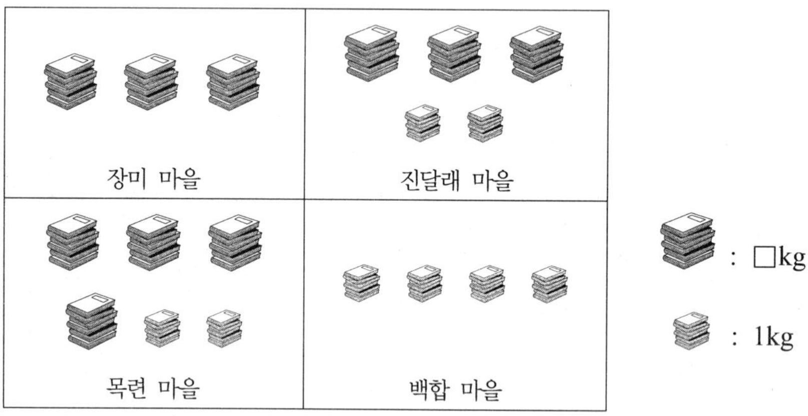

〈마을별로 모은 폐품의 무게〉

풀이과정

정 답

 1개가 나타내는 폐품의 무게는 (　　)kg입니다.

3학년 2학기 | 7. 자료와 정리 단원 2번 문항 응답예시 | 확률과 통계

단계	평가내용	응답예시
A (매우 잘함)	• 그림그래프를 나타내야 할 문제 상황 및 문제 속에 내포된 그림그래프의 의미를 바르게 이해함. • 제시된 문제 상황에서 문제해결에 적절한 정보(15kg을 큰 그림 3개로 나타내고, 5kg은 작은 그림 1개로 나타냄)를 바르게 선택하여 활용함. • 15kg을 큰 그림 3개로 나타낸 것을 이용하여 큰 그림 한 개가 나타내는 폐품의 무게를 바르게 구하고, 이를 이용하여 나머지 그림그래프를 바르게 완성함. • 전략수행과정이나 문제해결과정에서 타당한 추론을 통해 하나의 큰 그림이 나타내는 무게를 바르게 구하여 문제를 해결함. • 답을 알아내는 모든 단계나 과정을 명확하고 논리적으로 충분히 설명함. • 문제해결과정에 사용된 수학적 용어 및 기호 등의 표현이 정확함.	【풀이과정】 창이 마을 폐품의 무게=15kg이다. 그런데 큰 책이 3개 있기 때문에 15kg÷3=5kg가 된다. 【정답】 1개가 나타내는 폐품의 무게는 (5)kg입니다.
B (잘함)	• 그림그래프를 나타내야 할 문제 상황 및 문제 속에 내포된 그림그래프의 의미를 바르게 이해함. • 제시된 문제 상황에서 문제해결에 적절한 정보(15kg을 큰 그림 3개로 나타내고, 5kg은 작은 그림 1개로 나타냄)를 선택하여 활용함. • 타당한 추론을 통하여 15kg을 큰 그림 3개로 나타낸 것을 이용하여 큰 그림 한 개가 나타내는 폐품의 무게를 바르게 구하였으나, 이를 이용하여 그림그래프를 완성하지 못함. a) 옮겨 쓰기 과정에 오류가 있음. b) 계산 과정은 있으나 답을 쓰지 않음. • 답을 알아내는 전체 과정을 논리적으로 설명하고 있으나 약간의 비약을 포함하고 있음. • 문제해결과정에 사용된 수학적 용어 및 기호 등의 표현에서 약간의 오류를 나타냄.	【풀이과정】 표를 보고 알수 있다. 【정답】 1개가 나타내는 폐품의 무게는 (5)kg입니다.
C (보통)	• 그림그래프를 나타내야 할 문제 상황 및 문제 속에 내포된 그림그래프의 의미를 부분적으로 이해함. • 제시된 문제 상황에서 문제해결에 적절한 정보(15kg을 큰 그림 3개로 나타내고, 5kg은 작은 그림 1개로 나타냄) 중 일부만을 선택하여 활용함. (예: 큰 그림이 나타내는 무게는 찾았으나 작은 그림이 나타내는 무게를 발견하지 못함) • 15kg을 큰 그림 3개로 나타낸 것을 이용하여 큰 그림 한 개가 나타내는 폐품의 무게를 구하려 하나, 타당하게 추론하지 못하거나 끝까지 실행하지 못하여 정답에 이르지 못함. a) 식을 세워 계산하는 과정에 오류가 있음. • 답을 알아내는 과정 설명에 비약이 많거나, 문제해결과정 없이 정답만 기술함. • 문제해결과정에 사용된 수학적 용어 및 기호 등의 사용에 오류 및 부정확한 표현이 많이 포함됨.	【풀이과정】 1kg그림이 10개모이면 10kg이다. 【정답】 1개가 나타내는 폐품의 무게는 (10)kg입니다.
D (노력 요함)	• 그림그래프를 나타내야 할 문제 상황 및 문제 속에 내포된 그림그래프의 의미를 이해하지 못함. • 문제의 조건을 이해하지 못하여 문제해결과 관련 없이 제시된 숫자들을 무의미하게 활용함. • 문제해결과정에 대한 설명이 불완전하거나 명료하지 않아 이해하기 어려움. (예: 큰 그림 하나가 의미하는 바를 설명하지 않고 그래프만 완성한 경우) • 문제해결을 전혀 시도하지 못함. a) 백지 또는 오답 이외에 아무것도 쓰지 않음. b) 문제와 관련 없는 것만을 기술함.	【풀이과정】 【정답】 1개가 나타내는 폐품의 무게는 (318)kg입니다.

3학년 2학기 8. 규칙 찾기와 문제해결 단원 1번 문항 | 규칙성과 문제해결

문 제

다음은 일정한 규칙을 따라 무늬를 늘어놓은 것입니다. 20번째에 놓일 무늬는 어떤 모양인지 검은색 동그라미가 놓일 위치를 고르고, 그렇게 생각하는 이유를 설명해 보세요.

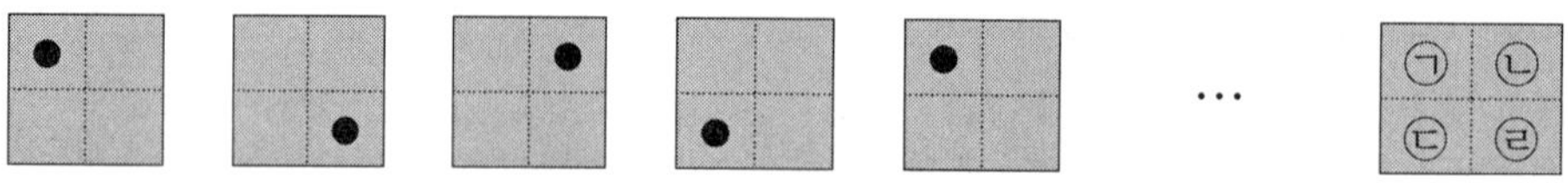

첫 번째 두 번째 세 번째 네 번째 다섯 번째 20번째

정 답

【그렇게 생각하는 이유】

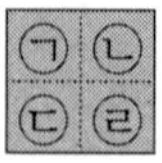

20번째에는 기호 (   )의 위치에 검은색 동그라미가 놓일 것이다.

단계	평가내용	응답예시
A (매우 잘함)	• 규칙을 찾는 문제 상황을 바르게 이해함. • 제시된 문제 상황에서 문제해결에 적절한 정보(네 개씩 반복되는 그림, 20번째 놓일 그림을 구해야 하는 것)를 바르게 선택하여 활용함. • 반복되는 그림의 규칙을 찾고, 규칙에 따라 20번째에 놓일 그림을 찾아 바르게 표시함. • 전략수행과정이나 문제해결과정에서 타당한 추론을 통해 반복되는 규칙을 바르게 찾아 문제를 해결함. • 답을 알아내는 모든 단계나 과정을 명확하고 논리적으로 충분히 설명함. • 문제해결과정에 사용된 수학적 용어 및 기호 등의 표현이 정확함.	[그렇게 생각하는 이유] 첫 번째 다섯 번째, 아홉 번 째, 열세번 째, 열 일곱 번째는 같다. 따라서 네번째, 여덟번째, 열두번째, 열여섯번째, 스무번째가 같다. 그러기 때문에 ㉢이다. [정답] ■ 20번째에는 기호 (㉢)의 위치에 검은색 동그라미가 놓일 것이다.
B (잘함)	• 규칙을 찾는 문제 상황을 바르게 이해함. • 제시된 문제 상황에서 문제해결에 적절한 정보(네 개씩 반복되는 그림, 20번째 놓일 그림을 구해야 하는 것)를 선택하여 활용함. • 타당한 추론을 통하여 반복되는 그림의 규칙을 찾고, 규칙에 따라 20번째에 놓일 그림을 찾아 바르게 표시하였으나, 약간의 오류가 있음. (예: - '4씩 더한다.', '4×5=20' 등 설명에 약간의 비약을 포함하고 있는 경우 - 설명은 바르게 했으나 옮겨 쓰기 과정에서 오류가 있는 경우) • 답을 알아내는 전체 과정을 논리적으로 설명하고 있으나 약간의 비약을 포함하고 있음. • 문제해결과정에 사용된 수학적 용어 및 기호 등의 표현에서 약간의 오류를 나타냄.	[그렇게 생각하는 이유] 규칙대로 계속해 면 면 ㉢ 가 나온다 [정답] ■ 20번째에는 기호 (㉢)의 위치에 검은색 동그라미가 놓일 것이다.
C (보통)	• 규칙을 찾는 문제 상황을 부분적으로 이해함. • 제시된 문제 상황에서 문제해결에 적절한 정보(네 개씩 반복되는 그림, 20번째 놓일 그림을 구해야 하는 것) 중 일부만을 선택하여 활용함. • 반복되는 그림의 규칙을 찾았으나, 타당하게 추론하지 못하였거나 끝까지 실행하지 못하여 정답에 이르지 못함. (예: - 그림으로 반복되는 규칙을 나타내다가 도중에 멈춤 - 4씩 더하는 규칙을 찾아 식으로 나타내었으나 끝까지 실행하지 못함) • 답을 알아내는 과정 설명에 비약이 많거나, 문제해결과정 없이 정답만 기술함. (예: 과정 설명에 단순히 '규칙이 보여서' 라고 기술한 경우 등) • 문제해결과정에 사용된 수학적 용어 및 기호 등의 사용에 오류 및 부정확한 표현이 많이 포함됨.	[그렇게 생각하는 이유] ㄱ, 첫번째랑 다섯번째가 똑같으니 ㄱ가 20÷5=4 이여서 ㄱ이라고 생각한다 [정답] ■ 20번째에는 기호 (ㄱ)의 위치에 검은색 동그라미가 놓일 것이다.
D (노력 요함)	• 규칙을 찾는 문제 상황을 이해하지 못함. • 문제의 조건을 이해하지 못하여 문제해결과 관련 없이 무의미한 그림을 그리거나 기술을 함. (예: 20까지 세어본다 등) • 문제해결과정에 대한 설명이 불완전하거나 명료하지 않아 이해하기 어려움. (예: 네 번째에 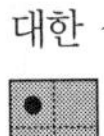 그림이 놓이니 20번째에도  그림이 놓인다 등) • 문제해결을 전혀 시도하지 못함. a) 백지 또는 오답 이외에 아무것도 쓰지 않음. b) 문제와 관련 없는 것만을 기술함.	[그렇게 생각하는 이유] 동그라미가 ∧∧∧∧∧∧∧∧ 이렇게 가기 때문이다. [정답] ■ 20번째에는 기호 (ㄹ)의 위치에 검은색 동그라미가 놓일 것이다.

3학년 2학기 | 8. 규칙 찾기와 문제해결 단원 3번 문항 | 규칙성과 문제해결

문 제

다음은 어느 해의 12월 달력입니다. 다음 물음에 답하세요.

12월

일	월	화	수	목	금	토
		1	2	3	4	5
6	7	8	9	10	11	12
13	14	15	16	17	18	19
20	21	22	23	24	25	26
27	28	29	30	31		

(1) 현서네 학교는 12월 23일에 방학하여 다음 해 2월 3일에 개학식을 합니다. 개개학식을 하는 날은 무슨 요일인가요?

풀이과정

정 답

개학식을 하는 2월 3일은 (　　)요일입니다.

(2) 현서는 방학 동안 매주 금요일마다 스키 강습에 참여하기로 하였습니다. 현서는 스키 강습에 몇 번 참여할 수 있나요?

풀이과정

정 답

현서는 방학동안 스키 강습에 (　　)번 참여하였습니다.

3학년 2학기 8. 규칙 찾기와 문제해결 단원 3번 문항 응답예시 | 규칙성과 문제해결

단계	평가내용	응답예시
A (매우 잘함)	• 문제 상황을 이해하고 예상과 확인으로 문제를 해결하는 전략을 바르게 실행함. • 제시된 문제 상황에서 문제해결에 적절한 정보(12월 23일에 방학하여 다음 해 2월 3일에 개학식을 함, 12월 달력, 금요일마다 스키강습을 함)를 선택하여 활용함. • 같은 요일이 7일마다 반복되므로 이를 이용하여 1월과 2월의 요일을 예상하여 개학식을 하는 날이 어떤 요일인지를 구하고, 방학 동안 금요일이 몇 번 반복되는지를 바르게 구함. • 전략수행과정이나 문제해결과정에서 7일마다 같은 요일이 반복되는 것을 이용하여 타당한 추론을 통해 문제를 해결함. • 답을 알아내는 모든 단계나 과정을 명확하고 논리적으로 충분히 설명함. • 문제해결과정에 사용된 수학적 용어 및 기호 등의 표현이 정확함.	(1) 현서네 학교는 12월 23일에 방학하여 다음 해 2월 3일에 개학식을 합니다. 개학식을 하는 날은 무슨 요일인가요? 【풀이과정】 1월 1일은 금요일 입니다 그리고 8, 15, 22, 29일에서 2일 더한다 그럼 31일이다 일요일은 1월 31일 월 화 수 이렇게 3일 되는 수요일이다 【정답】 개학식을 하는 2월 3일은 (수)요일입니다. 수요일이다 (2) 현서는 방학 동안 매주 금요일마다 스키 강습에 참여하기로 하였습니다. 현서가 스키 강습에 참여하는 횟수는 몇 번인지 구하여 보세요. 【풀이과정】 23일 부터 시작한 방학 12월 25일, 1월 1일, 8일, 15일, 22일 29일 이렇게 있다 그래서 6번이다 【정답】 현서는 방학동안 스키강습에 (6)번 참여하였습니다.
B (잘함)	• 문제 상황을 이해하고 예상과 확인으로 문제를 해결하는 전략을 바르게 실행함. • 제시된 문제 상황에서 문제해결에 적절한 정보(12월 23일에 방학하여 다음 해 2월 3일에 개학식을 함, 12월 달력, 금요일마다 스키강습을 함)를 선택하여 활용함. • 타당한 추론을 통하여 같은 요일이 7일마다 반복되므로 이를 이용하여 1월과 2월의 요일을 예상하여 개학식을 하는 날이 어떤 요일인지를 구하고, 방학 동안 금요일이 몇 번 반복되는지를 바르게 구하였으나 약간의 오류가 있음. a) 옮겨 쓰기 과정에 오류가 있음. b) 계산 과정은 있으나 답을 쓰지 않음. • 답을 알아내는 전체 과정을 논리적으로 설명하고 있으나 약간의 비약을 포함하고 있음. (예: 같은 요일인 날짜를 나열하였으나 7일마다 같은 요일이 반복된다는 설명이 없는 경우) • 문제해결과정에 사용된 수학적 용어 및 기호 등의 표현에서 약간의 오류를 나타냄.	(1) 현서네 학교는 12월 23일에 방학하여 다음 해 2월 3일에 개학식을 합니다. 개학식을 하는 날은 무슨 요일인가요? 【풀이과정】 7씩 더해서 찾는다 【정답】 개학식을 하는 2월 3일은 (수)요일입니다. (2) 현서는 방학 동안 매주 금요일마다 스키 강습에 참여하기로 하였습니다. 현서가 스키 강습에 참여하는 횟수는 몇 번인지 구하여 보세요. 【풀이과정】 26, 2, 9, 16, 23, 30 【정답】 현서는 방학동안 스키강습에 (6)번 참여하였습니다.
C (보통)	• 문제 상황을 부분적으로 이해하고 예상과 확인으로 문제를 해결하는 전략을 부분적으로 실행함. • 제시된 문제 상황에서 문제해결에 적절한 정보(12월 23일에 방학하여 다음 해 2월 3일에 개학식을 함, 12월 달력, 금요일마다 스키강습을 함) 중 일부만을 선택하여 활용하거나 혼동하여 사용함. (예: - 방학하는 12월 23일의 요일을 잘못 보고 활용함 - 1월이 31일까지 있는 것을 고려하지 못함 - 1월 3일의 요일을 구한 경우) • 타당하게 추론하지 못하였거나 끝까지 실행하지 못함. (예: - 같은 요일이 7일마다 반복된다는 사실을 이용하여 1월과 2월의 요일을 예상하여 개학식을 하는 날이 어떤 요일인지를 구하지 못함 - 방학 동안 금요일이 몇 번 반복되는지를 구하지 못함) • 답을 알아내는 과정 설명에 비약이 많거나, 문제해결과정 없이 정답만 기술함. (예: 7씩 더한다) • 문제해결과정에 사용된 수학적 용어 및 기호 등의 사용에 오류 및 부정확한 표현이 많이 포함됨.	(1) 현서네 학교는 12월 23일에 방학하여 다음 해 2월 3일에 개학식을 합니다. 개학식을 하는 날은 무슨 요일인가요? 【풀이과정】 12월 23일에서 일주일 다음 31일 날 금요일이니 1월 1일은 토요일이다 【정답】 개학식을 하는 2월 3일은 (수)요일입니다. (2) 현서는 방학 동안 매주 금요일마다 스키 강습에 참여하기로 하였습니다. 현서가 스키 강습에 참여하는 횟수는 몇 번인지 구하여 보세요. 【풀이과정】 금요일 1월 1일, 8일, 15일, 22일, 29일, 【정답】 현서는 방학동안 스키강습에 (5)번 참여하였습니다.
D (노력 요함)	• 문제 상황을 부분적으로 이해하고 예상과 확인으로 문제를 해결하는 전략을 실행하지 못함. • 문제의 조건을 이해하지 못하여 문제해결과 관련 없이 제시된 숫자들을 무의미하게 활용함. (예: 요일을 예상하였으나 무의미한 요일의 나열에 그치는 경우 등) • 문제해결과정에 대한 설명이 불완전하거나 명료하지 않아 이해하기 어려움. (예: 하나씩 해봤을 때 수요일이다 등) • 문제해결을 전혀 시도하지 못함. a) 백지 또는 오답 이외에 아무것도 쓰지 않음. b) 문제와 관련 없는 것만을 기술함.	【풀이과정】 2월 달 【정답】 개학식을 하는 2월 3일은 (목)요일입니다. (2) 현서는 방학 동안 매주 금요일마다 스키 강습에 참여하기로 하였습니다. 현서가 스키 강습에 참여하는 횟수는 몇 번인지 구하여 보세요. 【풀이과정】 【정답】 현서는 방학동안 스키강습에 ( )번 참여하였습니다.

부록

3-1 1. 10000까지의 수
네 자리 수의 크기 비교

3학년 반 번
이름:

문 제

운동회에서 행운권 추첨을 하려고 합니다. 다음의 행운권 번호 중에서 가장 큰 숫자를 가진 사람이 당첨되었습니다.

1052	1120	1025	1120
<선영>	<민석>	<수빈>	<정현>

(1) 당첨된 어린이는 누구인가요? (　　　　)

(2) (1)과 같이 생각한 이유를 설명해 보세요.

3-1 1. 10000까지의 수
자릿값의 이해, 네 자리 수의 크기 비교

3학년 반 번
이름:

문 제

은태와 정희는 숫자 카드를 이용하여 숫자 만들기 놀이를 하고 있습니다. 이 놀이는 `0~9까지의 숫자 카드 중 각각 4개의 숫자 카드를 뽑아 두 번째로 큰 수를 만들었을 때, 그 숫자가 큰 어린이가 이기는 놀이입니다. 은태와 정희가 뽑은 숫자 카드가 아래와 같다면, 놀이에서 이긴 어린이는 누구인가요?

은태	정희
5 6 8 9	2 6 8 9

(1) 은태와 정희가 각각 만든 두 번째로 큰 수는 무엇인가요?

은태 ( ), 정희 ( )

(2) 놀이에서 이긴 어린이는 누구인가요? (1)에서 답한 두 수를 비교하여 그렇게 생각하는 이유를 설명해 보세요.

놀이에서 이긴 어린이는 ( )입니다.

3-1 1. 10000까지의 수
네 자리 수 뛰어 세기

3학년 반 번
이름:

문 제

다음은 수를 일정한 규칙에 따라 쓴 수 배열표입니다. 아래의 수 배열표에는 어떤 규칙이 있는지 찾아보고, ㉠에 들어갈 수를 찾아보세요.

4137	4138	4139	4140	4141	4142	4143	4144
4157	4158	4159	4160	4161	4162	4163	4164
4177							
				㉠			

(1) ㉠에 들어갈 수는 얼마인가요? (   )

(2) 위의 수 배열표에 담긴 규칙을 사용하여 ㉠에 들어갈 수를 찾은 방법을 설명해 보세요.

3-1 2. 덧셈과 뺄셈
받아올림이 있는 세 자리 수의 덧셈

3학년 반 번
이름:

문 제

미현이는 엄마의 집안일을 도와드리면 다음과 같이 용돈을 받습니다.

종류	신발 정리하기 	쓰레기봉투 버리기 	식사 전 상 차리기 돕기 	책꽂이 정리하기 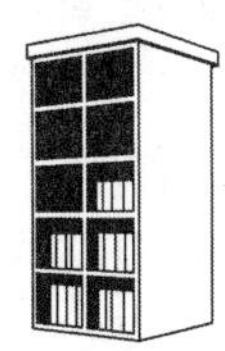	화분 물주기 
용돈	500원	650원	450원	800원	250원

미현이가 3월 첫째 주에 신발 정리하기, 둘째 주에 쓰레기봉투 버리기, 셋째 주에 책꽂이 정리하기, 넷째 주에 식사 전 상 차리기 돕기를 각각 한 번씩 했다면, 4주 동안 미현이가 받는 용돈은 모두 얼마일까요?

풀이과정

정 답

미현이가 4주 동안 받을 용돈은 모두 ( )원입니다.

3-1 2. 덧셈과 뺄셈
받아내림이 있는 세 자리 수의 뺄셈

3학년 반 번
이름:

문 제

우리나라 초등학생들의 학년별 평균키는 아래와 같습니다. 2학년 남학생인 성민이의 키는 132cm, 3학년 여학생인 성연이의 키는 129cm입니다. 성민이와 성연이는 학년별 평균키와 비교했을 때, 각각 얼마나 크고 작습니까?

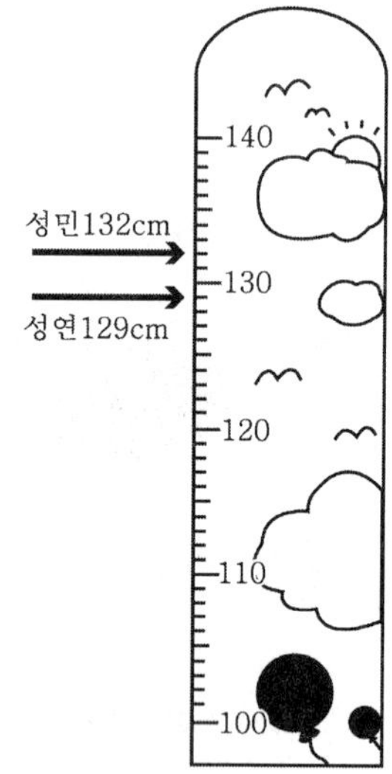

〈2010년 학년별 평균키(단위: cm)〉

	남자	여자
초등1학년	121	120
초등2학년	128	126
초등3학년	134	132
초등4학년	138	137
초등5학년	144	145
초등6학년	151	152

풀이과정

(1) 성민

(2) 성연

정 답

성민이의 키는
2학년 남학생의 평균키보다
(   )cm (큽니다 , 작습니다.)

성연이의 키는
3학년 여학생의 평균키보다
(   )cm (큽니다 , 작습니다.)

3-1 2. 덧셈과 뺄셈

받아올림이 있는 세 자리 수의 덧셈

3학년 반 번

이름:

문 제

조선시대에는 한지로 장부를 만들어 사용하였습니다. 어느 날 한 상인이 장부를 펼쳐보니 벌레가 한지를 갉아 먹어 장부의 일부분이 사라졌습니다. 상인이 어제 엿을 판 돈, 오늘 엿을 판 돈, 어제와 오늘의 이틀 동안 엿을 판 돈은 모두 얼마인가요?

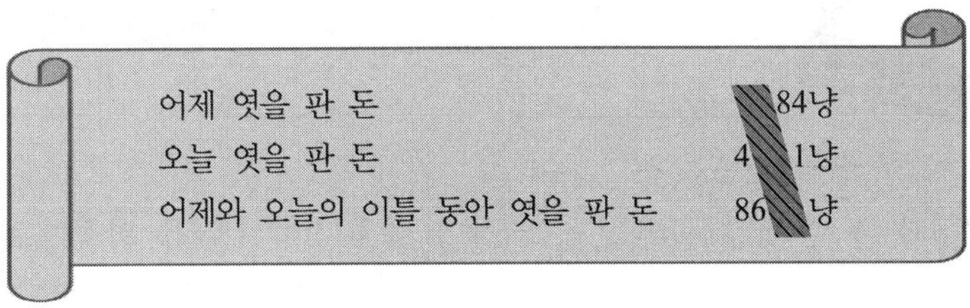

풀이과정

정 답

어제 엿을 판 돈은(　　　)냥, 오늘 엿을 판 돈은 (　　　)냥,

어제와 오늘의 이틀 동안 엿을 판 돈은 (　　　)냥입니다.

3-1 3. 평면도형
직각의 이해

3학년 반 번
이름:

문 제

우리 주변의 물건에는 직각인 부분이 많이 있습니다.

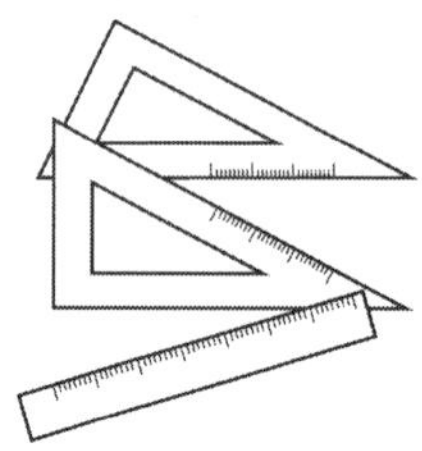
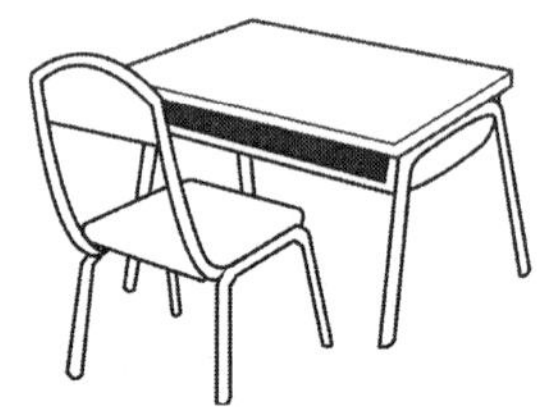

(1) 우리 주변에서 볼 수 있는 물건들 중 직각인 것을 찾아 문장을 만들어 보세요.

____

____

____

(2) 시계의 두 바늘이 이루는 각도 직각이 되는 때가 있습니다. 시계의 두 바늘이 이루는 각이 직각일 때가 언제인지 쓰고, 그 시각을 시계에 나타내 보세요. (단, 정각을 나타내는 시각을 쓰세요.)

(   )시　　　　(   )시

3-1 3. 평면도형

직사각형의 이해

3학년 반 번

이름:

문 제

선정이는 집에서 아래와 같이 물건들을 찾아, 물건들의 공통적인 특징을 찾아보려고 합니다.

<책의 표지>

<액자>

<책상의 윗면>

(1) 선정이가 찾은 물건들의 공통적인 모양은 어떤 도형과 가장 비슷한가요?

( )

(2) (1)에서 답한 도형의 특징을 <u>2가지 이상</u> 쓰세요.

3-1 3. 평면도형
직각삼각형의 이해

3학년　　반　　번

이름:

문 제

다음 도형에서 찾을 수 있는 크고 작은 직각삼각형은 모두 몇 개인지 알아보려고 합니다.

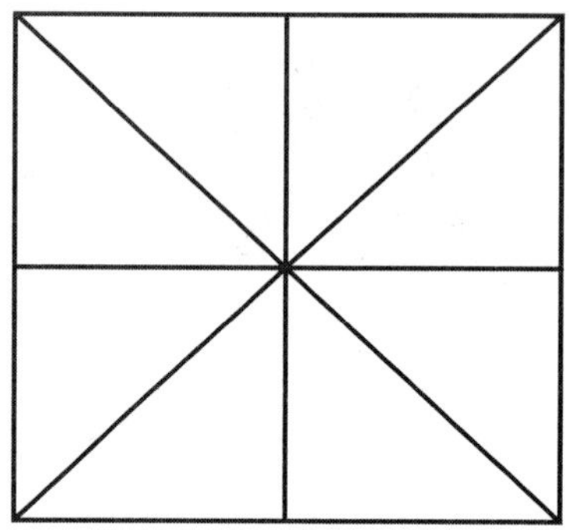

(1) 작은 직각삼각형 1개로 이루어진 직각삼각형()은 몇 개 찾을 수 있나요?

(　　　　　　　　)

(2) 작은 직각삼각형 2개로 이루어진 직각삼각형(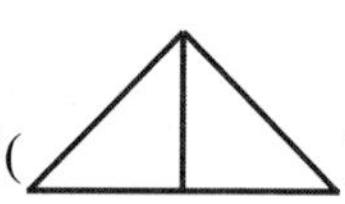)은 몇 개 찾을 수 있나요?

(　　　　　　　　)

(3) 작은 직각삼각형 4개로 이루어진 직각삼각형(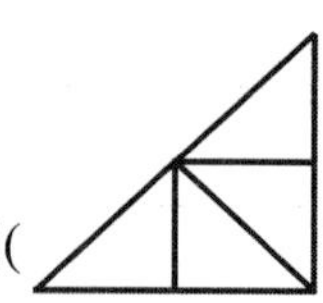)은 몇 개 찾을 수 있나요?

(　　　　　　　　)

(4) 크고 작은 직각삼각형은 모두 몇 개인가요?

(　　　　　　　　)

(5) 다른 삼각형과 비교할 때 직각삼각형만의 특징을 쓰세요.

3-1 4. 나눗셈
동수누감 나눗셈식, 등분 나눗셈식

3학년 반 번
이름:

문 제

영서네 반에서는 오늘 과자파티를 하기로 하였습니다. 영서는 가져온 16개의 파이를 모둠원들과 나누어 먹으려고 합니다.

(1) 파이 16개를 똑같이 4개씩 나누려고 합니다. 4개씩 묶어 덜어 내는 그림을 그리고, 뺄셈식을 완성해 보세요.

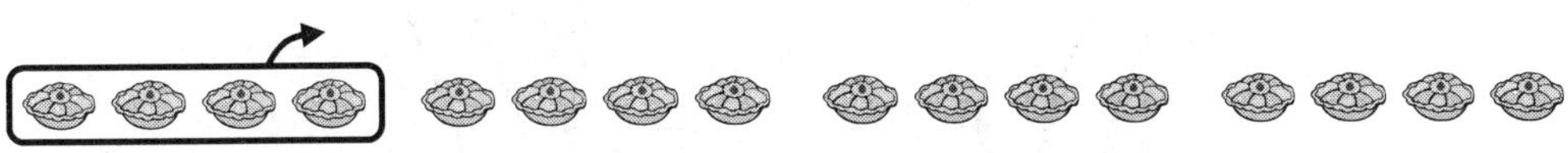

16 − (   ) − (   ) − (   ) − (   ) = 0

(2) 파이 16개를 4명이 똑같이 나누는 그림을 그리세요. (파이 그림은 동그라미로 표현하세요.)

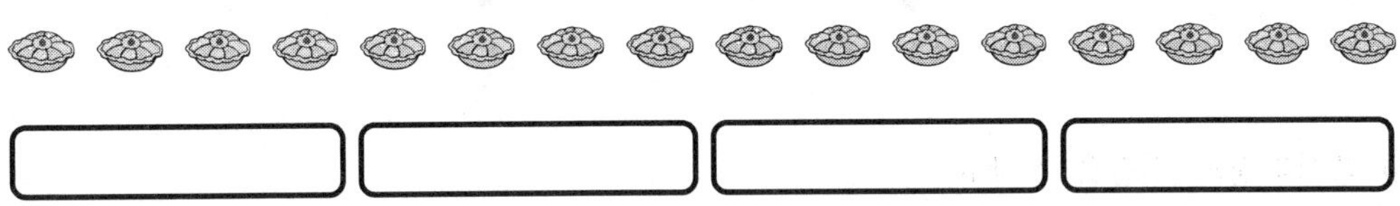

(3) 다음 식을 보고 (1)번 문제와 같이 똑같이 묶어 덜어 내는 나눗셈 문장을 만들어 보세요.

$$20 \div 5 = 4$$

____

____

____

3-1 4. 나눗셈
나눗셈을 활용한 문제해결

3학년 반 번
이름:

문 제

할아버지 생신을 축하하기 위해 모이신 분들을 모두 세어 보니 36명입니다. 4명씩 한 테이블에 모여서 식사를 한다면, 모두 몇 개의 테이블이 필요할까요?

(1) 풀이과정과 정답을 쓰세요.

풀이과정

정 답 (　　　　　　)개

(2) 이 문제를 해결할 때 쓰는 나눗셈은 똑같이 묶어 덜어내는 나눗셈인가요, 똑같게 나누는 나눗셈인가요?

(　　　　　　　　　　)

3-1 4. 나눗셈
나눗셈을 활용한 문제해결

3학년 반 번
이름:

문 제

어느 아버지가 아들 4명에게 유언을 남기고 돌아가셨습니다. 첫째, 둘째, 셋째 아들이 받게 될 소는 각각 몇 마리일까요?

> 너희들에게 내가 가지고 있던 소 24마리를 나누어 주려고 한다. 첫째는 소를 똑같이 3모둠으로 나누어 그 중 한 모둠을 가져라. 둘째와 셋째는 나머지 소 중 넷째가 가질 4마리를 빼고 똑같이 나누어 가지거라.

풀이과정

정 답

첫째 아들은 ( )마리, 둘째 아들은 ( )마리, 셋째 아들은 ( )마리의 소를 받게 됩니다.

3-1 5. 평면도형의 이동
평면도형 뒤집기

3학년 반 번
이름:

문 제

아래의 시계는 거울에 비친 모습입니다.

(1) 위의 시계가 나타내는 시각은 몇 시 몇 분인가요? ( )시 ( )분
아래의 그림에 시각을 나타내 보세요.

(2) (1)의 문제를 해결하기 위해서는 도형을 어떻게 이동시켜야 하는지 설명해 보세요.

3-1 5. 평면도형의 이동
평면도형 돌리기

3학년 반 번

이름:

문 제

오른쪽의 모양을 돌리기 하였습니다. 각 모양을 돌리기한 방법을 설명해 보세요.

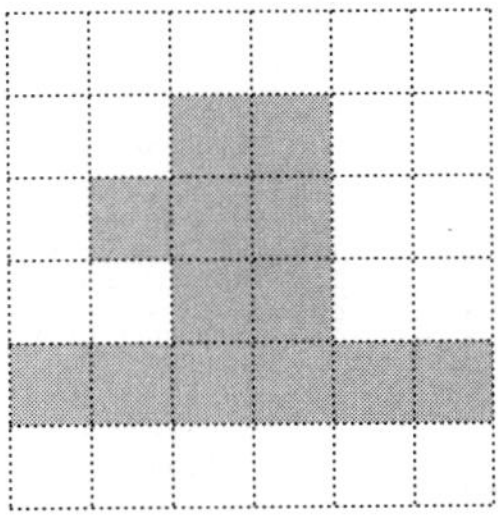

(1) 아래의 네 가지 모양들 중에서 돌리기하여 생길 수 <u>있는</u> 모양은 어느 것인가요?

( )

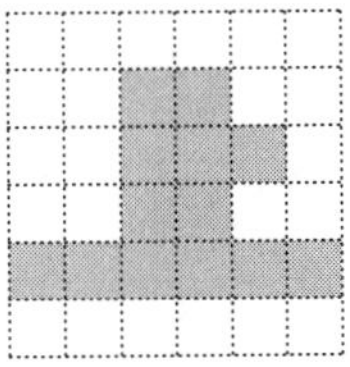

(ㄱ)

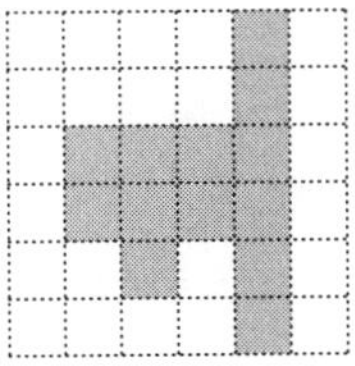

(ㄴ)

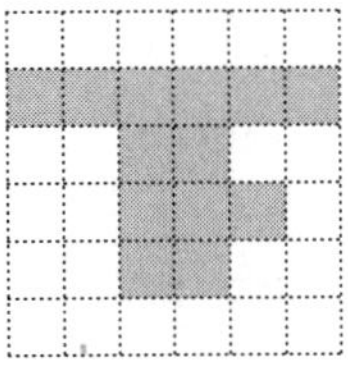

(ㄷ)

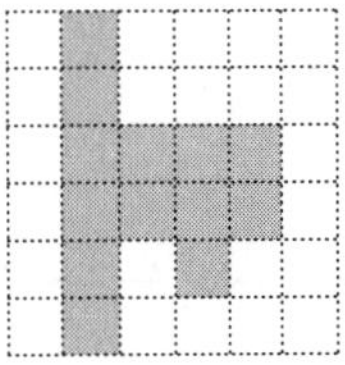

(ㄹ)

(2) <u>(1)에서 답한 모양들만</u> 어떻게 돌리기한 것인지 각각 방법을 설명해 보세요.

3-1 5. 평면도형의 이동
평면도형 뒤집고 돌리기

3학년 반 번
이름:

문 제

왼쪽 모양을 뒤집기와 돌리기를 몇 번 하였더니 오른쪽 모양과 같이 되었습니다. 뒤집기 또는 돌리기를 어떻게 하였는지 설명해 보세요.

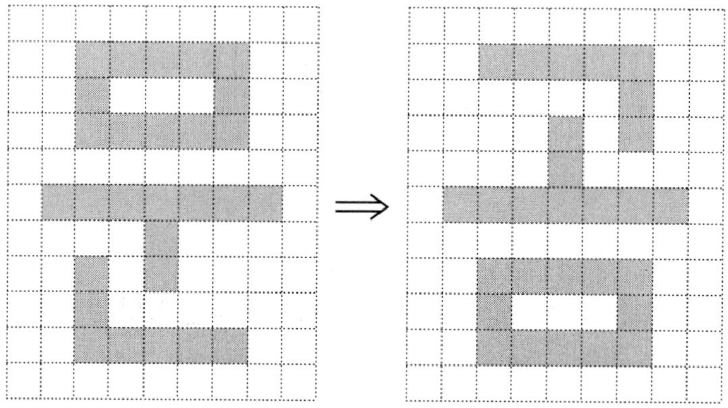

3-1 6. 곱셈
(두 자리 수) × (한 자리 수) 계산하기

3학년 반 번
이름:

문 제

어느 초등학교 3학년에서 야구 글러브를 학생 수 만큼 구입하려고 합니다. 이 학교의 3학년은 한 반에 23명씩 총 3반입니다. 이 초등학교 3학년은 총 몇 개의 야구 글러브를 구입해야 하나요? 여러 가지 방법으로 풀이과정을 설명해 보세요.

(1) 모눈종이에 나타내어 문제를 해결해 보세요.

(2) 덧셈으로 문제를 해결해 보세요.

(3) 곱셈으로 문제를 해결해 보세요.

3-1 6. 곱셈
(두 자리 수) × (한 자리 수) 계산하기

3학년 반 번
이름:

문 제

민수와 정은이는 상대방이 생각하는 숫자 맞히기 게임을 하고 있습니다. 〈보기〉는 정은이가 자신의 숫자를 민수에게 설명한 내용입니다. 정은이가 생각하는 숫자는 무엇인가요?

〈보기〉

힌트 1. 이 숫자는 18×4보다 크고 26×3보다 작은 두 자리 수입니다.

힌트 2. 이 숫자는 일의 자리 숫자가 1, 3, 5, 7, 9로 끝나는 홀수입니다.

힌트 3. 이 숫자는 일의 자리 숫자가 0 또는 5로 끝나는 5의 배수입니다.

풀이과정

정 답

정은이가 생각하는 숫자는 (   )입니다.

3-1 6. 곱셈
곱셈 활용하기

3학년 반 번
이름:

문 제

형석이와 유진이는 아래와 같은 방법으로 지하철 삼각지역을 출발하여 경복궁역까지 가려고 합니다.

형석: 삼각지 역에서 숙대입구를 거쳐 서울역으로 가서 지하철을 갈아타고 시청, 종각을 거쳐 종로 3가로 갑니다. 이곳에서 지하철을 다시 갈아타고 안국역을 거쳐 경복궁역으로 갑니다.
유진: 삼각지역에서 녹사평, 이태원, 한강진, 버티고개를 거쳐 약수역으로 가서 지하철을 갈아탑니다. 이곳에서 동대입구, 충무로, 을지로3가, 종로3가, 안국을 거쳐 경복궁역으로 갑니다.

형석이와 유진이 중, 누구의 방법이 얼마나 더 빠른 방법일까요? (역에서 다음 역으로 가는 데 걸리는 시간은 2분이고, 지하철을 갈아타는 데 걸리는 시간은 10분입니다).

풀이과정

형석이가 걸리는 시간:	유진이가 걸리는 시간:

정 답

(   )의 방법이 (   )분 더 빠른 방법입니다.

3-1 7. 분수

자연수의 분수만큼 알아보기

3학년 반 번

이름:

문 제

선영이네 학교 학예회 연극 주인공을 뽑는 오디션에 총 12명 학생들이 지원하였습니다. 1차 오디션에 합격한 학생은 지원한 학생의 $\frac{3}{4}$ 이고, 2차 오디션에 합격한 학생은 1차 오디션에 합격한 학생의 $\frac{1}{3}$ 입니다. 2차 오디션에 합격한 학생은 모두 몇 명인가요?

풀이과정

정 답

2차 오디션에 합격한 학생은 (   )명입니다.

3-1 7. 분수
분수의 크기 비교하기

3학년 반 번
이름:

문 제

재민이는 엄마와 함께 쿠기를 굽고 있습니다. 쿠기를 굽는 방법이 다음과 같을 때, 밀가루와 버터 중 어떤 것을 더 많이 준비하여야 할까요? 2가지 방법으로 설명해 보세요.

〈엄마의 쿠키 레시피〉

1. 밀가루를 계량컵의 $\frac{3}{4}$ 만큼 준비한다.
2. 버터는 밀가루를 담았던 계량컵의 $\frac{1}{4}$ 만큼 준비한다.
3. 밀가루, 버터, 계란 노른자 1개, 베이킹파우더 1티스푼, 설탕을 그릇에 넣고 섞는다.
4. 반죽을 비닐팩에 넣어 냉장실에 30분간 넣어 둔다.
5. 반죽을 꺼내 밀어 모양을 찍는다.
6. 오븐에 구워내면 완성!

풀이과정

정 답

(　　　　)가 (　　　　)보다 더 많은 양이 필요합니다.

3-1 7. 분수
분수의 크기 비교하기

3학년　　반　　번
이름:

문 제

은지와 은영이는 똑같은 크기와 모양의 무지개떡을 각각 1조각씩 받았습니다. 은지는 받은 떡의 $\frac{1}{3}$만큼 먹고, 은영이는 받은 떡의 $\frac{1}{4}$만큼 먹었습니다. 누구의 떡이 더 많이 남았나요? 그렇게 생각한 이유를 글과 그림을 사용하여 자세히 설명해 보세요.

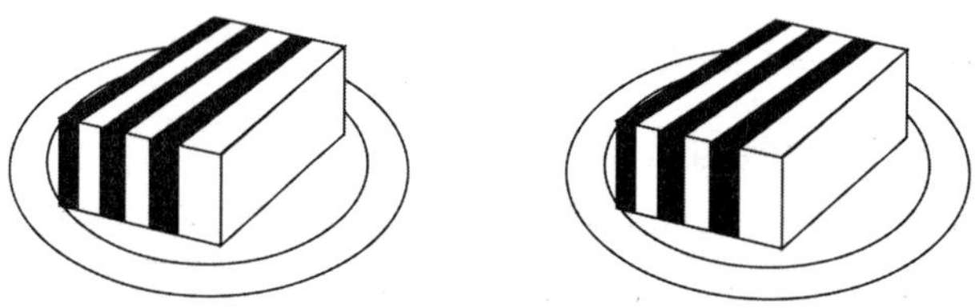

은지　　　　　　　　　　　은영

풀이과정

은지:

은영:

정 답

(　　　　) (이)의 떡이 더 많이 남았습니다.

3-1 8. 길이와 시간
km, m의 단위가 있는 길이의 합과 차

3학년　반　번
이름:

문 제

다음은 등산로 입구에 있는 지도와 안내판입니다. 정상까지 올라가려고 할 때 어떤 길로 가는 것이 가장 짧은 거리일까요?

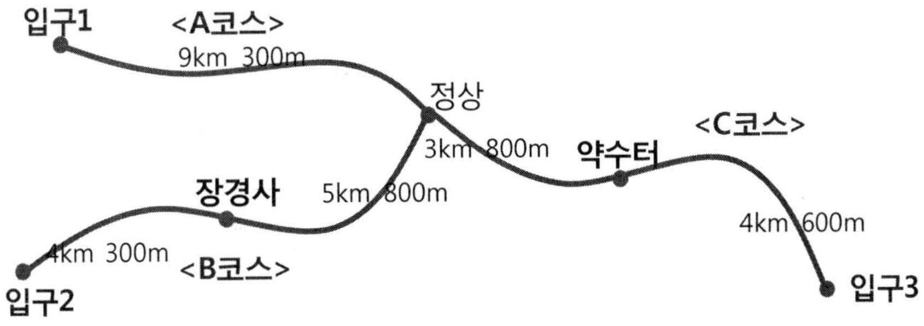

<A코스> : 입구1에서 출발하여 정상으로 바로 가는 코스

<B코스> : 입구2에서 출발하여 장경사를 거쳐 정상으로 가는 코스

<C코스> : 입구3에서 출발하여 약수터를 거쳐 정상으로 가는 코스

풀이과정

정 답

(　　　)코스가 (　　　)km (　　　)m로 가장 짧은 거리입니다.

3-1 8. 길이와 시간
cm, m의 단위가 있는 길이의 합과 차

3학년 반 번
이름:

문 제

체육관 바닥에 위치를 표시하기 위해 30cm 간격으로 10개의 점을 직선으로 찍었습니다. 처음에 찍힌 점에서부터 마지막에 찍힌 점까지의 거리는 몇 m 몇 cm인가요?

풀이과정

정 답

처음에 찍힌 점에서부터 마지막에 찍힌 점까지의 거리는 (   )m (   )cm입니다.

3-1 8. 길이와 시간
시각과 시간의 개념 알기

3학년 반 번
이름:

문 제

다음 송이의 일기를 보고 물음에 답하세요.

6월 9일 토요일 날씨: 맑음 선생님께서 내 주신 사회 조사 숙제를 하기 위하여 나는 미진이와 민수를 도서관 정문에서 ① 10시에 만나기로 했다. 나는 준비를 마치고 집에서 ② 9시 40분에 출발하였다. 도서관까지 가는 데 ③ 15분이 걸려서 ④ 9시 55분에 도착했다. 미진이는 내가 도착한 시간보다 ⑤ 15분 늦게 도착하였고, 민수는 약속시간보다 ⑥ 20분 늦게 도착하였다.

(1) 위의 일기에서 ①~⑥ 중 시각에는 □표, 시간에는 ○표를 하고, 시각과 시간의 다른 점을 설명해 보세요.

____

____

(2) 미진이와 민수가 도서관 정문에 도착한 시각은 언제인가요?

【미진】

【민수】

미진이는 (   )시 (   )분에 도착하였고, 민수는 (   )시 (   )분에 도착하였습니다.

3-2 1. 덧셈과 뺄셈
네 자리 수와 세 자리 수의 뺄셈

3학년 반 번
이름:

문 제

다음 표는 기상청에서 발표한 2010, 2011년 서울의 여름 강수량(땅에 내린 물의 양)을 나타낸 것입니다. 월별로 2010, 2011년 강수량을 비교하였을 때 가장 크게 강수량이 늘어난 달은 언제인가요?

	2010년	2011년
6월	127mm	404mm
7월	239mm	1131mm
8월	166mm	598mm

풀이과정

정 답

강수량이 가장 크게 늘어난 달은 (　　)월입니다.

3-2 1. 덧셈과 뺄셈
세 수의 계산 알아보기, 네 자리 수끼리의 뺄셈

3학년 반 번

이름:

문 제

다음은 수진이네 학교의 전교 회장을 뽑는 선거에서 각 후보자가 얻은 표의 수입니다. 4학년, 5학년, 6학년에서 얻은 표를 모두 더하여 가장 많은 표를 얻은 후보자가 회장으로 당선된다면, 회장으로 당선된 후보자는 누구일까요? 또한 몇 표 차이로 당선되었나요?

	 기호 1번	 기호 2번
4학년	3841표	2780표
5학년	2475표	1376표
6학년	1749표	4128표

풀이과정

정 답

당선된 후보자는 기호 (   )번 이고, (   )표 차이로 당선되었습니다.

3-2 1. 덧셈과 뺄셈
네 자리 수끼리의 덧셈, 네 자리 수끼리의 뺄셈

3학년 반 번
이름:

문 제

(1) 아래의 문제를 읽고 같은 방법으로 문제를 해결할 수 있는 것끼리 묶어보세요.

① 민영이네 마을과 준영이네 마을에서 벼농사를 지어 각각 1500가마니, 1250가마니를 수확하였습니다. 누구네 마을에서 수확한 쌀이 몇 가마니 더 많습니까?

② 장난감 공장에서 지난 월요일부터 금요일까지 만든 장난감은 모두 1040개입니다. 토요일에 160개를 더 만들었다면, 월요일부터 토요일까지 만든 장난감은 모두 몇 개입니까?

③ 박물관에 입장한 사람은 어른이 1440명, 어린이가 580명입니다. 박물관에 입장한 사람은 모두 몇 명입니까?

④ 축구 경기장에 관중이 8500명 있습니다. 그 중에 빨간 티셔츠를 입고 있는 관중은 6600명입니다. 빨간 티셔츠를 입지 않은 관중은 몇 명입니까?

(,) (,)

(2) (1)과 같이 답한 이유를 설명해 보세요.

3-2 2. 곱셈
올림이 없는 (세 자리 수)×(한 자리 수)의 계산

3학년 반 번
이름:

문 제

다음은 프렌치토스트를 만드는 데 필요한 재료와 요리순서입니다. 윤서는 프렌치토스트를 만들기 위하여 1000mL짜리 우유를 한 개 샀습니다. 다른 재료가 모두 충분하다면, 윤서가 만들 수 있는 프렌치토스트는 모두 몇 장일까요? 곱셈 또는 덧셈을 활용하여 문제를 풀어보세요.

〈맛있는 프렌치토스트 만들기〉

★재료 : 식빵 1장, 달걀 1개, 우유 110mL, 설탕 약간, 버터 약간, 소금 약간

1. 식빵은 잘라주세요.
2. 달걀을 풀고 우유를 넣은 후 설탕과 소금을 약간 넣고 저어주세요.
3. 식빵을 달걀과 우유를 풀어놓은 것에 골고루 적신 후, 팬에 버터를 두르고 노릇노릇 구워주세요.

풀이과정

정 답

윤서가 만들 수 있는 프렌치토스트는 ( )장입니다.

3-2 2. 곱셈 (두 자리 수) × (몇 십)의 계산

3학년 반 번

이름:

문 제

다음은 현서와 정민이가 가위바위보를 30번 하여 이긴 횟수, 진 횟수, 비긴 횟수를 표로 나타낸 것입니다.

	이긴 횟수	진 횟수	비긴 횟수
현서	14	13	3
정민	13	14	3

이겼을 때는 20점, 졌을 때는 0점, 비겼을 때는 10점을 받는다고 합니다.

(1) 현서와 정민이가 받은 점수는 각각 몇 점인가요?

풀이과정

<현서가 받은 점수>

<정민이가 받은 점수>

정 답

현서가 받은 점수는 (　　　)점이고, 정민이가 받은 점수는 (　　　)점입니다.

(2) 총점을 비교하였을 때, 이긴 사람은 누구인가요?

정 답 (　　　　　　)

3-2 2. 곱셈
(두 자리 수) × (두 자리 수)의 계산

3학년 반 번
이름:

문 제

퀼트는 무늬가 있는 작은 조각을 모아 하나의 큰 천을 만드는 바느질 방법입니다. 정민이는 할머니에게 아래와 같은 무늬의 퀼트이불을 선물 받았습니다.

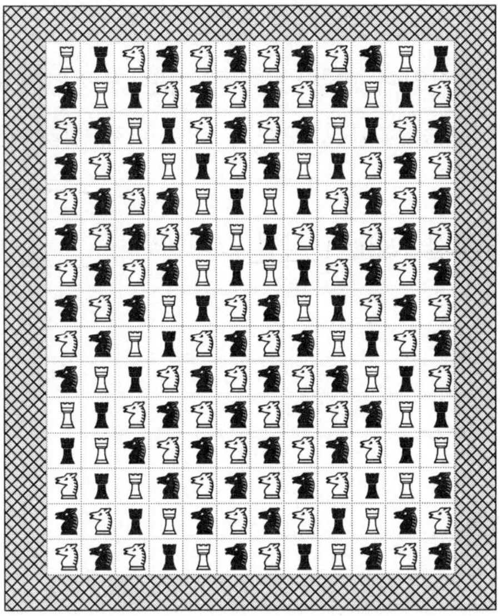

할머니가 이불을 만드시는 데 사용한 퀼트 조각은 모두 몇 조각인가요?

풀이과정

정 답

필요한 퀼트 조각 수는 (   )조각입니다.

3-2 3. 원
원의 중심과 반지름 알아보기

3학년 반 번
이름:

문 제

정민이는 놀이터에서 개미들이 움직이는 것을 보았습니다. 개미들은 어떤 한 점으로부터 같은 거리만큼씩 떨어져서 줄지어 서 있었습니다.

(1) 정민이가 본 개미들의 움직임이 만든 도형은 어떤 모양인가요? (   )
(개미들이 줄지어 있는 모습은 어떤 도형과 비슷한지 생각해보세요.)

(2) (1)에서 답한 도형의 모양을 아래에 직접 그리세요.

(3) (2)에서 그린 도형에 밑줄 친 부분(어떤 한 점, 같은 거리만큼씩)을 표시하세요.

3-2 3. 원
원의 중심과 반지름 알아보기

3학년 반 번
이름:

문 제

수빈이네 반은 운동장에서 보물찾기 놀이를 하고 있습니다. 선생님은 보물이 묻혀 있는 곳을 설명한 쪽지와 컴퍼스, 자를 주셨습니다. 아래 쪽지를 잘 읽고 컴퍼스와 자를 이용하여 보물이 묻혀 있는 곳을 지도에 표시해 보세요.

① 수돗가를 중심으로 수돗가와 연못을 연결한 선분을 반지름으로 하는 원을 그립니다.
② 정글짐을 중심으로 정글짐과 연못을 연결한 선분을 반지름으로 하는 원을 그립니다.
③ 두 원이 만나는 점을 연결한 선분을 긋습니다.
④ 두 원의 중심을 연결한 선분을 긋습니다.
⑤ ③과 ④에서 그은 선분이 서로 만나는 곳에 보물이 있습니다.

어디에 보물이 숨겨져 있을까요?

정 답

3-2 3. 원
원의 성질 활용하기

3학년 반 번
이름:

문 제

지름이 22cm인 축구공 12개를 아래와 같이 상자에 넣어 정리하려고 합니다.

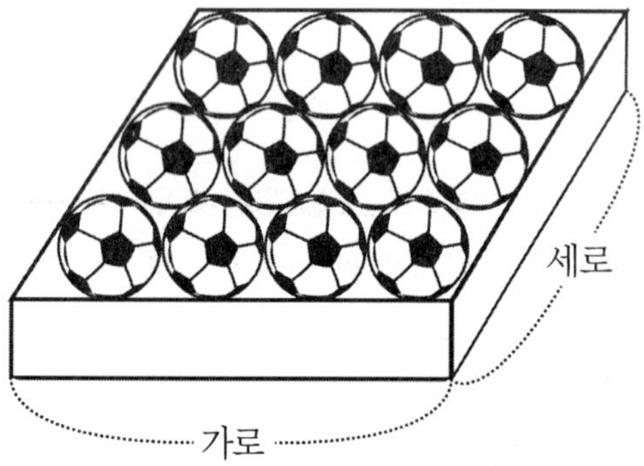

〈앞에서 본 모습〉

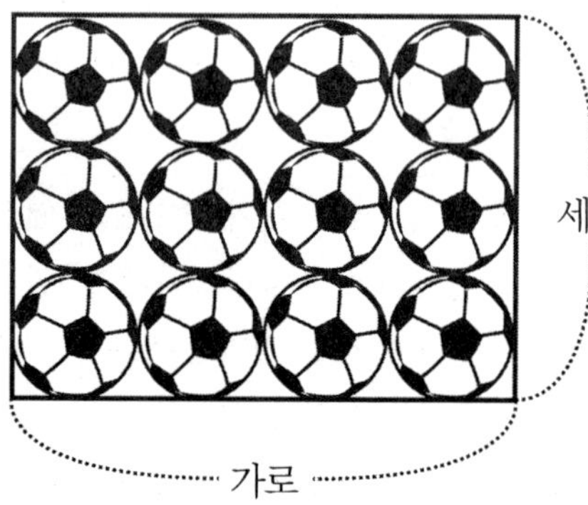

〈위에서 본 모습〉

상자 밑면의 가로와 세로의 길이는 적어도 몇 cm가 되어야 할까요?

풀이과정

정 답

상자 밑면의 가로의 길이는 (   )cm이고,
상자 밑면의 세로의 길이는 (   )cm입니다.

3-2 4. 나눗셈
나눗셈의 몫과 나머지, 나눗셈식의 검산

3학년 반 번
이름:

문 제

선미네 반에서는 체육시간에 '짝을 찾아라!' 게임을 하고 있습니다. '짝을 찾아라!' 게임은 여러 명이 노래를 부르며 돌다가 선생님이 외치는 인원수에 맞게 뭉치고, 뭉치지 못한 사람은 탈락하는 게임입니다. 선미네 반은 26명이고 선생님은 "8"을 외치셨습니다.

(1) 모두 몇 모둠이 만들어지고 탈락하게 되는 학생은 몇 명인가요? 나눗셈식을 사용하여 구해보세요.

(2) 검산식을 세워 보세요.

풀이과정

정 답

3-2 4. 나눗셈
(몇십 몇) ÷ (몇)의 계산

3학년 반 번
이름:

문 제

〈보기〉와 같이 나눗셈식을 나타내는 문제를 2가지 방법으로 만들어 풀어보세요.

나눗셈식: 44 ÷ 4

〈보기〉

36 ÷ 3

묶음의 개수를 구하는 문제	묶음의 크기를 구하는 문제
귤 36개를 3개씩 나누어 주면 모두 몇 명이 먹을 수 있나요? 답: 12명	귤 36개를 3개의 상자에 나누어 담으면 한 상자에 몇 개씩 들어가게 되나요? 답: 12개

정 답

【묶음의 개수를 구하는 문제】

【묶음의 크기를 구하는 문제】

3-2 4. 나눗셈
(몇십 몇)÷(몇)의 계산(2), (몇십 몇)÷(몇)의 계산(3)

3학년 반 번
이름:

문 제

선영이네 교실 문을 열기 위해서는 비밀번호를 눌러야 합니다. 다음 설명을 보고 선영이네 교실 문의 비밀번호를 구해보세요.

- 비밀번호는 4자리의 숫자를 차례로 눌러야 합니다.

  ① ② ③ ④

- 비밀번호의 첫 번째와 두 번째, 그리고 세 번째에 들어갈 숫자는 다음 빈 칸에 들어갈 숫자입니다.

  76 ÷ 3 = ① ② … ③

- 비밀번호의 네 번째에 들어갈 수는 다음 빈 칸에 들어갈 숫자입니다.

  48 ÷ ④ = 12

풀이과정

정 답

선영이네 반 비밀번호는 □ □ □ □ 입니다.

3-2 5. 들이와 무게
들이의 단위 이해

3학년 반 번
이름:

문 제

㉮, ㉯, ㉰ 세 개의 컵에 물을 가득 담아 크기와 모양이 같은 세 개의 큰 그릇에 ㉮컵은 8번, ㉯컵은 6번, ㉰컵은 10번을 부었더니 물의 높이가 모두 같아졌습니다.

(1) 세 개의 컵 중 크기가 가장 큰 컵은 어느 것인가요? (   )

(2) (1)과 같이 생각한 이유는 무엇인가요?

3-2 5. 들이와 무게
들이의 합과 차

3학년 반 번

이름:

문 제

아래의 두 냄비를 모두 사용하여 1500mL 물통에 물을 가득 채우려고 합니다.

㉮냄비로 세 번을 부었다면, ㉯냄비로 몇 번을 부어야 물통에 물을 가득 채울 수 있을까요?

풀이과정

정 답

㉯냄비로 ( )번을 부어야 물통에 물을 가득 채울 수 있습니다.

3-2 5. 들이와 무게
무게의 비교

3학년 반 번
이름:

문 제

다음은 두 가지 방법으로 연필과 지우개의 무게를 비교한 것입니다.

방법 1) 바둑돌과 클립으로 무게 재기	방법 2) 눈금 있는 저울에 올려놓기
	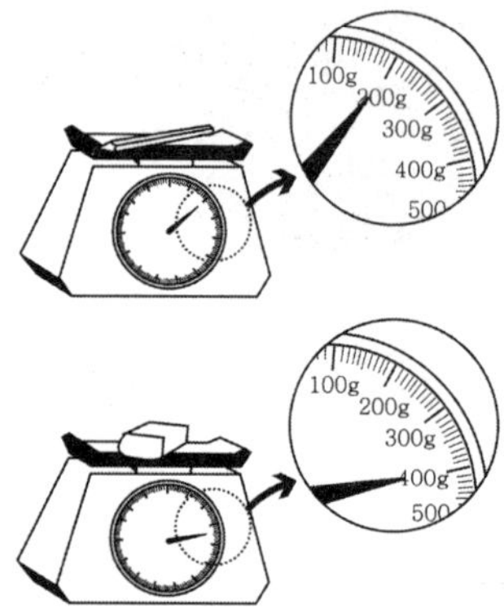

(1) 연필과 지우개 무게의 차이를 정확히 알아보려고 할 때 어떤 방법을 사용할 것인지 선택하고, 그 까닭을 설명해 보세요.

(2) 저울의 눈금을 보고 지우개의 무게는 연필 무게의 몇 배인지 구하여 보세요.

풀이과정

정답

지우개의 무게는 연필 무개의 (   )배입니다.

3-2 6. 소수
소수 알아보기

3학년 반 번
이름:

문 제

다음은 각 도시에 내린 비의 양을 나타낸 것입니다.

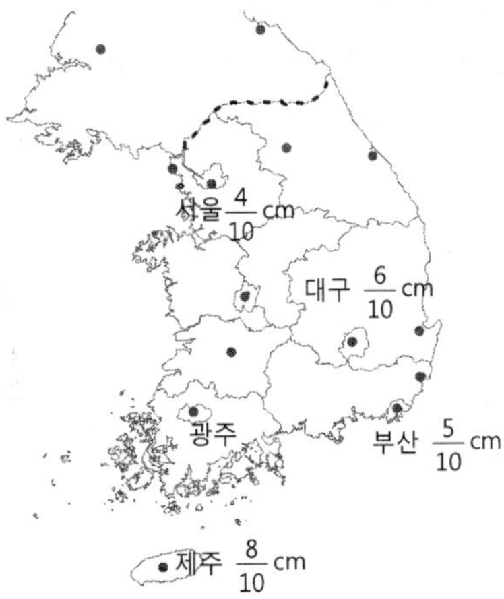

(1) 각 지역에 내린 비의 양은 각각 몇 cm인지 소수로 나타내세요.

- 서울: (　　　)cm
- 대구: (　　　)cm
- 부산: (　　　)cm
- 제주도: (　　　)cm

(2) 광주에 내린 비의 양은 대구에 내린 비의 양보다 적고, 서울에 내린 비의 양보다 많다고 합니다. 광주에 내린 비의 양을 한 자리 소수로 나타낸다면 몇 cm일지 구하여 보세요.

풀이과정

정 답

광주에 내린 비의 양을 한 자리 소수로 나타내면 (　　　)cm입니다.

3-2 6. 소수
소수의 크기 비교하기

3학년 반 번

이름:

문 제

미경이와 민석이는 0.1부터 0.9까지 소수 한 자리 수가 적힌 카드로 놀이를 하고 있습니다. 순서대로 1장씩 뒤집어 크기가 큰 숫자가 적힌 카드를 가진 사람이 이기는 놀이입니다. 민석이가 뒤집은 카드가 아래와 같을 때 미경이는 어떤 카드를 가져야 이길 수 있을까요? 가능한 경우를 모두 생각해 보고, 그렇게 생각한 이유를 설명해 보세요.

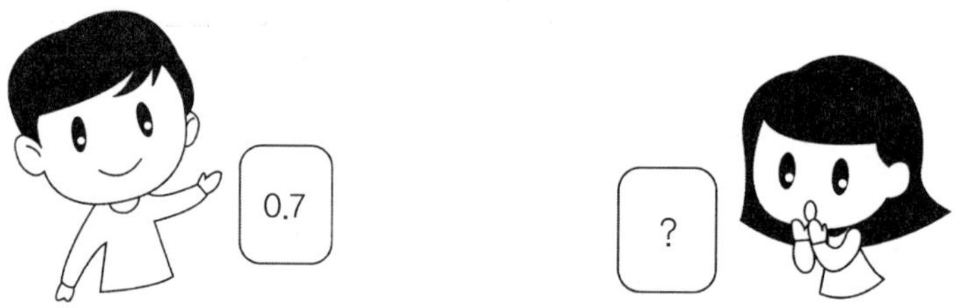

(1) 미경이가 가질 수 있는 카드는 무엇인가요? (　　　　,　　　　)

(2) (1)과 같이 생각한 이유를 설명해 보세요.

3-2 6. 소수
소수의 크기 비교하기

3학년　반　번
이름:

문 제

피겨 스케이팅 경기에서는 심판들의 점수 중 가장 높은 점수와 가장 낮은 점수를 뺀 나머지 점수들의 합으로 순위를 정합니다. 어느 한 경기에서 김연아 선수가 다음과 같은 점수를 받았다고 합니다.

9.8	8.9	9.7	9.1	9.4	9.3

(1) 김연아 선수가 받은 위의 점수들 중에서 순위를 정하는데 활용되는 점수는 무엇인지 찾아보고, 그 점수들을 수직선에 나타내 보세요.

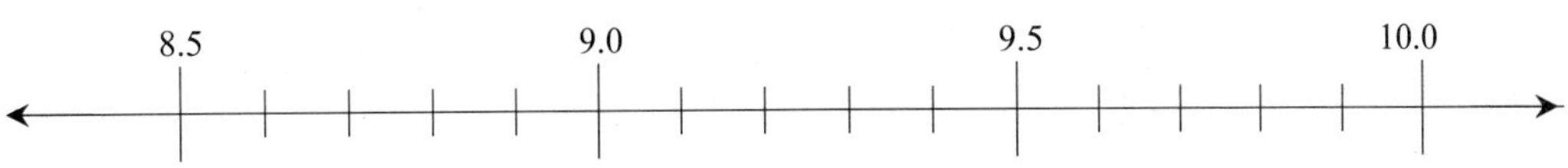

(2) 순위를 정하는데 사용되는 점수들 중에서 가장 높은 점수와 가장 낮은 점수는 무엇인가요?

순위를 정하는데 사용되는 점수들 중 가장 높은 점수는 (　　)점이고,
순위를 정하는데 사용되는 점수들 중 가장 낮은 점수는 (　　)점입니다.

3-2 7. 자료 정리
표와 그래프

3학년 반 번
이름:

문 제

다음은 수빈이네 반 학생 30명이 크리스마스 선물로 받고 싶어 하는 것을 조사하여 나타낸 것입니다.

선물 종류	학용품	스마트폰	문화상품권	옷	애완동물	합계
학생 수(명)	3		6		4	30

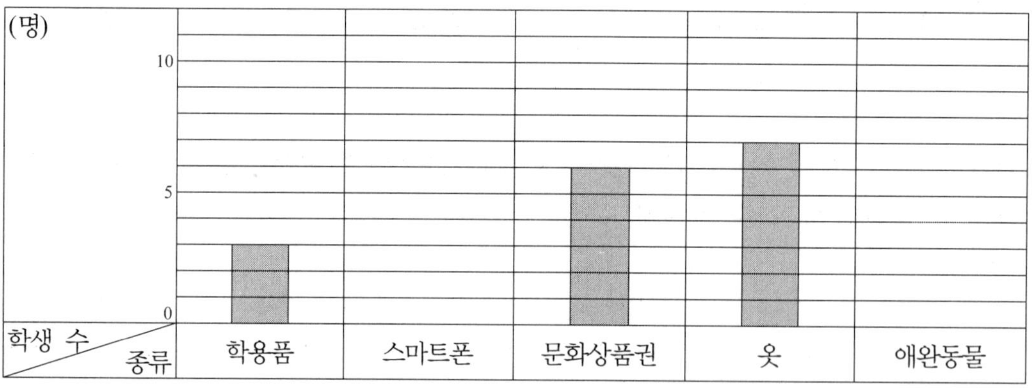

<크리스마스 선물로 받고 싶은 선물>

(1) 표와 그래프의 빈 칸을 채워 보세요.

(2) 문화상품권을 선물로 받고 싶어 하는 학생은 모두 몇 명인가요? 이 물음에 답할 때 표와 그래프 중 어느 것을 이용하는 것이 편리했나요?
학생 수는 ( )명이고, (   )를(을) 이용하는 것이 편리하였습니다.

(3) 가장 많은 학생들이 선물로 받고 싶어 하는 선물은 무엇인가요? 이 물음에 답할 때 표와 그래프 중 어느 것이 답하기 편리했나요?
가장 많은 학생들이 받고 싶어 하는 선물은 ( )이고, (   )를(을) 이용하는 것이 편리하였습니다.

(4) (2), (3)을 통해서 표와 그래프의 특징을 정리하였습니다. 빈 칸에 들어갈 알맞은 말을 쓰세요.
표는 ____________________ 쉽게 알 수 있고,
막대그래프는 ____________________ 편리하다.

3-2 7. 자료 정리
그림그래프 이해하기

3학년　반　번
이름:

문 제

다음은 마을별로 모은 폐품의 무게를 나타낸 표와 그림그래프입니다.  1개가 나타내는 폐품의 무게는 몇 kg인지 구하고, 그림그래프를 완성하세요.

마을 이름	장미 마을	진달래 마을	목련 마을	백합 마을
폐품의 무게(kg)	15	17	22	4

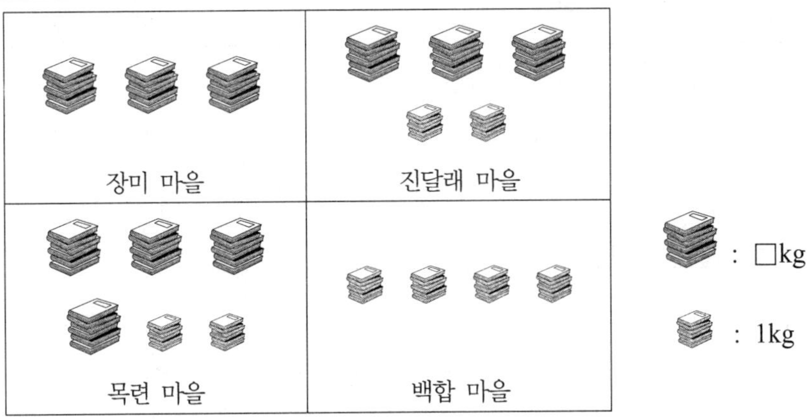

〈마을별로 모은 폐품의 무게〉

풀이과정

정 답

 1개가 나타내는 폐품의 무게는 (　　　)kg입니다.

3-2 7. 자료 정리
그림그래프 그리기

3학년 반 번
이름:

문 제

다음은 현미네 반 학생들의 12월 독서량을 나타낸 표입니다. 다음 표를 보고 그림그래프를 그려보세요.

〈현미네 반 학생들의 12월 독서량〉

학생 이름	현미	승준	재영	선민	민혁	합계
읽은 책의 수 (권)	18	20	17	15	22	92

정 답

: (　　)권

: (　　)권

3-2 8. 규칙 찾기와 문제해결
규칙을 찾아 무늬 꾸미기

3학년 반 번

이름:

문 제

다음은 일정한 규칙을 따라 무늬를 늘어놓은 것입니다. 20번째에 놓일 무늬는 어떤 모양인지 검은색 동그라미가 놓일 위치를 고르고, 그렇게 생각하는 이유를 설명해 보세요.

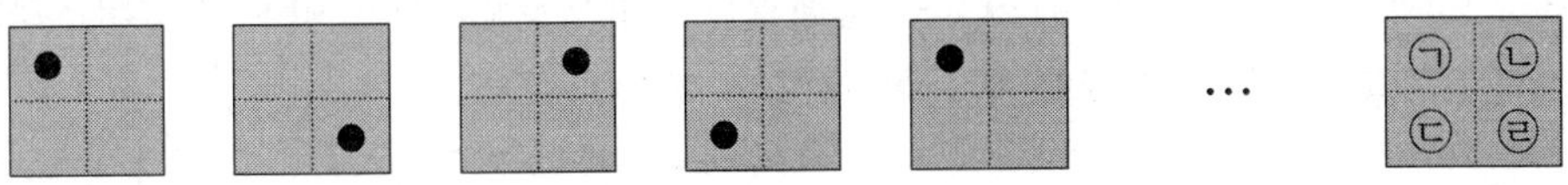

첫 번째　　두 번째　　세 번째　　네 번째　　다섯 번째　　20번째

정 답

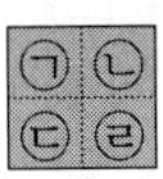

20번째에는 기호 (　　)의 위치에 검은색 동그라미가 놓일 것이다.

【그렇게 생각하는 이유】

3-2 8. 규칙 찾기와 문제해결
표를 만들어 문제를 해결하기

3학년 반 번

이름:

문 제

서울영화관은 오전 9시부터 밤 10시까지만 영화를 상영합니다. 이번에 새로 개봉하는 3D 영화의 상영 시간은 1시간 15분이고, 매회 영화가 끝난 후 다음 영화가 시작하기 전 휴식 시간은 20분입니다. 1회의 영화 시작 시각이 오전 9시 20분이라면, 제일 마지막 회의 영화 시작 시간은 몇 시 몇 분일까요? 표를 만들어 문제를 해결해 보세요.

풀이과정

정답

마지막 회의 영화 시작 시간은 (오전, 오후) (　　)시 (　　)분입니다.

3-2 8. 규칙 찾기와 문제해결
예상과 확인으로 문제 해결하기

3학년　반　번
이름:

문 제

다음은 어느 해의 12월 달력입니다. 다음 물음에 답하세요.

12월

일	월	화	수	목	금	토
		1	2	3	4	5
6	7	8	9	10	11	12
13	14	15	16	17	18	19
20	21	22	23	24	25	26
27	28	29	30	31		

(1) 현서네 학교는 12월 23일에 방학하여 다음 해 2월 3일에 개학식을 합니다. 개학식을 하는 날은 무슨 요일인가요?

풀이과정

정 답

개학식을 하는 2월 3일은 (　　　)요일입니다.

(2) 현서는 방학 동안 매주 금요일마다 스키 강습에 참여하기로 하였습니다. 현서는 스키 강습에 몇 번 참여할 수 있나요?

풀이과정

정 답

현서는 방학동안 스키 강습에 (　　　)번 참여하였습니다.

| 참고문헌

강원도 교육청(2011). 강원도 서술형 평가문항 컨설팅 연구회 연구보고서. Retrieved from 강원도 교육청 홈페이지, http://www.gwe.go.kr

강지형·김수환·라병소·박성택·이의원·이정재·정은실 공저(2001). 《7차 교육과정에 의한 초등수학교육》. 서울: 동명사.

경기도 교육청(2010). 학생 창의력 신장과 교사 평가전문성 향상을 위한 평가방법 혁신 기본계획. Retrieved from 경기도 교육청 홈페이지, http://www.goe.go.kr

경기도 교육청(2011). 2011학년도 경기도 초등학교 창의·서술형 평가 실시 요강. Retrieved from 경기도 교육청 홈페이지, http://www.goe.go.kr

경기도 교육청(2012a). 2012 경기교육 기본계획. Retrieved from 경기도 교육청 홈페이지, http://www.goe.go.kr

경기도교육청(2012b). 2012년 경기도 초등학교 서술형·논술형 평가 시행 계획. Retrieved from 경기도 교육청 홈페이지, http://www.goe.go.kr

교육인적자원부(1998). 《초등학교 교육과정 해설(Ⅳ)-수학, 과학, 실과》. 서울: 교육인적자원부.

국가교육과정정보센터(2007). 2007개정 교육과정 원문 및 해설서 초등학교 수학과. Retrieved from NCIC 국가교육과정정보센터 홈페이지, http://ncic.re.kr

국가교육과정정보센터(2011). 2009개정 교육과정 원문 및 해설서 초등학교 수학과. Retrieved from NCIC 국가교육과정정보센터 홈페이지, http://ncic.re.kr

김경희(2000). 〈수행평가의 타당도 검증을 위한 측정학적 접근〉. 이화여자대학교 대학원 박사학위논문.

김도연(2011). 〈초등학교 수학과 서술형 평가에 대한 실태 및 인식〉. 서울교육대학교 교육대학원 석사학위논문.

김민경·권점례·노선숙·주유리·유해진(2008). '초등 수학과 서술형 평가 적용을 위한 기초조사연구'. 〈학교수학〉, 10(3), 401-422.

김민경·노선숙·권점례·조미경·고바애니(2008). 《수학과 서술형 평가 개발의 실제 - 초등학교 2학년》. 서울: 교육과학사.

김민경·노선숙·권점례·홍지연·명혜경(2008). 《수학과 서술형 평가 개발의 실제 -초등학교 4학년》. 서울: 교육과학사.

김민경·노선숙·권점례·주유리·김유진·황지현(2008). 《수학과 서술형 평가 개발의 실제 -초등학교 6학년》. 서울: 교육과학사.

김민경·조미경·김래영·김구연·노선숙(2012a). '한국과 미국의 초등수학 서술형 평가의 제도 및 문항 비교'. 〈한국학교수학회논문집〉, 15(2), 239-258.

김민경·조미경·주유리(2012b). '서술형 평가에 대한 인식 및 실태에 관한 조사연구'. 〈한국초등수학교육학회지〉, 16(1), 63-95.

김민정(2009). 〈수학교과의 서술형 평가에 대한 현황 조사연구〉. 건국대학교 교육대학원 석사학위논문.

김진수·김석우(2008). '수학과 수행평가에 관한 고등학생의 인식 연구'. 〈교육연구〉, 18, 1-21.

김형미(2009). 〈수학과 수행평가에 대한 수학교사와 학생의 이해에 관한 연구〉. 전남대학교 교육대학원 석사학위논문.

노선숙·김민경·조성민·문종은·박수연(2008). 《수학과 서술형 평가 개발의 실제-고등학교 1학년》. 서울: 교육과학사.

노선숙·김민경·조성민·백해진·이경은·정윤아·정연숙(2008). 《수학과 서술형 평가 개발의 실제-중학교 1학년》. 서울: 교육과학사.

노선숙·김민경·조성민·정연숙·정윤아(2008). '중등 수학과 서술형 평가의 현황 분석 연구'. 〈한국학교수학회논문집〉, 11(3), 377-397.

대구광역시 교육청(2011). 서술형 평가 문항 제공으로 교사는 업무 경감 학생은 사고력 개발. Retrieved from 대구광역시 교육청 홈페이지, http://dge.go.kr

도주원·오지연·공정인·주미정·김미영·이대현·박만구(2009). '초등 교사들의 수학과 서술형 평가에 대한 인식 및 실태'. 〈초등수학교육〉, 12(2), 63-80.

박금란·방정숙(2008). '서술형 평가를 통한 초등학교 6학년 학생들의 수학과 기본 지식 이해에 관한 실태 연구'. 〈수학교육〉, 47(2), 181-195.

부재율(2003). 《초등교실을 위한 교육평가》. 서울: 문음사.

서울특별시 교육청(2007). 학습의 질 관리를 위한 초등 학업성취도 평가 문항 개발-초등 교원 평가전문성 신장 연수 교재. 서울특별시 교육청.

서울특별시 교육청(2010a). 창의성 계발을 위한 평가 개선 기본 계획. Retrieved from 서울특별시 교육청 홈페이지, http://www. sen.go.kr

서울특별시 교육청(2010b). 창의성과 표현력을 키워주는 초등 서술형 평가 장학자료집(4학년용). Retrieved from 서울특별시 교육연구정보원 홈페이지, http://www.serii.re.kr

서울특별시 교육청(2011). 2011 주요업무계획. Retrieved from 서울특별시 교육청 홈페이지, http://www. sen.go.kr

양길석(2005). 서술형·논술형 평가 문항의 제작 원리. 《서술형·논술형 평가 예시문항 자료집-고1 수학》. 서울: 서울특별시 교육청.

이성연(2003). 〈고등학교 수학과 수행평가에 대한 인식과 문제점 및 개선방안에 관한 연구〉. 국민대학교 교육대학원 석사학위논문.

정동권·송상헌·김홍구·이용길·김성만·정주자·안승학·박정수 공저(2002). 《제7차 교육과정 수행평가 시리즈-수학과 수행중심 평가》. 서울: 학문출판.

조미경(2007). '초등수학 서술형 수행평가 문항 및 평가기준 개발 연구'. 〈수학교육〉, 46(2), 207-226.

조미경·김민경·권점례·노선숙(2008). '초등수학 2-나 단계의 서술형 평가 문항개발 연구'. 〈초등교육연구〉, 21(3), 437-466.

좌동지(2001). 〈서술형 평가가 수학적 성향 및 문제해결력에 미치는 효과-초등학교 수학과를 중심으로〉. 부산대학교 교육대학원 석사학위논문.

지은림(2000). '논술형 수행평가를 위한 채점방법들의 비교'. 〈경희대학교 교육문제연구소 논문집〉, 16, 235-246.

최승현(1999). 《외국에서의 수학과 수행평가: 수행평가 현장 정착을 위한 세미나 자료집-초·중등학교 교과별 수행 평가의 실제(5) 수학》 (pp.25-58). 서울: 한국교육과정평가원.

최연희·권오남·성태제(1998). 《중학교 영어, 수학 교과에서의 열린 교육을 위한 수행평가 적용 및 효과 분석 연구》. 서울: 이화여자대학교 사범대학.

한국교육과정평가원(2007). 《PISA 2006 결과 분석 연구: 과학적 소양, 읽기 소양, 수학적 소양 수준 및 배경 변인 분석》 (연구보고 RRE 2007-1). 서울: 한국교육과정평가원.

한귀원(2007). 〈서술형 평가에 대한 중·고등학교 수학교사의 인식〉. 이화여자대학교 교육대학원 석사학위논문.

허경철·백순근·박경미·최미숙·양길석·김광주(1999). 《수행평가 정책 시행 실태 분석과 개선 대책 연구》 (연구보고 CRE 99-2). 서울: 한국교육과정평가원.

홍지연·김민경·노선숙·권점례(2008). '수학과 서술형 평가의 문항개발 사례 연구 -4-나 단계를 중심으로-'. 〈수학교육학연구〉, 18(3), 335-352.

Bell. M., & Isaacs, A. (2007). The case of Every Mathematics. In C. R. Hirsch

(Ed.), *Perspectives on the design and development of school mathematics curricula*. Reston, VA: NCTM.

Charles, R., Lester, F., & O'Daffer, P. (1987). *How to evaluate progress in problem solving*. Reston: VA: National Council of Teachers of Mathematics. 강완, 김진호, 신혜진(역)(1997). 《문제 해결 과정의 평가 기법》. 서울: 동명사.

Chicago Public Schools (n.d.). Retrieved from Office of Performance website, http://research.cps.k12.il.us/cps/accountweb/Assessment/Resources/IdeasandRubrics/RubricBank

Herman, J. L., Aschbacher, P. R., & Winter, L. (1992). *A practical guide to alternative assessment*. Alexandria, VA: ASCD.

Mullis, I. V. S., Martin, M. O., Smith, T. A., Garden, R. A., Gregory, K. D., Gonzalez, R. J., Chrostowski, S. J., & O'Connor, K. M. (2003). *TIMSS Assessment Frameworks and Specifications 2003*. Chestnut Hill, MA: International Study Center, Lynch School of Education, Boston College.

National Council of Teachers of Mathematics (2001). *Mathematics assessment: Cases and discussion questions for grades K-5*. Reston, VA: Author.

찾아보기

[연구진]

노선숙 이화여자대학교 수학교육과 교수 (책임연구원)
김민경 이화여자대학교 초등교육과 교수 (공동연구원)
김구연 서강대학교 교육대학원 수학교육전공 교수 (공동연구원)
김래영 이화여자대학교 수학교육과 교수 (공동연구원)

[개발진]

고정숙 서강대학교 교육대학원 석사과정
권해란 이화여자대학교 수학교육과 졸업
김기영 이화여자대학교 대학원 석사과정
김도희 이화여자대학교 대학원 박사과정수료, 용인 청덕고등학교 교사
김민연 이화여자대학교 대학원 박사과정, 인천 하늘고등학교 교사
김서영 이화여자대학교 대학원 석사과정, 서울 청계초등학교 교사
박미영 이화여자대학교 대학원 박사, 한양대학교 강의교수
박석순 서강대학교 교육대학원 석사, 김포 통진고등학교 교사
박지원 이화여자대학교 대학원 석사
이민희 이화여자대학교 대학원 박사과정수료
이상아 이화여자대학교 수학교육과 졸업, 전북여자고등학교 기간제 교사
이선비 서강대학교 교육대학원 석사, 서울 상문고등학교 강사
이아름 서강대학교 교육대학원 석사,
미국 뉴저지주 Abraham Clark High School 교사
이일웅 서강대학교 교육대학원 석사
이지영 이화여자대학교 대학원 석사, 서울 천일초등학교 교사
이현희 이화여자대학교 대학원 박사과정
전지훈 이화여자대학교 대학원 박사과정, 인천 논곡중학교 교사
정빛나 이화여자대학교 교육대학원 석사, 서울 예일여자고등학교 교사
조미경 이화여자대학교 대학원 박사과정
주유리 이화여자대학교 대학원 석사과정수료, 서울 신중초등학교 교사
최나경 이화여자대학교 대학원 석사과정, 서울 언북초등학교 교사
홍지연 이화여자대학교 대학원 박사, 서울 동구로초등학교 교사

[협력진]

권기석 전 교육과학기술부 수학교육(정책)팀장
김건석 서울 가주초등학교 교사
김명혜 천안 동성중학교 교사
김수진 서울 가락중학교 교사
김연정 서울 양정중학교 교사
김지영 서울 숭의여자중학교 교사
남지연 서울 숭의여자중학교 교사
문미혜 서울 마전중학교 교사
박윤근 서울 양정고등학교 교사
박종관 김포 금파중학교 교사
박지원 전 서울 상일여자중학교 기간제 교사
박혜진 서울 신중초등학교 교사
신진모 서울 천일초등학교 교사
이보은 인천 대인고등학교 교사
이석현 광명 소하고등학교 교사
이성경 수원 수일중학교 교사
이순정 서울 언북초등학교 교사
이영철 서울 예일여자중학교 교사
이현희 전 서울 마포중학교 강사
임명택 서울 동구로초등학교 교사
임정숙 용인 보라고등학교 교사
장영훈 서울 예일여자중학교 교사
전지훈 인천 논곡중학교 교사
정혜진 안양예술고등학교 기간제 교사
최병윤 서울시 성북교육지원청 장학사
최은지 서울 잠실초등학교 교사
하영임 서울 언북초등학교 교사
홍유미 서울 신도중학교 교사
황의정 서울 동구로초등학교 교사
황혜림 서울 청계초등학교 교사

※ 이 책은 2011년도 정부(교육과학기술부)의 재원으로 한국연구재단의 지원을 받아 연구되었음(NRF-2011-32A-B00216).

수학과 서술형
평가의 실제
: 초등학교 3학년

지은이 김민경, 김래영, 김구연, 노선숙
김서영, 이지영, 조미경, 주유리, 최나경, 홍지연
펴낸이 박문규
펴낸곳 경문사
펴낸날 2013년 10월 30일 1판 1쇄
등 록 1979년 11월 9일 제313-1979-23호
주 소 121-818, 서울특별시 마포구 와우산로 174
전 화 (02)332-2004 팩스 (02)336-5193
이메일 kyungmoon@kyungmoon.com

값 15,000원

ISBN 978-89-6105-693-9